KB156715

이순신을 찾아서

이순신을 찾아서
— 단재와 구보의 이순신

최원식 지음

2020년 4월 25일 초판 1쇄 발행

펴낸이 한철희 | 펴낸곳 돌베개 | 등록 1979년 8월 25일 제406-2003-000018호
주소 (10881) 경기도 파주시 회동길 77-20 (문발동)
전화 (031) 955-5020 | 팩스 (031) 955-5050
홈페이지 www.dolbegae.co.kr | 전자우편 book@dolbegae.co.kr
블로그 imdol79.blog.me | 페이스북 /dolbegae | 트위터 @Dolbegae79

주간 김수한 | 편집 이경아
표지디자인 민진기 | 본문디자인 이은정·이연경
마케팅 심찬식·고운성·한광재 | 제작·관리 윤국중·이수민·한누리
인쇄·제본 한영문화사

ISBN 978-89-7199-467-2 (93990)
이 도서의 국립중앙도서관 출판시도서목록(CIP)은 e-CIP 홈페이지
(http://www.nl.go.kr/ecip)에서 이용하실 수 있습니다.(CIP제어번호: CIP2020014828)

책값은 뒤표지에 있습니다.

이순신을 찾아서

단재와 구보의 이순신

최원식 지음

돌베개

오랫동안 내게 신채호의 『수군제일위인 이순신』(1908)은 죄송스럽게도 양치기 소년의 늑대였다. 이 작품을 본격적으로 다룬 책을 단재와 충무의 영전에 바치겠다는 서원을 세우고 몇 번인가 집중적으로 작업을 진행했음에도 번번이 제동이 걸려 주저앉길 여러 번, 어언 10여 년 만에 겨우 마무리하고 서문을 위해 붓을 드니 무엇보다 양치기 소년을 면한 일이 기쁘다.

　「조선혁명선언」을 처음 읽고 단재에 감전된 1970년대 중반 이래, 국문학도로서 단재 연구에 일각의 기여라도 하겠다는 일념으로 애국계몽기 단재 저작의 핵이랄 이 작품에 주목한 터에, 그 유통 상황은 적절하다고 하기 어려웠다. 국한문체라는 문자 옥에 갇힌 데다가 제대로 된 원전 비평을 거치지 못해 텍스트나 번역이 좀 혼란스럽다. 이를 민망히 여겨 텍스트를 확정하고 교주하고 번역하여 이 전(傳)의 진면목을 알리고자 마음먹기에 이른바, 자료를 모으는 중 눈에 든 박태원 역주의 『이충무공행록』

(1948)은 망외의 소득이었다. 국망의 위기에 충무를 근대로 호출한 첫 작업인 단재의 『수군제일위인 이순신』과 해방/분단의 교착 속에서 충무의 첫 전(傳)을 구보가 향 피우고 역주한 『이충무공행록』은 충무학(忠武學)의 결정적 두 문헌이다.

그럼에도 작업은 공교롭게도 지연되기만 했다. 변명은 사절이다. 늦된 것의 보람도 없지 않았다. 그사이 내 한문이 조금 늘기도 했지만 부족한 독해력을 도울 참고처가 증가했고, 결정적으로 『대한매일신보』를 비롯한 옛 신문을 원문대로 제공하는 디지털 사이트가 열렸다. IT 강국에 태어난 보람을 실감한다. 물론 번역은 만만치 않았다. 특히 단재의 국한문체는 그 불편한 절충 속에서도 최고의 문장력을 뿜낸다. 단재의 웅혼하고 도도한 문체를 살리는 일도 버겁지만 그 안에 인용된 고전은 실로 방대하다. 참조와 궁리를 거듭하며 간신히 간신히 진행했다. 오랜만에 공부의 즐거움을 선사한 단재와 구보에 경의를 표한다.

이순신 최고의 전문가로되 부당하게 망각된 단재와 구보의 이순신을 다시 독자들에게 환원하는 것을 목표로 한 이 책은 크게 두 부분으로 구성된바, 1부는 '해설편'이고 2부는 '자료편'이다. 단재의 『수군제일위인 이순신』을 축으로 이순신 서사의 내력을 비판적으로 개관한 것이 전자라면, 두 작품의 정본/역본을 수록한 것이 후자다. 다시 강조컨대 모든 번역은 내 책임이다. 검토를 거듭했지만 그럼에도 오역이나 오류가 없지 않을 것이다. 강호제현(江湖諸賢)의 질정을 바란다.

국학 전문 출판사로서 명예가 높은 돌베개와 인연을 맺게 돼 기쁘다. 한철희 사장, 김수한 주간, 그리고 실무를 꼼꼼히 챙긴 이경아 팀장에게 감사한다. 돌베개를 소개한 박혜숙·박희병 교수도 고맙다.

2020년 4월
동이서옥에서 최원식 지(識)

차 례

1부

이순신 서사의 향방

2018년은 임진왜란(1592~1598) 종전 및 이순신(李舜臣, 1545~1598) 순국 7주갑(周甲)을 맞는 해였다. 이 전쟁은 한·중·일 세 나라가 한반도를 무대로 벌인 최초의 국제전이라 해도 과언이 아니다. 물론 그 선구로 통일 전쟁 때 나·당(羅唐) 연합과 백제·왜(百濟倭) 연합이 겨룬 백강(白江)전투(663)를 들 수 있겠으나, 왜는 백제가 나·당 연합에 멸망한(660) 이후의 국면에만 참여한지라 임진왜란과는 손색이 있다. 조·명(朝明) 연합군과 일본군이 전면적으로 격돌한 규모면에서나, 전후(戰後)에 명과 도요토미 히데요시(豊臣秀吉, 1537~1598) 정권이 붕괴한 영향력으로 보나, 결정적으로 왜군의 조총(鳥銃)과 명군의 불랑기포(佛狼機砲)라는 서양이 겨룬 점에서도 임진왜란은 획기적이다. 특히 동아시아 바다의 대충돌로서 세 나라 함대가 남해에서 얽힌 해전이 육전 못지않게 두드러진 임진왜란은 청일전쟁(1894~1895)과 러일전쟁(1904~1905)과 6·25전쟁(1950~1953)으로 변형 복제된 근대적 의의가 조숙하다. 목하 요동치는 한반도 정세와 견주어도 다시 볼 의의가 종요롭다.

더욱이 2018년은 단재(丹齋) 신채호(申采浩, 1880∼1936)의 『수군제일위인 이순신』(水軍第一偉人 李舜臣, 1908)이 세상에 나온 지 110년이 되는 해였다. 대한제국이 국망(國亡)으로 기우는 위기의 때, 단재는 충무공(忠武公)을 20세기로 호출했다. 조선왕조를 구한 중세의 영웅 이순신을 국권 회복의 국민 영웅으로 다시 구성한 이 작품은 충무공 숭배의 원점이다. 이순신 숭모는 사실 근대적 현상이다. 물론 "임진왜란을 계기로 'nation'에 대한 담론이 비로소 등장"[1]했다는 측면을 감안해야 하지만, 그럼에도 단재 이전의 충무의 상(像)은 어디까지나 중세적 충(忠)의 윤곽 안에 있었다. 단재는 임금보다는 나라 또는 인민에 충성하는 '충무'를 다시 서사함으로써 근대적 영웅으로 재창안하는 한편, 이전을 읽는 독자들 하나하나가 제2의 충무가 되는 강력한 염원을 묻어 놓았던 것이다.

내가 임진왜란을 다시 생각하게 된 계기는 지각 관람한 구로사와 아키라(黑澤明, 1910∼1998) 감독의 〈카게무샤〉(影武者, 1980) 덕이다. 다케다 카츠요리(武田勝頼)의 화려한 기병대가 오다 노부나가(織田信長)와 도쿠가와 이에야스(德川家康) 연합군의 산문적(평민적) 조총 부대에 참패하는 나가시노(長篠)전투(1575) 장면을 보면서 임진왜란 당시 조선에 침략한 일본군이 그냥 왜구가 아니라 근대적 군대임을 새삼 깨닫던 것이다.[2] 그 뒤

---

1   김자현, 「우리는 왜 임진왜란을 연구합니까?」, 정두희·이경순 엮음, 『임진왜란 동아시아 삼국전쟁』, 휴머니스트, 2007, 35면.

망각된 현병주(玄丙周, 1880~1938)의 『수길일대(秀吉一代)와 임진록(壬辰錄)』(1930)을 검토하며 임진왜란의 탈(脫) 일국주의적 고찰의 중요성을 다시 새기게 된 터에,[3] 단재의 『수군제일위인 이순신』을 전면적으로 분석할 다짐을 세운바, 마침 기회가 닿아서 제7회 단재문화예술제전 학술대회에서 총론 또는 서론 격으로 「단재를 찾아서: 그 단수성과 복수성」(2002)을 발표하게 되었다.

나는 곧 '『이순신』과 그 이후'라는 주제로 기획을 세웠다. 단재의 『수군제일위인 이순신』으로부터 춘원(春園) 이광수(李光洙, 1892~1950)의 『이순신』(1931)과 김지하의 「구리 이순신」(1971)을 거쳐 김훈의 『칼의 노래』(2001)에 이르기까지 이순신 이야기의 변모를 통시적으로 살펴보려는 의도인데, 대강의 졸가리는 추린 셈이다. 대한제국이 일제의 침략으로 위기에 빠진 20세기 초에 국권 회복의 메타포로 선택된 이순신은 일제시대에는 민족해방의 상징으로 해방 이후에는 국민국가 건설의 영웅으로 들어올려졌다.

그런데 이 저항 서사가 특히 박정희(朴正熙, 1917~1979) 시대에 노산(鷺山) 이은상(李殷相, 1903~1982)의 부용(附庸)으로 개발독재의 체제 서사로 전환된 것이 통렬하다면 통렬하다. 이순신을 빙자하여 임시정부에서 이탈한 자신을 변호할 속셈을 갈

---

2   졸고, 「한국發 또는 동아시아發 대안?: 한국과 동아시아」(2000), 『제국 이후의 동아시아』, 창비, 2009, 280~284면.
3   졸고, 「임진왜란을 다시 생각한다: 『수길일대와 임진록』을 읽고」(2001), 위의 책, 266~274면.

무리한 춘원의 『이순신』이 그 기원일 것인데, 마침 박정희가 그 애독자라고 전해진다. 영웅주의에 대한 근본적 해체를 꼼꼼히 수행한 공임순은 춘원에서 박정희를 거쳐 김훈에까지 드리운 이 경향이 "이순신을 자신과 동일시함으로써 스스로를 박해받는 수난자로 자리매김"[4]하는 심리적 기제에 의거하고 있음을 날카롭게 지적했다. 그런데 그 원조로 단재의 『수군제일위인 이순신』을 든 게 문제다. 본문에서 상론하겠지만 단재는 꿈에도 춘원처럼 자신을 이순신에 비기지 않았다. 모두 단재의 『수군제일위인 이순신』이 제대로 소개되지 못한 탓이매, 만시지탄이지만 이 전의 진면목을 제대로 드러내는 작업을 이제야 겨우 마칠 수 있게 되어 다행이다.

단재 이후 최고의 이순신 전문가는 소설가 구보(丘甫) 박태원(朴泰遠, 1909~1986)이다. 그는 해방 직후부터 이순신전을 여러 번 연재했거니와, 북에서 출판한 『임진조국전쟁』(1960)이 그 종결판이다. 그런데 소설보다 중요한 것이 구보가 서울에서 출판한 『이충무공행록』(李忠武公行錄, 을유문화사, 1948)이다. 이순신의 조카 이분(李芬, 1566~1619)이 지은 「행록」은 충무 최초의 전으로서 이후 모든 이순신전의 남상인데, 이 문고본은 바로 이분의 「행록」을 역주한 것이다. '과연 구보다' 하는 감탄이 절로 나올 정도로 번역이며 주가 모두 훌륭하다. 그 뒤 여러 번역이 나왔지만 구보를 넘는 본을 보지 못했다. 이 역주본은 을유본을 그대로 살리는 것이 최선이다. 이에 단재의 『수군제일위인 이순

---

4   공임순, 『식민지의 적자들』, 푸른역사, 2005, 90면.

신』과 구보의 『이충무공행록』 역주본을 이 책의 2부에서 함께 소
개한다.

제1장

단재로 가는 길[1]

'역사는 의외로 알려지지 않았다.' 이 금언은 단재 신채호에게
도 적용되는 바 없지 않다. 지적 천재들이 그러하듯 그도 생애
를 통해 자신의 합법적/비합법적 주거들만큼이나 사상적 거처를
끊임없이 이동하였다. 동아시아론만 해도 그렇다. 애국계몽기
(1905~1910)에 단재는 동아시아론을 일본의 위장된 침략주의로
맹렬히 비판했다(「동양주의에 대한 비평」, 1909). 그러나 중국 망
명 후 단재의 사유는 진화한다. 위기에 함몰한 중국을 구원하기
위해서도 조선의 해방을 돕는 것이 지름길임을 변증한바(「조선독
립과 동양평화」, 1921), 조선의 독립을 골똘히 사유한 끝에 동아시
아론으로 이월한 터다. 단수(單數)로 환원하려는 형이상학적 욕
망으로부터 자유로운 비연역적 발견 여행이야말로 단재의 본지

---

1   이 장은 청주(淸州)에서 열린 제7회 단재문화예술제전 학술대회(청주예술
의전당, 2002. 11. 14.)에서 행한 기조 발표 「단재를 찾아서: 그 단수성과 복수
성」을 종자로 삼았다.

풍광(本地風光)에 도달할 겸허한 입구일 것임을 새삼 새긴다.

사실 단재 연구는 일천하다. 순국 이후의 세월이 짧지 않건만, 그의 사자후는 오랫동안 재갈 물린 상태를 면치 못했다. 그가 끼친 말과 글은 고사하고 그 혼백의 잠자리마저 옹색했다. 「연보」는 말한다.

> 유골은 (…) 선생이 살던 옛 집터에 암장되었다. 선생은 민적(民籍)이 없어 정식으로 묘소 허가를 얻지 못하여 친척뻘 되는 면장의 묵인 하에 암장했던 것인데, 이것이 발각되어 면장이 파면되고 말썽이 많았다. (…)
> 묘소의 비갈(碑碣)은 만해(卍海) 한용운(韓龍雲)이 벌석(伐石)하고 위창(葦滄) 오세창(吳世昌)이 '단재신채호지묘'(丹齋申采浩之墓)라고 서각(書刻), 만해가 따로 비문을 쓰기로 했으나 일경(日警)의 감시가 심하여 실현되지 못하고 묘비만 경부(畊夫) 신백우(申伯雨)가 몰래 갖고 가 세움.[2]

일제에 대해 철저한 비타협의 길을 걸었던 애국자의 무덤을 쓰는 일 자체가 일종의 투쟁이 되었던 식민지 시대의 궁핍함 속에서 단재 연구는 차치하고 전집 간행조차 어려웠던 터다. 그런데 그 사정은 해방 이후에도 크게 달라지지 않았다. 단재가 우남(雩南) 이승만(李承晚, 1875~1965)의 비판자였기 때문이다. 단

---

2 『단재신채호전집 하』, 형설출판사, 1977, 505면. 이하 『전집 하』로 약칭한다. 아울러 이 책의 상권은 『전집 상』, 중권은 『전집 중』으로 약칭한다.

재는 「조선혁명선언」(1923)에서 국제 여론에 호소하여 독립을 얻으려는 '외교론'을 공격했다.

국망(國亡) 이후 해외로 나아가는 모모지사(某某志士)들의 사상이 무엇보다도 먼저 '외교'가 그 제1장 제1조가 되며, 국내 인민의 독립 사상을 선동하는 방법도 '미래의 일미전쟁(日米戰爭)·일로전쟁(日露戰爭) 등 기회'가 거의 천편일률의 문장이었고, 최근 3·1운동에 일반 인사의 '평화회의·국제연맹'에 대한 과신(過信)의 선전이 도리어 2천만 민중의 분용전진(奮勇前進)의 의기(意氣)를 타소(打消)하는 매개가 될 뿐이었도다.[3]

여기에 외교론자로 직접 거론되지는 아니했지만, 망명 이후 주로 미국에 거주하면서 미국 정부에 한국의 독립을 탄원하는 데 주력한 우남의 행적을 감안컨대 그 겨눈 바가 거의 명확하다고 하겠다. 1919년 3월 12일 밤, 상하이(上海) 프랑스 조계(租界)의 한 허름한 셋집에서 임시정부 건설을 위한 비밀 회합이 열렸을 때, 단재는 우남을 직접 비판했다.

비공식 토의에서 정부를 조직하면 누구를 수반으로 할 것이냐의 문제가 제기되었는데, 이승만이 적임자라는 발언이 나오자 신채호가 자리에서 일어나 천만부당한 말이라고 소리

3　『전집 하』, 39면.

치며, "이승만은 이완용보다 더 큰 역적이다, 이완용은 있는 나라를 팔아먹었지만, 이승만 놈은 아직 우리나라를 찾기도 전에 팔아먹은 놈이다!"라고 분연히 발언한 장면도 있었다.[4]

단재는 왜 이처럼 격렬히 우남을 비난했던가? 미국 위임통치 청원 사건 때문이다. 1차 대전(1914~1918)의 전후 처리를 위해 1919년 1월 8일, 파리에서 27개국 대표가 참석한 강화회의(講和會議) 총회가 개막되었다. 그사이 조선에서 3·1운동이 폭발했고, 강화회의를 목표로 조선 문제를 부각시키려는 독립운동가들의 다양한 외교적 노력이 경주(傾注)되었다. 실제 회의는 미국·영국·프랑스·이탈리아·일본, 전승 5개국이 주도했다. 일본이 낀 5개국의 세계 질서 재편 과정에서 조선의 독립은 무망(無望)이다. 이런 사정을 눈치 챈 우남은 임정 구미위원회(歐美委員會)의 이름으로 일본을 대신해 미국이 조선을 위임통치할 것을 미국 정부에 비밀리에 청원한 모양이다. 사라예보의 총성이 울렸던 1차 대전의 기념일, 6월 28일에 강화조약이 조인되고 베르사유 체제가 출범했다. 그리고 조선 문제는 묵살되었다. 윌슨(Woodrow Wilson, 1856~1924)의 민족자결주의가 헛구호라는 사실을 폭로한 이 냉엄한 국제 질서의 진행을 지켜보면서 단재는 모든 타협적 온건책과 결별하고 무정부주의로 급진화한바, 이로써 단재는 우남과 결정적으로 갈라선다.

6·25전쟁 이후 더욱 경직된 반공 친미 노선을 견지한 이승

4   이강훈, 『대한민국임시정부사』, 서문당, 1977, 20면.

만 정권 아래 침묵당한 단재는 박정희 시대에 돌연 조명된다. 1962년 단재에게 건국훈장 대통령장이 헌정된 것이다. 그리고 1970년대에 전집이 출간되기 시작한다. 1972년 을유문화사에서 상·하 두 권으로 출간된 초판에 이어 개정판(형설출판사, 1977)이 상·중·하에 별집까지 총4권으로 완결되었다. 어떻게 전집 작업이, 그것도 두 번에 걸쳐 추진될 수 있었을까? 신범식(申範植)[5]에 의하면 "박 대통령의 물심양면에 걸친 배려와 이선근(李瑄根) 박사 외 여러 분들의 정성어린 노고"[6] 덕분이라니, '만주'(滿洲)의 친일 인맥에 의해 단재가 재갈에서 풀려난 반어가 통렬하다. 아산 현충사(顯忠祠) 성역화에 착수한(1966) 2년 뒤 세종로 네거리에 이순신 장군 동상(김세중 작)을 세운 데서 드러나듯, 5·16 쿠데타 세력은 남북 체제 경쟁에서 승리하기 위해 4월혁명 이후 남한 민중 속에서 고조된 민족주의적 동력을 일정하게 수용하고자 하였으니, 이런 양면성 덕에 단재가 복권되기에 이른 것이다.

이 전집에 북의 성과가 암묵적으로 수용되었다. 평양에서 직접 단재 유고 일부를 필사하여 가장 믿을 만한 선집을 편찬한 연변 학자 김병민(金柄珉)의 해설을 따라가 보자. 1962년경 "김책 공업대의 한 선생이 국립중앙도서관 서고에 들어갔다가 우연한 기회에 큰 주머니 속에 넣어져 있는 단재 선생의 유고를 발견"[7]

---

5 독립운동가 경부 신백우(1888~1962)의 아들인 신범식은 박정희에 의해 발탁돼 문공부장관을 비롯한 요직을 두루 거쳤다.

6 신범식, 「초판 서」, 『전집 상』, 7면.

7 김병민 편, 『신채호문학유고선집』, 연변대학출판사, 1993, 2면. 이하 이 책의 인용은 본문에 면수만 표시한다.

하는 놀라운 일이 발생한다. 일찍이 "광복 후 중국 주재 조선 대사관을 거쳐 조선민주주의인민공화국에 전해졌"(2면)던 유고 뭉치가 그제야 눈에 띈 것이다. 그리하여 "김일성종합대학 어문연구소 주룡걸 선생, 언어문학학부 안함광 교수, 그리고 국립중앙도서관의 관계 일꾼들이 유고 정리 사업에 착수"(2면), "1966년 2월 국립중앙도서관 민족고전부에서 문학 유고들만을 선택하여 윤색, 삭제, 편집을 거쳐 『용과 용의 대격전』이란 책"(2~3면)이 출판되매, 바로 이 책이 "평양에 왔던 일본인 학자에 의하여 서울에 전해"져, 마침 전집 발간에 착수한 단재신채호선생기념사업회가 평양에서 편집된 "유고들을 『단재신채호전집』의 하권과 별집에 수록"하게 되었던 터다.

이런 곡절 속에 남한 사회에 귀환한 단재는 박정희 독재에 저항했던 진보파의 방패요 칼로 전환된다. 예컨대 1974년 백범사상연구소에서 펴낸 '앎과함' 문고 제1권은 대표적일 것이다. 단재의 「아(我)와 비아(非我)의 투쟁으로서의 역사」(『조선상고사』 '총론')와 「조선혁명선언」을 묶은 이 얇은 책은 당시 독서 대중에 큰 영향을 미쳤다. 특히 외교론과 준비론을 동시에 비판하면서 "민중의 직접 항쟁에 의한 독립 투쟁의 길을 제시"[8]한 후자는 백미다. 단재를 방패로 당시 진보파는 박정희 유신독재에 대한 저항을 간접적으로 선전하고자 하였으니, 남북의 공유재 단재는 남의 체제와 반체제조차 공유하는 사상적 재보(財寶)로 들어 올

---

8   「해설」, 신채호, 『아와 비아의 투쟁으로서의 역사/조선혁명선언』, 최혜성 역주, 사상사, 1974, 2면.

려지기에 이른 것이다.

　이 복합적 공유 속에서 단재의 상(像)은 민족주의자로 고정된다. 민족주의자로 단수화되면서 그 복수성, 특히 무정부주의자 단재는 억압되었다.[9] 공산주의적 '철의 기율'에 반대하는 무정부주의는 북에서도 부담이매 북 역시 단재의 무정부주의적 면모를 소거한바, 남에서는 말할 것도 없다. 마녀사냥의 위협에 시달리던 남한 진보파에게 체제 측이 '공인'한 단재는 안성맞춤의 방패였다. 그들은 '민족주의자 단재'를 '트로이의 목마'로 삼아 4월혁명의 상상력을 민족주의 너머로 확충하고자 하였던 것이다.

　요컨대 동상이몽의 교차 속에서 고정된 단재상을 단재 자신으로 환원하는 작업이 급선무다. 단재는 단수가 아니다. 그러나 복수도 아니다. 기존의 단수형을 넘어서되 복수형의 분열로 투항하지 않는 것, 조금 구체적으로 말한다면, 단재에 뒤집어씌워진 민족주의의 주박(呪縛)을 탈구축하면서 그럼에도 불구하고 단재의 삶 속에 일종의 정치적 무의식으로 끊임없이 작동하는 민족주의를 과소평가하지 않는 실사구시적 균형이 관건이다.[10]

　단재 환원 작업을 위해 아직도 유동적인 단재 연보를 확정하는 일이 선차적이다. 우리는 단재의 삶에서 충분히 해명

9　민족주의자 단재가 아니라 아나키스트 단재를 전면적으로 조명한 최근의 업적은 이호룡의 『신채호 다시 읽기: 민족주의자에서 아나키스트로』(돌베개, 2013)가 대표적이다.

10　단재의 후기 사상을 아나키즘과 민족주의, 그 어느 일방으로 환원되지 않는 유동성으로 파악한 하정일의 분석이 중요롭다. 하정일, 「후기 신채호의 아나키즘과 최종심급으로서의 민족주의」, 『민족문학사연구』 41호, 2009, 12면.

되지 않은 많은 의문에 부딪친다. 왜 단재는 끝내, 일제에 의해 무도하게 살해된 고매한 애국자 수당(修堂) 이남규(李南珪, 1855~1907)의 제자라는 사실을 밝히지 않았는가?[11] 단재는 어떤 경로로 언제 무정부주의에 접근해 갔는가?[12] 단재는 종국에 민족주의자인가, 무정부주의자인가?[13] 그리고 총체적으로 단재는 문학자인가, 혁명가인가? 단재 연구의 총합적 진전을 위해서 전집을 제대로 만드는 일이 광범한 협동 속에 추진되어야 한다.

무엇보다 남북 협력이 요체다. 북의 단재 유고들이 원본대로 정리되어야 한다. 중국에 흩어져 있는 단재의 발자취와 글들을 정밀하게 복원하고 수집하는 일 또한 중요하다. 1차 자료뿐 아니라 2차 자료 수집도 절실하다.

예컨대 단재와 동문수학한 변영만(1889~1954)의 『산강재문

---

11 변영만(卞榮晩)을 통해 단재와 수당의 사승(師承) 가능성을 지적하며 단재와 산강재(山康齋)의 문학을 비교·검토한 임형택의 「신채호와 변영만」(『한국학의 동아시아적 지평』, 창비, 2014, 261~266면)이 암시적이다.

12 기존의 1920년대 설을 비판하고 『꿈하늘』(1916) 즈음부터 경향을 보이다가 1919년경에는 분명한 아나키스트로 진화한 것으로 파악한 최옥산의 분석이 주목된다. 최옥산, 「단재의 아나키즘과 중국, 그리고 문학」, 『민족문학사연구』 41호, 2009, 42면.

13 이에 대해서는 단재의 아나키즘조차도 민족주의의 표현으로 보는 견해에서 보이듯 민족주의를 단재 사상의 최종심급으로 간주하는 주장부터 아나키즘을 그 극복으로 여기는 주장까지, 다양한 편차를 보인다(조세현, 『동아시아 아나키즘, 그 반역의 역사』, 책세상, 2008, 108~123면 참조). 나는 양자를 동시에 고려하는 입장이지만 그럼에도 최후의 사상적 거처는 그의 최후작 『용과 용의 대격전』(1928)이 뚜렷이 드러내듯 아나키스트로 기울었다고 판단한다(최원식, 『한국계몽주의문학사론』, 소명, 2002, 312~324면 참조).

초』(山康齋文鈔, 龍溪書堂, 1957)[14]와 무정부주의 동지 류자명(柳子明, 1894~1985)의 『나의 회억』(료녕민족출판사, 1984)은 대표적인 것들이다.

또한 단재 문헌을 각 분야가 분할적으로 접근하는 게 문제다. 분과학문 체제에 입각해 문학·사학·철학이 각기 단재에 접근함으로써 기존의 단재 연구는 오히려 단재를 단수형으로 고착하는 데 기여하는 기이한 역설을 보여 준 바 없지 않다. 단재는 한문학에 대해서 철저한 비판자로 임했지만, 단재 문헌은 한문학의 계승자이자 해체자라는 야누스의 얼굴이다. 다시 말하면 단재 문헌 전체가 서구의 근대에서 기원한 순문학이 아니라 문·사·철이 혼융한 전통적 개념의 **문학**에 가깝다.

이 점에서 문학 연구자들이 먼저 단재 문헌에서 순문학만 골라 접근하는 것이 아니라 그 전체를 '하나의 문학'으로 파악해 들어가는 자세가 필요하다. 철저한 고증 작업을 바탕으로 연보와 텍스트를 확정하고 단재 문학을 통학문적(通學問的)으로 접근할 때, 비로소 단재의 진면목으로 문득 인도할 '숲길'(Holzwege)[15]에

---

14   다행히 『변영만 전집』이 3권으로 실시학사 고전문학연구회 역주로 간행되었다(성균관대학교 대동문화연구원, 2006).

15   이는 하이데거의 개념이다. "수풀(Holz, 林)은 숲(Wald)을 지칭하던 옛 이름이다. 숲에는 대개 풀이 무성히 자라나 더 이상 걸을 수 없는 곳에서 갑자기 끝나 버리는 길들이 있다./그런 길들을 숲길(Holzwege)이라고 부른다./길들은 저마다 뿔뿔이 흩어져 있지만 같은 숲속에 있다. 종종 하나의 길은 다른 길과 같은 것처럼 보인다. 그러나 그렇게 보일 뿐이다./나무꾼과 산지기는 그 길들을 잘 알고 있다. 그들은 숲길을 걷는다는 것이 무엇을 뜻하는지 알고 있다."(마르틴 하이데거, 『숲길』, 신상희 옮김, 나남, 2008, 13면) 어느 영역자들은

접어들 것이다.

Holzwege를 off the beaten track으로 번역했다. 사람들이 다니는 알려진 길이 아니라 잘 알려지지 않은 숲속의 외딴 길을 지칭하는 의역인 셈이다. Martin Heidegger, *Off the Beaten Track*, edited and translated by Julian Young and Kenneth Haynes, Cambridge University Press, 2002, ix.

제2장

이순신 서사의 원점
단재의 『수군제일위인 이순신』

1. 두 『이순신』

나는 그 일환으로 단재의 『수군제일위인 이순신』(이하 『이순신』)
을 찬찬히 살필 것이다. 단재는 『이순신』의 집필에 앞서 량치차
오(梁啓超, 1873~1929)의 『이태리건국삼걸전』(伊太利建國三傑
傳, 廣學書舖, 1907)을 번역했다. 외세의 지배 속에 분열된 이탈
리아를 근대 통일국가로 들어 올린 리소르지멘토(Risorgimento:
19세기 이탈리아 통일운동)는 이탈리아 왕국 수립(1861)으로 절정
에 이른바, 그 세 영웅이 마치니(G. Mazzini, 1805~1872), 가리발
디(G. Garibaldi, 1807~1882), 그리고 카부르(C. Cavour, 1810~
1861)다. 이 역서의 반향은 『님의 침묵』(1926)의 "마시니의 님은
이태리"(「군말」)에 뚜렷하거니와, 단재는 이미 『이태리건국삼걸
전』 서론에서 그 한국판 저작의 포부를 밝힌 바 있다.

嗚呼라 文明의 燈은 六洲에 燦爛ᄒ고 自由의 鐘은 四隣에

撩亂ᄒᆞᆫ되 我輩ᄂᆞᆫ 何罪완되 獨此地獄고. (…) 若此書의 因
緣과 此書의 紹介로 大韓中興三傑傳 或 三十傑 三百傑傳
을 更作ᄒᆞ면 此ᄂᆞᆫ 無涯生 無涯의 血願也로다.[1]

——   오호라 문명의 등은 여섯 대륙에 찬란하고 자유의
종은 사방의 이웃 나라들에 요란한데 우리들은 무슨 죄완데
홀로 이 지옥고. (…) 만약 이 책의 인연과 이 책의 소개로 대
한중흥 삼걸전 혹 삼십걸 삼백걸전을 다시 지으면 이는 무애
생(단재)의 끝이 없는 피의 소원이로다.

살아 있는 '대한중흥삼걸전'을 대망하면서 단재는 역사로 소
급, '동국삼걸전'을 구상한다. 첫째가 수(隋)와의 전쟁을 승리로
이끈 고구려의 명장 을지문덕, 둘째가 임진왜란에 순국한 조선
의 제독 이순신, 셋째가 요동 회복의 꿈에 스러진 고려의 명장
최영. 이중『을지문덕』만 연재 뒤 1908년 무애생 신채호의 이름
으로 광학서포에서 발간되고, 금협산인(錦頰山人)이란 필명으로
연재된『이순신』은 완성은 되었으나 단행본으로 출판되지 못했
고, 역시 금협산인의 이름으로 연재된『동국거걸 최도통』(東國巨
傑崔都統; 이하『최도통』)은 1910년 4월 단재가 중국으로 망명하
는 바람에 미완에 그치고 말았다. 삼걸전의 운명이 아처롭다. 텍
스트로서 가장 온전한『을지문덕』은 원체 시대도 멀고 사료도 부
족한지라 애국주의 사론(史論)에 준하매 작품으로서는 보람이

1   『단재신채호전집 제4권 전기』, 독립기념관 한국독립운동사연구소, 2007,
364~365면. 이하『단재전집 제4권』으로 약칭한다.

적고, 『최도통』은 중도반단이라 차한(此限)에 부재(不在)니, 3부작 가운데 핵심은 『이순신』이다.

그런데 이 작품의 텍스트가 문제다. 연재본을 활자본으로 처음 옮긴 형설출판사본 『이순신』 이래 원문 비평이 제대로 수행되지 못한 본문들이 착종적으로 유통되어 온지라 텍스트가 불안하다. 다행히 독립기념관 한국독립운동사연구소가 총9권으로 발행한 『단재신채호전집』(2007; 이하 『단재전집』으로 약칭)이 신문 연재본도 영인으로 제공하고 있어 '동국삼걸전'의 백미 『이순신』의 정본을 구축할 계제에 이른 게다.

단재의 『이순신』은 국한문본과 국문본 두 종이다. 금협산인이 저술한 국한문본 『수군제일위인 이순신』과 패셔싱이 번역한 한글본 『슈군뎨일 거룩흔 인물 리슌신젼』인데, 전자는 국한문판 『대한매일신보』(大韓每日申報, 1908. 5. 2.~8. 18.) '위인유적'(偉人遺蹟)란에, 후자는 한글판 『대한매일신보』(1908. 6. 11.~10. 24.) '쇼셜'난에 연재되었다. 과연 금협산인과 패셔싱은 동일인인가? 아마도 패셔싱[2]은 단재가 아닐 것이다. 누락한 대목들이 적지 않고 더욱이 오역도 없지 않다. 국한문본을 연재하면서 한글본을 거의 동시에 역재하는 것도 무리라고 판단된다. 금협산인이 국한문본을 짓고 패셔싱이 국문으로 번역했다고 보는 것이 순리다.

금협산인은 누구인가? 『이순신』에 이어 『최도통』에도 명기

2　패셔싱이 浿西生이라면 패수의 서쪽 곧 평양 출신이고, 沛西生이라면 전주성의 서문이 패서문이니 전주(全州) 출신일 것이다.

된 금협산인이 만약 단재가 아니라면 낭패다. 사실 연재로 그친 두 작품 어디에도 금협산인이 단재라는 증거는 없다. 여러 정황으로 거의 틀림없지만 그럼에도 결정적 증거가 없는 게 아쉬웠다. 그러다 최근 단재의 동지 예관(睨觀) 신규식(申圭植, 1879~1922)의 『한국혼』(韓國魂, 1914)을 읽다가 "금협산인은 하동(河東)의 썩은 뼈를 꾸짖으면서 대동사(大東史)를 초(草)하였고"[3]에 괄목했다. '대동사'는 필사본 「대동제국사서언」(大東帝國史叙言)을 가리킬 것이다. 표지는 "신채호 저 무애산고(無涯散稿)", 속지에는 "단군기원지(之)사천이백사십팔년을묘(乙卯)유월" 즉 1915년 6월의 저술임을 밝힌 이 원고[4]는 분명한 무애 신채호 작이매, 금협산인은 신채호다. 이에 금협산인 신채호의 저작으로 확정된 국한문본 『이순신』을 주 텍스트, 국문본을 보조 텍스트로 삼는다.

2. 『이순신』 이전

단재의 『이순신』은 중세의 이순신을 근대로 호출한 첫 작업이다. 실은 이 작품 연재 도중에 『이충무공실기』(李忠武公實記; 이하 『실기』)가 출간되었다.[5] 그런데 『실기』는 정조(正祖, 재위 1776~

---

3   민필호(閔弼鎬) 편저, 『한국혼』(1914), 보신각(普信閣), 1972, 35면.
4   『단재전집 제3권 역사』, 193~195면.
5   나는 이 책의 존재를 최영호의 「역사적 사실과 문학적 상상력: 한국문학 속에 나타난 이순신」(『이순신연구논총』 1권 1호, 순천향대 이순신연구소,

1800) 때 나온 『이충무공전서(全書)』 중 이분(李芬)의 「행록」을 중심으로 초출(抄出)한 것으로 더구나 순한문체다.[6] 사실 『실기』보다 주목할 바는 단재보다 1년 먼저 나온 현채(玄采, 1856~1925)의 『유년필독석의』(幼年必讀釋義, 1907) 권3에 실린 제18과(課) '임진란'과 제21과 '이순신'이다. 전자는 국한문혼용체로 약 70매(200자 원고지)에 이른다. 난리가 일어난 단초부터 그 전 과정을 핵심적으로 기술하고 명군의 철퇴와 일본과의 화해에 이르는 전후 처리까지 그려 낸 솜씨가 돋보이는데, 요소요소에 이순신의 활약이 삽입된다. "전라좌수사 이순신이 적병(賊兵)을 거제(巨濟) 양중(洋中)에셔 파ᄒ다"[7]로 시작하여, 한산대첩(閑山大捷)의 견내량(見乃梁)해전(68면), 하옥(101면), 통제사 복임(103면), 명량(鳴梁)대첩의 벽파정(碧波亭)전투(104면), 진린(陳璘)과의 협동(107면), 그리고 최후의 전투 노량(露梁)해전에서의 순국, "진린은 이순신으로 더브러 적을 대파ᄒ고 순신은 중환(中丸)ᄒ야 군중(軍中)에셔 졸(卒)ᄒ다"(108~109면). 그런데 현채는 따로 이순신 한 과를 베푼다. 14면에 걸친 약술임에도 이순신이 임진

2003, 98면)을 통해서 인지했다. "현공렴, 『이충무공실기』, 1907"―그런데 이 서지는 문제가 없지 않다. 우선 발행 연도가 1907년이 아니다. 이 책은 융희(隆熙) 2년(1908) 7월 15일에 발행되었다. 단재의 『이순신』보다 앞이 아니다. 또한 저자를 현공렴(玄公廉)으로 기록한 것도 문제. 간기에 의하면 현공렴은 발행자다. 책 어디에도 저자 또는 편자가 표시되어 있지 않으니 지금으로선 괄호로 두어야 할 것이다.

6   『이충무공실기』, 현공렴, 1908, 1면.
7   현채 편술(編述), 『유년필독석의 상권』, 현채, 1907, 59면. 이하 이 책의 인용은 본문에 면수만 표시한다.

왜란의 영웅들 가운데서도 특출하였음을 평가한 것이매 단재의 선구로 삼아도 좋겠다.

단재의 『이순신』 이전 과연 충무는 어떤 위치에 있었을까? 가장 이른 기록일 선조(宣祖, 재위 1567~1608) 실록이 단적으로 보여 주듯 충무공은 호성공신(扈聖功臣)의 아래인 선무공신(宣武功臣) 1등에 권율(權慄)·원균(元均)과 함께 올랐으니,[8] 국난을 극복한 많은 공신의 하나일 뿐이었다.

한편 이순신을 발탁한 서애(西厓) 유성룡(柳成龍, 1542~1607)의 『징비록』(懲毖錄)이 주목된다. 임진왜란 7년의 편년체 기록인 이 책은 집합적임에도 이순신의 활동을 비교적 자세히 기록한바, 일본에 끼친 영향도 흥미롭다. "일본에서도 원록(元祿) 8년 을해(乙亥) 숙종(肅宗) 21년(1698)에 경도(京都)의 서사(書肆) 대화옥이병위(大和屋伊兵衛)에 의하여 4권 4책으로 간행되어 그들의 중요한 사료로[9] 높이 평가되었거니와, "『징비록』을 통해 (…) 조선 측에도 전쟁 영웅들이 다수 존재했다는 사실이 처음으로 일본에 알려"져, "이순신이 일본에서 '영웅'으로 인식"[10]되었다는 것이다. 이처럼 이순신을 나라 안팎에 알린 책으로도 주목할 『징비록』은 인조(仁祖) 11년(1633) 아들 유진(柳袗)

8   박기봉 편역, 『충무공 이순신 전서 4』, 비봉출판사, 2006, 297~298면.

9   박종화(朴鍾和), 「해제」, 『서애문집 부 징비록』(西厓文集 附 懲毖錄), 성균관대학교 대동문화연구원, 1958, 3면. 야마토야 이헤에(大和屋伊兵衛)는 교토의 서점·출판사 이름이자 주인으로 1695년에 『징비록』을 초간(初刊)하고 3년 뒤 재판을 냈다.

10   김시덕, 「임진왜란의 기억」, 『한국학연구』 28집, 인하대 한국학연구소, 16면.

이 『서애집』을 간행할 때 부록으로 처음 간행되었는데, 조선 조정은 『징비록』의 일본 수출을 엄금했다. 국내 유통 또한 제한적이었으니, 국보로 떠받들리는 지금과는 사뭇 달랐다.

인조반정(仁祖反正, 1623) 이후 충무에 대한 평가가 서서히 변화하면서[11] 숙종 때 충무공 사당의 중심일 현충사가 세워진다. "호서(湖西) 아산현 동쪽 20리에 백암(白巖)이 있는데, 곧 충무공이 살던 곳이다. 숙묘조(肅廟朝) 갑신(甲申)에 본도 유생들이 사당 세우기를 상소하여 청하거늘 허락하고 정해(丁亥)에 사액(賜額)하다."[12] 숙종 33년(1707)의 일이다. 그리고 1795년 『이충무공전서』를 발간한다. 이 전집은 "정조 대왕 19년 을묘(乙卯)에 내각에서 편찬 인쇄한 책으로, 충무공 자신의 저술과 모든 기록을 비롯하여 공에 대한 행적과 역대 제왕 명현들의 공을 숭앙 예찬한 시문, 비명(碑銘) 및 모든 문헌들에 실려 있는 공에 대한 기록들을 수집하여 집대성한 전문 14권 30만 자의 귀중한 서적이다."[13] "정조 대왕의 특별한 명령과 원력"을 바탕으로 "직접으로 그것의 편찬을 담당했던 당시 규장각(奎章閣) 문신 윤행임(尹行恁)과 및 그 인쇄를 감독했던 예문관(藝文舘) 검서관(檢書官) 유

11 정두희, 「이순신에 대한 기억의 역사와 역사화」, 정두희·이경순 엮음, 『임진왜란 동아시아 삼국전쟁』, 휴머니스트, 2007, 200면. 이순신에 야박한 선조가 붕어하고 인조반정으로 선조의 아들 광해군마저 실각한 데다 병자호란을 겪으면서 이순신 추모 사업이 본격적으로 발동하여 정조 때 절정에 이르렀다는 정두희의 분석이 요령 있다.
12 이은상(李殷相), 『국역주해(國譯註解) 이충무공전서 하권』, 충무회, 1960, 241면. 이 책에 실린 역문은 원문을 참조하여 내가 손봤다.
13 「해제」, 『국역주해 이충무공전서 상권』, 6면.

1부 — 이순신 서사의 향방

득공(柳得恭) 두 분의 공적"[14]으로 이루어진 결정판이다. 『난중일기』(亂中日記)를 비롯한 충무공의 저작들과 이분의 「행록」·묵수당(墨守堂) 최유해(崔有海, 1588~1641)의 「행장」(行狀)을 비롯한 충무공에 관한 기록들을 망라한 전서의 출현은 획기적이다. 충무공이 집합적 영웅들 속에서 결정적으로 걸어 나온 것이매, 이 또한 단재 『이순신』의 선구일 것이다. 그럼에도 단재 이전의 이순신에 일본 침략군을 물리친 영웅의 면모는 제거된 채 "왕과 왕조를 위해 목숨을 던진 충성스러운 신하였다는 점"[15]만 강조되었다는 정두희의 지적이 중요롭다.

소설은 어떠한가? 역사적 사실과 민중적 공상이 집대성된 임진왜란의 구비(口碑) 서사시라 할 『임진록』 여러 판본에 이순신은 빠짐없이 등장한다. 가장 황당한 것이 이순신에 대한 기술이 겨우 2면뿐인 국립도서관본 『님진녹』이다. 평안도(平安道) 삭주(朔州)의 장사로 나오는데, 거북선이 잠수함처럼 그려졌다. "거북션이 물속의 드러 오만 병(兵) 왜적을 물속의셔 다 죽이고 올나오니"[16]―민중의 상상력은 기발하거니와, 그럼에도 이순신은 곧 왜장 마홍의 총을 맞고 마동의 칼에 참수되니 뒤죽박죽이다. 이에 대해 "근 백여 면을 이순신의 지략과 수전(水戰)에 할애하고 있는"[17] 숭전대 도서관본이나, "이순신의 이야기를 중심으

---

14 앞의 책, 7면.
15 정두희, 앞의 글, 정두희·이경순 엮음, 앞의 책, 206면.
16 소재영(蘇在英)·장홍재(張鴻在), 『임진록·박씨전』(壬辰錄·朴氏傳), 정음사, 1986, 19면.
17 앞의 책, 113면.

로 한 역사적 서술"[18]에 치중한 완판본(完板本) 상권 같은 이본도 있지만, 소설 속의 이순신은 어디까지나 집합적 영웅을 구성하는, 물론 매우 중요한, 하나의 위인이었다.

3. 만신전과 일신전

단재의 『이순신』은 이순신 서사의 근대적 기원이다. 점차 집합적 영웅군에서 걸어 나오기 시작한 충무공을 과감히 단독 영웅으로 부각한 이 전은 이순신의 국민주의적 개조인바, 단재는 이순신을 국민이라는 종교의 중심 상징으로 선택한 터다. 이 점은 중세의 전을 대표할 이분의 「행록」과 비교해도 금세 식별된다. 전체적으로 절제된 고전적 기술로 시종한 「행록」에서 조정 및 지배층에 대한 비판은 날카롭지 않다. 물론 왕에 대한 직접적 비판은 거의 없지만 그렇다고 선조에 대한 충이 강조된 것도 아니다. 그만큼 객관적이려고 노력한 흔적이 역력하다. 원균과 명군에 대한 비판도 무겁지 않고 이순신과 인민 사이의 교섭의 흔적들이 아주 적게 등장한다. 어디까지나 충신에 국한하려는 중세 전의 틀에 충성하는데, 이런 일반에서 백운(白雲) 심대윤(沈大允)의 「이충무전」(1855)은 예외적이다. 특히 "적진에 뛰어들어 스스로 죽어서 자기 이름을 온전히 보존"[19]했다고 충무의 자살설을 암시

---

18 김기동(金起東) 편, 『임진록』(壬辰錄), 서문당, 1978, 4면.

19 익선재 백운집 강독회 옮김, 『백운 심대윤의 백운집』, 사람의무늬, 2015,

한 점이 이채롭다. 자살설은 그 진위 여부를 떠나서 왕과 조정의 무능과 타락에 죽음으로 저항하는 이순신의 비극적 면모를 암시한바, 충신 이순신의 틀을 깬 「이충무전」이야말로 단재 『이순신』의 징조일 터다. 과연 단재의 『이순신』은 「행록」의 절제를 가볍게 초과하여 영웅주의와 민중주의의 제휴 속에서 반침략의 영웅 이순신 중심을 마음껏 구가한다. 요컨대 단재의 『이순신』은 중세의 만신전(萬神殿)을 근대의 일신전(一神殿)으로 재창안한 애국계몽기 단재 민족주의의 눈동자다.

"嗚呼라 嶋國殊種이 代代韓國의 血敵이 되야"(제1장, 『대한매일신보』 1908. 5. 2.)[20]로 시작하여 "上天이 二十世紀의 太平洋을 莊嚴ᄒ고 第二 李舜臣을 待ᄒ나니라"(제19장, 『대한매일신보』 1908. 8. 18.)[21]로 마감하는 이 전은 총 19장이다. 연재 당시에 전체 목차는 제시되지 않았으나 연재본의 목차를 재구성하면 다음과 같다.

第一章 緖論
第二章 리舜臣의幼年과及其少時
第三章 리슌臣의出身과其後困塞
第四章 防胡의小役과朝廷의求材
第五章 리舜臣의戰役準備

488면.
20 『단재전집 제4권』, 155면.
21 위의 책, 200면.

입전(立傳)의 의도를 기술한 제1장 '서론'과 총평을 갈무리한 제19장 '결론'을 두고, 그 사이에 태어나서 죽음에 이르기까지의 이순신의 생평(生平)을 연대기적으로 서술한 일대기로 판을 짠 전형적 구성이다. 그럼에도 그냥 밋밋한 전기는 결코 아니다. 잠깐 각장의 내용을 일별하자.

제2장은 1545년(인종 1, 을사)에 태어나 1566년(명종 21) 무예로 전향하여 1572년(선조 5) 무과에 응시했다가 낙마하여 실격한 일을 중심으로 한바, 대개 충무 이십 대까지를 다뤘다. 결혼이나 득자(得子) 등 개인사는 생략했다. 제3장은 1576년(선조 9)

무과에 급제한 뒤 1586년(선조 19) 사복시(司僕寺) 주부(主簿)에 이르는 간난의 벼슬살이가 그려진바, 대개 충무 삼십 대에서 사십 대 초까지다. 상급자의 부적절한 요구나 불공정에 대항한 일화가 강조되었다. 1586년 조산(造山) 만호(萬戶)로 임명된 데서 시작되는 제4장에도 패군의 죄를 씌우려는 병사(兵使) 이일(李鎰)에게 항거하는 일화에서 보듯, 충무의 고단한 벼슬살이가 중심이지만, 마침내 1591년(선조 24) 왜란 바로 1년 전에 전라좌수사(全羅左水使)로 부임하는 극적인 일로 마무리된다. 충무의 나이 47세 때다. 대강 여기까지가 전사(前史)쯤 될 것이다.

제5장 수사(水使)로 부임한 뒤 전쟁 준비에 힘쓰던 중, 이듬해 4월 13일 임진왜란이 발발한다. 경상우수사(慶尙右水使) 원균의 관문(關文)을 받고 부산 바다로 출항하는 제6장, 1592년(임진) 5월 4일의 일이다. 첫 전투 옥포해전을 중심으로 기술한 제7장, 임진 6월의 해전 상황을 두 번째 전투 당포해전을 축으로 그린 제8장, 임진 7월 한산대첩(閑山大捷)으로 더 알려진 견내량해전을 기술한 제9장, 이어서 임진 9월의 부산포해전을 그린 제10장을 넘어가면 해전들이 생략된다. 제11장은 왜란 이듬해인 계사년, 충무가 삼도수군통제사가 된 일에만 집중한다. 임명 전후의 정치사를 개관하면서 위기가 박두했음을 예감하는데, 갑오(1594), 을미(1595), 병신(1596)의 전투 및 소강상태는 모두 생략된 것이다. 제5장에서 제11장까지가 좁은 의미의 임진왜란이다.

1597년(정유년) 정월 이순신의 파직으로 열리는 제12장은 3월 4일 서울로 잡혀와 입옥하는 것으로 마친다. 정유재란(丁酉再亂)이 배경이지만 난리는 뒷전이다. 1597년 4월 출옥으로 시작되는 제13장은 칠천량(漆川梁) 패전을 간단히 풍문으로 들리곤 이순신이 백의종군으로 해상 부흥을 도모하는 긴 답사 여정을 충실히 따라갈 뿐이다. 7월에 다시 통제사로 임명되면서 시작하는 제14장은 수군 재건의 도정 끝에 9월의 명량대첩과 10월 왜군의 복수로 희생당한 아들 면(葂)의 죽음으로 마감한다. 제15장은 무술년(1598), 칠년전쟁의 마지막 해다. 도요토미 히데요시가 죽고, 고니시 유키나가(小西行長)는 순천에 가토 키요마사(加藤淸正)는 울산(蔚山)에 국축(跼縮)하고, 명 제독 진린의 수군이 이순신 함대에 합류하면서 일어나는 갈등과 그 해소 과정이 생생하다. 드디어 칠년전쟁을 마감하는 11월의 노량해전(음력 11월 18일 밤~19일 새벽) 속에 이순신은 서거한다. 향년 54세. 공의 안장(安葬)을 기술한 제17장은 실은 충무에 대한 긴 토론이 중심이다. 제12장에서 제17장에 이르는 이 부분이 정유재란이다.

단재는 공의 생평을 출생해서 수사가 될 때까지를 기술한 1부(제2장~제4장), 임진왜란에서의 활약을 서술한 2부(제5장~제11장), 그리고 죽음으로 마감되는 정유재란에서의 활동을 다룬 3부(제12장~제17장), 세 단계로 나눈바, 이순신의 삶을 철저히 공적인 전으로 재구성했다.

제18장이 특이하다. 세 부분으로 구성된 이 장은 첫째 "이순신의 제장(諸將)" 곧 부하들의 열전으로, 정운(鄭運)에서 마하수(馬河秀)까지 16인을 거두었다.[22] 『사기』(史記)로 말하면, 이순신

---

22 내가 알기로 단재를 이어 열전을 마련한 이는 소오(小梧) 설의식(薛義植, 1901~1954)이다. 그가 편역한 『난중일기초』(亂中日記抄, 首都文化社, 1953)

을 다룬 부분이 '기'(紀)라면 '이순신의 제장'은 '전'(傳)에 해당한 바, 이순신을 고독한 영웅이 아니라 집합적 개인으로 파악한 단재의 탈영웅주의가 약여하다. 둘째 "이순신의 유적" 곧 구비설화 가운데 흔적과 연결되는 전설 여덟 건을 채록했다. 셋째 "기담"(奇談) 곧 좁은 의미의 설화 세 건을 실었는데, 단재는 특별히 언급한다. "此下 三段은 荒談에 近ᄒ나 先儒文集中에 往往載有ᄒ 바인 故로 此에 姑錄ᄒ노라."(『대한매일신보』 1908. 8. 9.)[23] 사실 이 설화들은 충무의 신화화가 심한 편이다. 특히 왜의 자객들을 처치하는 충무의 지혜를 찬양하는 앞의 두 이야기가 그렇다. 그러나 겁쟁이 시골 장사 김대인(金大仁)을 조련하여 용맹한 지도자로 키웠다는 마지막 이야기는 충무 설화의 백미다. 그럼에도 단재는 말미에 다시 토를 단다. "右 壹章의 錄ᄒ 바ᄂᆞᆫ 비록 東鱗西爪에 搜探가 未精하고 且 遺跡 以下ᄂᆞᆫ 壹壹皆眞ᄒ지 難知ᄒ지나 抑亦 無賴의 巷言으로 抹殺흠은 不可ᄒ 者라 故로 此에 附錄하ᄂᆞᆫ 바이어니와"(『대한매일신보』 1908. 8. 11.)[24] — 요컨대 설화는 물론 전설도 믿기 어렵다는 것이다. 단재는 충무를 숭모하되 그 영웅화로 질주하지 않았다. 그럼에도 채록하는 균형

에 '막하장열전'(幕下將列傳)이란 이름 아래 정운에서 마하수까지 총 26인을 정리해 수록했다.

23 『단재전집 제4권』, 195면. "이 아래 세 단은 황당한 이야기에 가까우나, 선유의 문집에 왕왕 실려 있는 바인 고로 이에 굳이 기록하노라."

24 위의 책, 196면. "오른쪽 일 장에 기록한 바는 비록 동린서조(동쪽에 용 비늘, 서쪽에 용 발톱 – 역자)로 찾아 채록함이 정밀하지 않고 또 유적 이하는 하나하나가 모두 참인지 알기 어려울지나 그렇다고 또한 거리에 떠도는 무뢰의 말이라 말살함은 불가한 것이라. 고로 이에 부록하는 바이어니와"

을 취함으로써 충무의 구비사 즉 비공식 서사가 공적 서사와 함께 드러나게 되매, 말하자면 소설적 다성성(多聲性)을 시현한 폭이다.[25] 열전과 구비까지 포괄한 제18장이야말로 일신전 속의 작은 만신전일바, 단재의 절도가 빛난다.

4. 임진왜란과 칠년전쟁

이제부터는 『이순신』의 쟁점들을 좀 더 구체적으로 따질 터인데, 먼저 『이순신』에 드러난 이 전쟁의 명칭부터 검토하자. 단재는 이 작품에서 흥미롭게도 '임진왜란'이란 용어를 사용하지 않았다. 가장 많이 나오는 용어는 '왜구'로, 제1장부터 제15장까지 두루 쓰였다. 이 비슷한 용어로는 '왜변'(제5장), '임진란'(제18장), '임진왜구'(제18장), '왜란'(제18장) 등이 등장한바, 비교적 객관적인 '임진지사'(壬辰之事, 제1장)가 이채롭다. 더 나아가 단재는 '칠년전쟁'이란 용어도 사용했다.

> 公이 七年戰爭의 第壹年에 死ㅎ얏거나 第二年에 死ㅎ얏거나 或 第三年 第四年 第五六年에 死ㅎ얏슬지라도 此亂에 我輩의 死를 救ᄒ홀 者ㅣ 無ᄒ홀지어늘, (…) 許多風霜 海上生

25 Mikhail Bakhtin, 'Epic and Novel', "소설은 그러나 영원히 살아 있는 요소인 비공식인 언어와 비공식적인 사유와 연관된다." *Modern Genre Theory*, ed. by David Duff, Pearson Education Limited, 2000, 79면.

涯를 七年戰爭 結局되던 露梁에 至ᄒ야 畢了ᄒ니(제17장,
『대한매일신보』 1908. 6. 20.)[26]

— 공이 칠년전쟁의 첫 해에 죽었거나 둘째 해에 죽었
거나 혹 셋째 해 넷째 해 다섯, 여섯째 해에 죽었을지라도 이
난리에 우리의 죽음을 구할 자가 없을지어늘, (⋯) 허다 풍상
의 해상 생애를 칠년전쟁 결국되던 노량에 이르러 마치니

아마도 첫 용례로 기록될 '칠년전쟁'이 제17장에 두 번이 나
오거니와, 단재는 이 전란을 기본적으로는 '왜란'으로 보되 한편
나라와 나라 사이의 전쟁이란 인식 또한 지니고 있었던 것이다.
'칠년전쟁'을 '임진왜란' 대신 의식적으로 사용한 이는 작가
김성한(金聲翰)이다. 그는 1984년 『동아일보』에 「칠년전쟁」 연
재를 시작한다. 그런데 "연재 1년 만에 '임진왜란'으로 제목이 바
뀌었다. 임진왜란에 한중일 삼국의 국제적 성격을 부여하고 각
나라의 내부 사정까지 다루는 접근법이 당시 독자들에게 받아들
이기에 일렀던 것이다."(『동아일보』 2012. 7. 14.) 그리하여 초판은
『임진왜란』(행림출판, 1990)으로 출간된다. 결국 작가는 재판을
내면서 "최초의 제목 '칠년전쟁'이 작가의 의도에 더 가까울 뿐
아니라 임진왜란의 성격을 더 정확하게 드러내 준다고 판단"[27]해
원제 『칠년전쟁』(산천재, 2012)으로 돌아간바, 초판을 낸 지 무려
20여 년이 걸렸던 터다.

---

26 『단재전집 제4권』, 190면.
27 김성한, 『칠년전쟁 1』, 산천재, 2012, 24면 '일러두기'.

정두희·이경순은 '임진전쟁'을 제안한다. "임진왜란에 대한 국제학술회의를 마치면서 참석자들은 이 전쟁을 동아시아의 국제전쟁으로 단정한다면, (…) 이 전쟁의 공식 명칭을 '임진전쟁'(The Imjin War)으로 하자는 결론에 이르렀다."[28] 하우봉 역시 "세계사적 시야가 필요한 현 시점에서는 (…) 국제적으로 통용될 수 있는 명칭이 필요하다"는 점에서 '임진전쟁'을 지지한다(「'임진왜란'이 아니라 '임진전쟁'이다」, 『조선일보』 2012. 2. 2.). 북한도 '왜란'을 배제하고 '임진조국전쟁'으로 명명한바, 아마도 나폴레옹의 러시아 침략을 '조국전쟁'이라 부르는 러시아에서 기원한 듯싶다. 일리가 없지 않지만, 세 나라가 얽혀 싸운 국제적 성격이 두드러진 이 전쟁을 부르기에는 적절하지 않을 수 있겠다는 생각도 든다. 한국에서는 '임진왜란·정유재란', 북한에서는 '임진조국전쟁', 일본에서는 '분로쿠·케이쵸노에키'(文祿慶長の役), 중국에서는 '만력동정'(萬曆東征), 그리고 서양에서는 'Hideyosi's Invasion of Korea' 등등으로 각기 불리는 이 전쟁의 이름을 공통적으로 명명할 일이 시급하기는 한데, 퇴출 위기에 몰린 '임진왜란'의 출자(出自)는 어디인가?

하우봉은 "1776년 이긍익(李肯翊)의 『연려실기술』(燃藜室記述)에서 처음 사용되었"고 "1946년 김성칠(金聖七)이 『조선역사』에서 '임진왜란', '정유재란'을 항목의 제목으로" 선택한 뒤 학술용어로 정착, 일반화되었다고 밝혔지만(앞의 글), 이상훈은 『동국

---

[28] 정두희·이경순, 「16세기 최대 전쟁, 임진왜란」, 정두희·이경순 엮음, 앞의 책, 21면.

신속삼강행실도』(東國新續三綱行實圖, 광해군 9년, 1617)가 첫 용례라고 하니,[29] 이 용어의 계보가 분명치 않은 셈이다. 그만큼 유구하다는 것이매, 과연 '임진왜란'을 그냥 폐기해도 좋을까?

키케로는 "전쟁은 동란 없이도 일어나지만 동란은 전쟁 없이는 일어날 수 없다"고 말하고 있다. 이 구절이 분명하게 뜻하고자 하는 바는 동란이 전쟁의 특수한 또는 보다 강력한 형태 (⋯) 따위가 아니라는 것이다. (⋯) 엄밀하게 이 용어(동란tumultus이라는 말은 종양이나 흥분 상태를 의미하는 tumor와 연관되어 있었다)는 전쟁의 결과로 생긴 무질서나 소요 상태를 가리킨다는 것을 알 수 있다. (⋯) 동란이란 "돌발적인 전쟁"이 아니라 돌발적인 전쟁이 로마에 불러일으킬 커다란 공포를 가리키는 것이었다.[30]

단재의 시각은 복합적이다.

是以로 彼 平秀吉者가 無名之師를 壹擧ᄒᆞ야 我境을 壹侵ᄒᆞ믹, 將士가 瓦解ᄒᆞ고 人民이 獸竄ᄒᆞ야 彼가 出兵ᄒᆞᆫ 지 不過 十數日間에 京셩을 奄迫ᄒᆞ야 無人之境ᄀᆞ치 驅入ᄒᆞ얏스니, 嗚乎라, 禍亂의 作을 其又誰咎아.(제1장, 『대한매일신보』

29　이상훈, 「16세기 말 동아시아 세계의 대충돌 임진왜란」, 『월간 문화재』 2013. 9., 14면.

30　조르조 아감벤, 『예외상태』, 김항 옮김, 새물결, 2009, 84~85면.

1908. 5. 2.)[31]

——   이런 까닭에 저 평수길이란 자가 이름 없는 군대를 한번 들어 우리 경계를 한번 침략하매, 장수와 병졸이 와해하고 인민이 짐승처럼 숨어 그들이 출병한 지 불과 십수 일 사이에 문득 경성을 강박하여 무인지경같이 몰아들었으니, 오호라, 화란이 난 것을 그 또 누구에게 허물하리오.

단재는 히데요시의 침략이 "이름 없는 군대"임을 명쾌히 하는 동시에 그 공포에 무너진 조선의 내부를 침통히 드러냄으로써 동란이 안팎에서 병발(竝發)하고 있음을 정직히 응시한바, 그는 결코 단순한 배외주의자가 아니다. 이 복합적 시선은 이순신의 옥사(獄事)에도 견지된다.

리忠武의 被拿가 行쟝의 罪도 아니며 元均의 罪도 아니라 ᄒ니, 然則 其誰의 罪인가. 余敢壹言으로 斷ᄒ야 曰 此ᄂ 朝廷臣隣 私黨者의 罪라 ᄒ노니,
宣廟 登極 年來로 朝臣의 黨派가 分ᄒ야 公義ᄂ 排ᄒ고 私見만 張ᄒ식(제12장, 『대한매일신보』 1908. 5. 27.)[32]
——   이충무의 잡혀감이 행장의 죄도 아니며 원균의 죄도 아니라 하니, 그런즉 그 누구의 죄인가. 내가 감히 한마디로 끊어 가로되 이는 조정 신린 사당자의 죄라 하노니, 선묘 등

31 『단재전집 제4권』, 155면.
32 위의 책, 172면.

극 연래로 조신의 당파가 나뉘어 공변된 의리는 물리치고 사
사로운 소견만 펼칠새

적장 고니시 유키나가는 물론이고 심지어 원균도 면죄하니,
단재는 어떤 역사적 사건의 발생을 한 사람에 몰밀어 버리는 순
진한 개인주의자가 아니다. 따라서 순수한 영웅주의자는 더욱
아니다. 그들 개개인을 그렇게 행동하도록 추동한 시대의 힘에
주목했으니, 무도한 침략자 일본을 엄중히 비판하되, 엄혹한 전
쟁 중에도 무서운 현실주의로 질주한 조선의 지배층이야말로 이
동란의 근원이라고 더욱 엄중히 견책한다. 나는 단재를 따라서
동란적 성격을 가리키는 '임진왜란'과 나라들 사이의 전쟁이라는
공식성이 뚜렷한 '칠년전쟁'이란 두 이름을 함께 사용할 것이다.
그렇게 겹쳐서 파악해야 세 나라 사이뿐만 아니라 조선의 안팎,
일본의 안팎, 그리고 명의 안팎까지 아우를 총체적 안목이 트이
리라고 믿기 때문이다.

5. 문학적 전기

『이순신』은 충무 자신의 기록인 『난중일기』와 조카의 첫 전기
「행록」을 바탕으로 단재가 재해석하고 재구성한 전(傳)이다. 이
때문에 한편 그 문학성을 의심하는 견해도 없지 않은데, 우선 주
목할 바는 그럼에도 그냥 옛 기록을 가져다 얽어 쓴 것이 아니라
는 점이다. 내 경우 이 작품에서 가장 감동적인 대목의 하나는

이순신이 출옥하여 칠천량 패전의 비보를 듣고 권율 원수의 위촉으로 수군 재건의 방략을 세우기 위해 적세를 관찰하면서 연해를 순력하던 중 진주를 거쳐 곤양에 이르렀을 때의 일화다.

> 二十壹日에 早發ᄒ야 昆陽郡에 到ᄒ니, 郡民이 此離亂中에도 實業에 勤ᄒ야 或 牟田도 理ᄒ며 或 早穀도 收하거늘 리舜臣이 過ᄒ다가 再拜ᄒ니라.(제13장, 『대한매일신보』 1908. 6. 3.)[33]
>
> ── 21일에 일찍 출발하여 곤양군에 도착하니, 군민이 이 난리 중에도 실업에 힘써 혹 보리밭도 고르며 혹 올곡도 거두거늘 이순신이 지나다가 두 번 절하니라.

들에서 일하는 농민들에게 가만히 절하고 지나가는 충무의 모습은 최고다. 과연 『난중일기』는 어떨까? 정유년 7월 21일 충무는 이렇게 기록했다.

> 二十一일(庚戌) 맑다. 일찍 떠나 곤양군에 이르니 군수 이천추(李天樞)도 고을에 있고 또 백성들도 본업에 힘써서 (…) 혹은 올벼를 거두기도 하고 혹은 보리밭 준비도 하다.
>
> 二十一日庚戌晴 早發昆陽郡 則郡守李天樞在郡 民多務本 (…) 或收早穀 或理牟田[34]

---

33 위의 책, 177면.
34 이은상, 『국역주해 이충무공전서 상권』, 충무공기념사업회, 1960, 556면.

『난중일기』에는 충무가 농민들을 향해 절하는 모습이 없다. 말하자면 단재가 '시적 자유'를 행사하여 소설적 왜곡을 감행한 것이다. 그럼에도 정곡을 짚었다는 느낌이지 허위 과장이라고 여겨지지 않는다. 충무가 일기에 곤양 군수와 군민의 동정을 기록한 자체에 경의가 암시된바, 사실 칠천량에서 가까운 곤양이라면 패전의 비보에 대공황을 겪어 혼비백산했어도 나무랄 수 없는데 이 뜻밖의 평화에 어찌 경의를 표하지 않을 수 있을까? 글자 뒤 그 사람의 마음을 꿰뚫었으니, 단재의 귀신같은 솜씨다.

　그런데 삭제한 경우도 있다. 장경남은 노량해전 직전 충무가 기도하는 장면에서 「행록」에 보이는, 큰 별이 바다로 떨어지는 대목이 누락되었음을 지적한바,[35] 먼저 「행록」을 보자.

　　이날 밤 3경, 공은 배 위에서 손 씻고 꿇어앉아 하늘에 빌되, "이 원수를 만약 없앨 수 있다면, 죽어도 곧 한이 없겠나이다."
　　하였다.
　　그리자 홀연 큰 별이 바닷속으로 떨어진다. 보는 자가 기이하게 생각하였다.[36]

　이 대목을 단재는 이렇게 기술했다.

558면.
35　장경남, 「신채호 역사전기의 형상화 방식과 의미」, 『민족문학사연구』 통권 41호, 민족문학사연구소, 2009, 103면.
36　이분, 『이충무공행록』, 박태원 역주, 을유문화사, 1948, 83면.

三更에 船上에 獨立ᄒ야 盥手焚香ᄒ고 上帝끠 祝ᄒ야 曰 "此讐를 可滅홀진딘 卽死라도 無憾이니이다."(제16장, 『대한매일신보』 1908. 6. 18.)[37]

─ 삼경에 배 위에 홀로 서서 손 씻고 향 피우고 상제께 축원하여 가로되 "이 원수를 가히 멸할진댄 곧 죽어도 유감이 없으니이다."

단재는 별이 떨어지는 대목을 생략하고 기도하는 충무의 모습만 보였다. 충무를 더욱 영웅화하기 좋은 이 소재를 버린 단재의 마음은 어떤 것일까? 그는 분명 여기서 영웅주의에 제한을 두었는데, 이는 한편 모순적이기도 하다. 가령 "檀祖 神靈이 靑邱의 無人을 悲歎ᄒ사 대적 對抗홀 干城良材를 下送ᄒ시니"(제2장, 『대한매일신보』 1908. 5. 3.)[38]에서 보듯, 이순신을 국조신(國祖神)이 내리신 영웅으로 숭앙하거나, "必是 上帝의 下送ᄒ신 天使"(제17장, 『대한매일신보』 1908. 6. 20.)[39]라고 기독교적 비유까지 구사해 이순신을 기린 바 있기 때문이다. 사료 비판을 통해 별 떨어지는 장면을 삭제한 단재와 신이 내린 천사로 충무를 들어 올린 단재, 어느 얼굴이 진짜인가? 두 얼굴이 혼재해 있다고 하겠지만, 적어도 기록을 검토해 다시 쓰기를 시도할 때는 전자가 더 우세했다고 판단된다. 그런데 그 대목을 곰곰이 다시 살피

---

37 『단재전집 제4권』, 188면.
38 위의 책, 156면. "단군 조상의 신령이 조선의 사람 없음을 비탄하사 큰 적 대항할 간성(방패와 성)의 훌륭한 인재를 아래로 보내시니"
39 위의 책, 190면.

건대 별 떨어지는 장면을 생략한 게 단지 합리주의적 태도에만 말미암은 바 아님을 깨닫게 된다. 기도하는 모습에 바로 붙여 별 장면을 두면 사실 싱거워진다. 아무리 기도 뒤에 올 일을 우리가 안다 해도 지는 별은 너무 직접적이라 안이하다. 충무의 진정성 또는 비극성을 온전히 드러내기 위해서 별을 생략한 단재의 문학적 안목에 경탄한다. 두 예에서 짐작되듯 단재는 기존 기록들에 통찰을 가하여 다시 쓰든가 또는 사료 비판을 통해 취사하든가, 이 두 방식으로 전을 재구성한바, 『이순신』은 기본적으로 훌륭한 문학적 전기다.

6. 영웅주의와 탈영웅주의

아마도 가장 큰 쟁점은 영웅주의일 것이다. 단재는 과연 영웅주의자인가? 해방 직후에 출판된 어느 사전은 영웅주의를 "반(半)봉건적 사상인데 계급이나 다수 민중을 무능력시하며 특정의 영웅의 사상 행동으로 사회생활의 목표를 둔 개인주의의 일종"이라고 규정하면서 대안으로 탈개인주의적 '프롤레타리아 영웅주의'를 내세웠다.[40] 과연 프롤레타리아 영웅주의가 부르주아 영웅주의의 대안일지는 의심스럽거니와,[41] 그럼에도 영웅주의가 민

---

40   유영우(劉永祐)·장계춘(張桂春) 편(編), 『사회과학사전』(社會科學辭典), 노농사(社), 1947, 167면.
41   "예를 들면 '전설적 영웅'이라든가 '개인숭배', '프롤레타리아 예찬' 등은 노동계급이 낳은 것처럼 보이나 실은 프티 부르주아의 이데올로기다." 장 폴 사르

중이 부재하는 일종의 개인주의라는 안목은 중요롭다.

　서문에서 잠간 언급했지만 이 문제에 관한 한, 공임순의 분석이 주목된다. 춘원의 『이순신』(1931~1932)에서 박정희를 거쳐 김훈의 『칼의 노래』(2001)에 이르기까지 그 서사의 뼈대가 "이순신을 자신과 동일시함으로써 스스로를 박해받는 수난자로 자리매김"[42]하는 심리적 기제에 의거하고 있음을 날카롭게 지적한 그는 여기서 더 나아가 적대적인 지배 집단에 포위된 "고독한 남성 영웅의 전형"(89면)을 제시한 점에서는 단재나 춘원이 근본적으로 연속이라는 것이다. 일생을 항일 혁명에 바친 단재의 이순신과 굴곡 많은 춘원의 이순신이 "전적으로 다를 것이라고 예단하는 것은 좀 성급"(118면)하다는 지적에서 짐작되듯이 그는 당시 유행하기 시작한 해체론을 구사하여 졸지에 단재를 춘원―박정희―김훈으로 이어지는 '역사 사유화'의 원조로 추대한 셈이다. 물론 그도 "이광수와 신채호가 합쳐지고 갈라지는 국면"(118면)에 주목하고는 있다. 가령 "신채호가 주위에 인재가 있더라도 이순신의 애국심과 무인 정신을 높이 평가했다면, 이광수는 주위의 인재들을 깡그리 무시하는 부정의 어법으로 이순신의 영웅성을 재정립한다. 이광수가 신채호와 갈라지는 지점이 이곳이다."(129면) 춘원의 이순신이 민중 없는 개인주의, 또는 위장한 춘원이라면 단재는 이순신의 진면목으로 무한 접근한다. 모리스

<hr />

트르(Jean Paul Sartre), 『지식인이여, 무엇을 할 것인가』, 민희식 편역, 두로, 1997, 87면.

42　공임순, 『식민지의 적자들』, 푸른역사, 2005, 90면. 이하 이 책의 인용은 본문에 면수만 표시한다.

블랑쇼(Maurice Blanchot)의 말이 뜻깊다. "필요한 것은 우상이라는 나른한 영원 속에 안주하는 것이 아니라 보편적 변화에 협력하기 위해 바뀌고 사라지는 것이다. 이름 없이 행동하는 것이지 다분히 한가로운 이름으로 남는 것이 아니다."[43] 다시 말하면 단재는 이순신 속으로 사라졌지만 춘원은 이순신을 빙자해 영원히 살아남길 기도한다. 그럼에도 공임순이 이순신과 적대적인 조정(朝廷)이라는 표면적 유사성만 강조하여 굳이 이광수가 "신채호의 『이순신전』을 뒤틀린 형태로 반복"(129면)했다고 강조하는 것은 해체론이 앞선 때문일 터인데, 나는 그가 최소한 단재의 『이순신』을 정독만 했어도 이런 성급한 결론에 이르지 않았으리라고 여겨지는바, 찬찬히 영웅주의 문제를 들여다보자.

『이순신』의 원천이라 할 수 있는 『이태리건국삼걸전』의 결론만 봐도 단재는 단순한 영웅주의자가 아니다.

有三傑之始祖然後에 可以造三傑이오 有三傑之卒徒然後에 三傑이 可以爲三傑이니 讀我伊太利之三傑傳者여 毋恤禍福ᄒ며 無顧榮辱ᄒ고 惟以血誠으로 頂天而立ᄒ면 將來此國을 由君得救ᄒ리니 是所望於讀者로다.[44]

---

43 최원, 「예술의 비판기능과 유희기능의 종합을 위한 성찰: 알뛰세르와 블랑쇼를 중심으로」, 『안과밖』 제46호, 2019 상반기, 341면에서 재인용.
44 『단재전집 제4권』, 488면. 이 결사는 결론의 끝 문장으로 원저자 량치차오가 아니라 역자 단재의 것이다. 서론은 무애생(無涯生), 결론은 신사씨(新史氏: 원문에는 '신사민'新史民인데 아마도 '신사씨'의 오식일 듯)와 무애생이란 이름으로 단재가 새로 지은 것이다.

— 삼걸도 시조가 있은 뒤에 가히 써 삼걸을 지을 것이요, 삼걸도 병사가 있은 뒤에 삼걸이 가히 써 삼걸이 되리니, 우리 이태리 삼걸전의 독자여, 화복을 근심하지 말고 영욕을 돌아보지 말고 오직 피의 정성으로써 하늘을 이고 자립하면 장래 이 나라가 그대로 말미암아 구원되리니 이것이 독자에게 바라는 바로다.

영웅도 조상이 있어야 태어날 수 있고, 병사가 있어야 영웅 노릇을 할 수 있다는 논리는 영웅이 조건 구속적 존재임을 가리키는데, 량치차오가 본문 제1절에서 말한 "時勢가 英雄을 造하느니"[45]와 대응한다. 단재는 여기서 더 나아가 삼걸이란 "이태리전 국민 중의 그 대표자 삼 인에 불과할 뿐"[46]이라고 선언함으로써 영웅과 인민이 둘이 아니라 하나라는 일체론으로 진화한다. 성인(聖人)과 중인(衆人) 사이의 차별을 제거한 신유학의 계몽주의가 변주적으로 약여한바, 독자 하나하나가 각고의 노력을 경주하면 모두 나라를 구하는 영웅이 될 수 있다고 추동해 마지않는다. 단재의 영웅주의는 벌써 국민주의적 영웅론으로 진보하였던 것이다.

국민주의적 영웅주의도 영웅주의의 일종이라는 점을 기억하면서, 반전 평화사상과 적절히 결합되지 않는다면 그 국민주의적 영웅주의가 자칫 기이한 1인 숭배로 떨어질 수도 있다는 점을

---

45 위의 책, 367면.
46 "不過伊太利全國民中에 其代表者三人而已니." 위의 책, 454~455면.

더욱이 기억하면서, 구체적으로 '동국삼걸전' 3부작에서 그 양상이 어떻게 나타나 변이하는지 살펴보자.

첫 작업 『을지문덕』(1908)은 영웅주의가 최고조다. 가령 "過去의 英雄을 寫ᄒ야 未來의 英雄을 招ᄒ노라"[47]에 드러난 영웅대망론이나, 제국주의를 긍정적으로 사용한 "乙支文德主義는 何主義오 曰 此卽 帝國主義니라"[48]라든가, "國家의 强弱은 英雄有無에 在ᄒ고 將卒衆寡에 不在ᄒ도다"[49]의 영웅 일변도나, 영웅의 선도성을 강조한 "其國 國民의 勇怯優劣은 專혀 其國의 一二 先覺英雄에 鼓舞激勵의 如何를 視ᄒ야 進退ᄒ는 바로다"[50]로 맺는 결사까지 도처에 영웅 예찬이다. 『이태리건국삼걸전』에서 오히려 후퇴했다. 아마도 변영만이 서문에서 지적했듯이, "노예학"으로 시종한 전통을 깬 "아국서적계지효시"(我國書籍界之嚆矢)[51]라는 찬사에 걸맞은 영웅 서사시적 풍모가 자연스레 흘러넘친 탓일 것이다.

마지막 작업인 『최도통』(1909~1910)에는 다른 영웅론이 보인다. "大抵 英雄을 論홈에 不可不 其 所遇의 時世와 所處의 社會를 觀홀지라. (…) 崔都統의 遭遇흔 時代는 全國人心이 腐敗卑劣의 極度에 達흔 時代라. (…) 其中에 비록 驚天動地의 英雄이 出ᄒ야 獨立!獨立!大叫ᄒ달 엇지 容易히 其耳를 傾ᄒ

---

47 위의 책, 29면.
48 위의 책, 53면.
49 위의 책, 67면.
50 위의 책, 101면.
51 위의 책, 7면.

리오."(『대한매일신보』 1910. 2. 17.)[52] 영웅이 만난 시세와 영웅이 처한 사회를 함께 고려하라는 단재의 발언은 영웅도 존재 구속적인 존재라는 『이태리건국삼걸전』의 인식으로 복귀했음을 고지하는바, 단재는 최영의 실패를 최저의 하강기에 조우한 조건에 돌리면서 영웅 또한 시대정신에 종속되어 있음을 비통하게 승인한 터다.

『이순신』의 영웅주의 문제를 분석하기 전에 잠깐 중국 망명 이후 단재 영웅론의 행방을 알려주는 한 편의 글을 검토하고 싶다. 형설출판사 전집에 수록된 「연개소문(淵蓋蘇文)의 사년(死年)」이란 글인데, '조선사 연구 — 북경(北京)에서'란 부기(付記)로 북경 시절[53]에 쓰였음을 짐작하게 할 뿐 현재로선 출전이 불명이다. 다만 『조선사』 제10편 제3장 7절 '淵蓋蘇文 死年의 差誤 十年'(『조선일보』 1931. 9. 22.~9. 24.)[54]과 거의 비슷해 7절을 바탕으로 영웅론을 보유한 것이 「연개소문의 사년」이 아닐까 싶다. 그 영웅론을 보자.

---

52 위의 책, 292면. "대저 영웅을 논함에 불가불 그 만난바 그때의 세상과 처한바 사회를 볼지라. (…) 최도통이 조우한 시대는 전국의 인심이 부패하고 비열함의 극도에 달한 시대라. (…) 그중에 비록 하늘을 놀래고 땅을 움직일 영웅이 나와 독립! 독립! 크게 외친들 어찌 용이히 그 귀를 기울게 하리오."
53 이만열은 "단재가 『조선상고사』를 쓴 시기는 그가 북경에 다소 안정적으로 체류하고 있었을 1915~1919년의 약 4년간과 1920년 4월~1922년 12월까지였을 것으로 보인다"(『단재전집 제1권』, 「해제」 iv)고 유추한바, 「연개소문의 사년」도 그 무렵이 아닐까 한다.
54 『단재전집 제1권』, 174~176면.

무릇 인물이란 것은 거의 시세(時勢)의 제조하는 바라, 연개
소문이 송도 말년에 났으면 쭉하여야 최영이 될 뿐이며, 한
양 말년에 났으면 대원군(大院君)이 될 뿐이지만, 다행히 고
구려 전성시대, (…) 그 시대에 나서, 조선 과거 역사상 미증
유의 군국적 침략주의를 행하던 인물이니, 그러면 시세가 연
개소문을 낳음이오, 연개소문이 시세를 낳음이 아니다.

톨스토이가 피터 대제의 위대함을 흠모하여 그 전기를 지으
려다가 세세히 사료를 수색한 결과, 도리어 그의 용렬한 점
을 많이 발견하고 필(筆)을 투(投)하였다는 말도 있지만, 고
대에 이른바 영웅 위인들이 거의 시세의 산아(産兒)요, 그 자
체의 위대한 것은 없을 것이다.[55]

물론 이 글에도 "미증유의 침략적 군국주의" 운운에서 영웅
주의의 꼬리가 발견되지만, 핵심은 단재가 영웅에 대한 시세의
결정적 우위를 확인하고 있는 점이다. 구경 탈영웅주의에 도착
한 단재 사유의 한 끝을 잘 보여 주는데, 톨스토이(Lev Tolstoy,
1828~1910)를 매개로 한 점이 흥미롭다. 『전쟁과 평화』(1862~
1869)에서 톨스토이는 영웅을 해체한다.

"둘째의 연구법은 어느 한 개인, 즉 제왕이라든가 장군이라
든가 하는 사람의 행동을 사람들의 자유 의지의 총화로 관찰하
는 것이다. 그러나 인간의 자유 의지의 총화는 절대로 일개 역사
적인 인물의 행동에 표현되는 것은 아니다."[56]

55 『전집 중』, 149면.

박형규가 해설에서 적절히 지적하고 있듯이, "역사의 참된 원동력"으로서 "복종을 지휘자에게 구하는 민중의 무자각한 집단정신"[57]을 발견한 것이야말로 이 서사시적 장편의 정곡인바, "톨스토이는 역사상의 영웅호걸들이란 오히려 명성과 영예의 공허한 꼭두각시일 뿐"[58]이라는 도저한 탈영웅주의에 도착한 터다. 단재 역시 톨스토이에 공명하면서 드디어 영웅주의에서 탈영웅주의로 이동했으니, 단재의 영웅론 역시 단수가 아님을 다시금 깨닫는다. 그런데 이 또한 이미 『최도통』에 맹아가 옴작거림은 물론이다.

『을지문덕』의 영웅주의와 『최도통』의 탈영웅주의 사이에 든 『이순신』은 과연 어떤 영웅주의일까? 다시 말하면 이순신과 그 시대 사이에서 무엇에 더 기울었을까? 앞에서 살폈듯이 이 작품의 전개 자체가 영웅으로 성장하여 영웅적으로 투쟁하고 영웅에 걸맞은 죽음을 맞이하는 이순신의 형상을 부조(浮彫)하는 데 공력을 들인 것을 감안하면 역시 후자보다는 전자에 중점이 있음을 짐작할 테다. 특히 충무를 "내외고금 인물"과 비교하는 제19장 결론이 절정이다. 단재는 먼저 국내로는 강감찬(姜邯贊)과 정지(鄭地), 국외로는 제갈량(諸葛亮)과 한니발(Hannibal)을 간단히 대조하는데, 이 중 정지가 낯설다. 단재는 제1장 서론에서도 5인의 항일 위인의 하나로 꼽은바, 경렬공(景烈公) 정지(鄭地,

---

56 톨스토이, 『전쟁과 평화 III』, 박형규(朴炯奎) 역, 동서문화사, 1979, 8면.
57 위의 책, 610면.
58 위의 책, 611면.

1347~1391)는 남해안에 창궐한 왜구를 토벌하는 데 크게 기여한 고려의 대표적 무신이다. 나머지 세 분은 다 충무만큼 쟁쟁한 인물들인데, 단재는 간단히 그 부족한 점을 개관한다. 강감찬과 정지는 승리했으나 역시 충무의 간난한 승리와는 손색이 있고, 제갈량과 한니발은 끝내는 패퇴했으니 충무에 미치지 못한다는 것인데, 딱히 그르다고 하기 어렵다.

이 비교론의 핵심은 영국의 제독 호레이쇼 넬슨(Horatio Nelson, 1758~1805)이다. 단재는 충무와 넬슨을 함께 높이는 "근유"(近儒)의 "고금수군계동서양위인"(古今水軍界東西兩偉人)(198면)론을 대뜸 문제 삼는다. 이런 논의는 아마도 일본 해군에서 먼저 시작된 듯싶다. 시바 료타로(司馬遼太郎, 1923~1996)는 메이지 해군의 충무 숭배에 대해 다음과 같이 말한다.

"메이지(明治) 후, 해군을 창설했어도 아직 자신이 없었던 무렵의 해군은, 동양이 낸 유일의 바다의 명장으로서 이순신이 존재한다는 것을 깨닫고, 이를 연구하며, 원래가 적장이었던 그를 크게 존경했다."[59]

가령 1904년 5월 발틱 함대가 동해로 진출하려 할 때 진해(鎭海)에서 대기하던 도고(東郷) 함대의 수뢰사령(水雷司令)가와다 이사오(川田功) 소좌는 "그의 인격, 그의 전술, 그의 발명, 그의 통솔의 재능, 그의 지략, 그의 용기, 하나같이 상찬에 값하지 않는 것이 없다"고 기리며 "세계 제일의 해장" 이순신 장군의

---

59   司馬遼太郎, 『街道をゆく2: 韓のくに紀行』, 朝日新聞社, 1978, 50면.

영혼에 기도했던 것이다.[60] 일본 해군의 이러한 분위기에서 이순신과 넬슨을 비교 평가하는 논의가 일어난바, 세키코세이(惜香生)의 『조선이순신전』(朝鮮李舜臣傳, 1892)이 선구적이겠다.[61] "당시 영국을 지켜 나폴레옹의 발굽 아래 들지 않게 한 것은 영국의 이순신, 넬슨의 공이요, 조선을 지켜 국운의 쇠락을 만회한 것은 실로 조선의 넬슨, 이순신의 웅대한 지략이었다."[62] 단재가 거론한 "근유"(최근의 선비)가 세키코세이일지도 모르거니와, 하여튼 단재는 유사성들에도 불구하고 객관적 조건들, 예컨대 국민정신이나 경제력이나 군사력이나 어느 모로 보아도 패권적 지위에 오른 영국에 비할 바 없는 16세기 조선에서 분투한 충무가 넬슨보다 위대하다는 결론이다. 사실 일본에서도 메이지 해군의 이데올로그라고 할 사토 데쓰타로(佐藤鐵太郎, 1866~1942)가 「절세의 명장 이순신」(絶世の名將李舜臣, 1927)에서 "하지만 넬슨은 인격이나 창의적 천재성에서 도저히 이순신 장군에 필적할 수 없다"[63]고 말해 동서 해군 사상 최고의 영웅으로 추장한 바 있다. 이 점에서 단재의 토론이 그럴듯하기는 하다. 다만 넬슨을 충무의 "兒孫에 不過"(200면)할 것이라고 극언한 것은 아무리 넬슨을 충무보다 훨씬 더 알아주는 세상에 대한 불만에서 말미암

---

60 위의 책, 50~51면.
61 이순신과 넬슨을 비교한 시초는 일본 육군 대위 시바야마 나오노리(紫山尙則)의 「文祿征韓水師始末朝鮮李舜臣傳」(1892)이라는 설도 있다. 정두희·이경순 엮음, 앞의 책, 219면.
62 김해경 옮김, 『이순신 홀로 조선을 구하다』, 가갸날, 2019, 99면.
63 위의 책, 12면.

았다 할지라도 지나치다.

그럼에도 이 영웅 예찬이 개인주의로 떨어지지 않았다는 점에 주목할 것이다. 결론을 마무리하는 동시에 이 작품 전체를 총괄하는 결사를 보자.

茲에 李舜臣傳을 撰ᄒ야 苦痛에 陷흔 我國民에게 餉ᄒ노니, 凡 我善男信女는 此를 模範ᄒ며 此를 步趨ᄒ야 荊天棘地를 踏平ᄒ며 苦海難關을 超過홀지어다. 上天이 二十世紀의 太平洋을 莊嚴ᄒ고 第二 李舜臣을 待ᄒ나니라.(제19장, 『대한매일신보』 1908. 8. 18.)[64]

— 이에 이순신전을 지어 고통에 빠진 우리 국민에게 양식으로 보내노니, 무릇 우리 착한 남자와 미쁜 여자는 이를 모범하며 이를 보추(빠른 걸음으로 달림)하여 형극의 천지를 답평(평지같이 다님)하며 고해의 난관을 넘어갈지어다. 하늘이 20세기의 태평양을 장엄하고[65] 제2의 이순신을 기다리나니라.

여기서 분명히 드러나듯 단재가 이 전을 지은 뜻은 충무를 불세출의 영웅으로 기리는 데 있지 않다. 충무를 따라 국민 하나하나가 제2의 이순신이 되는 것, 곧 국민 영웅을 대망한 것이다. 주목할 점은 그 국민에 "선남"(善男)과 "신녀"(信女)를 함께 호명

---

64 『단재전집 제4권』, 200면.
65 불교 용어. 향화(香花)를 부처에게 올려 장식하는 일.

한 점이다. 여성도 함께하는 국민주의가 국망의 위기를 극복할
결정적 열쇠라는 단재의 진보성이 돋보이는바, 이곳이 단재 영
웅주의의 필경이다.

7. 호걸·성현

단재가 『이순신』에서 고독한 영웅 숭배로부터 자유로울 수 있을
이유는 어디에 있는가? 이순신을 파악하는 관점이 독특하다는
데 말미암을 터인데, 단재는 충무가 문무겸전(文武兼全)임을 틈
틈이 강조한다. 정읍(井邑) 현감으로 태인(泰仁)을 겸관(兼官)할
때 밀린 문서들을 경각에 처리하는 모습을 보고 태인 군민이 놀
라는 일화를 전하면서 단재는 "矯矯虎將이 吏治材도 兼優ᄒ도
다"(제4장, 『대한매일신보』 1908. 5. 7.)[66] 하며 감탄한다. 그런데 이
문치적 능력이 그냥 재주가 아니라 수양으로 탁마한 내공에서
우러났음을 지적한바, 아마도 그 정수가 충무 승리의 근본을 짚
는 대목일 것이다.

> 리忠武의 成功ᄒ 旨訣을 問ᄒᄆ에 單히 壹句로 可答홀지니,
> 壹句ᄂ 云何오. 卽 李忠武가 倭丸倭矢의 雨集ᄒᄂ 處에 立
> ᄒ야 扶腋要避ᄒ던 將士를 喝退ᄒ며 蒼天을 指하여 曰

---

66 『단재전집 제4권』, 159면. "굳세고 굳센 범 같은 장수가 수령의 자질도 아
울러 뛰어나도다."

"我命이 彼에 在ᄒ다."

云云ᄒ던 壹句語가 是라. 命의 生死를 天에 聽홈으로 白刃도 蹈ᄒ며 水火에도 入ᄒ며 虎穴도 探ᄒ며 驪珠도 摘홈이니, 萬壹 此壹關(卽 生死關)을 超過치 못ᄒ면 비록 神妙ᄒ 韜略이 有홀지라도 其膽이 겁ᄒ야 此를 運用키 不能홀지며 精鍊ᄒ 軍隊가 有홀지라도 其氣가 餒하야 此를 指揮키 不堪홀지라. (…) 嗚乎라, 偉人을 學ᄒᄂ 者ㅣ 不可不 此關을 先超過 홀지니라.(제18장, 『대한매일신보』 1908. 8. 11.)[67]

— 이충무의 성공한 지결을 물음에 다만 한 구절로 가히 답할지니, 한 구절은 무엇을 이름이오? 곧 이충무가 왜의 총알과 왜의 화살이 비처럼 모이는 곳에 서서 부액하며 피하라고 청하는 장수와 병졸을 꾸짖어 물리며 푸른 하늘을 가리켜 가로되,

"내 명(命)이 저기에 있다."

운운하던 한 구절의 말이 그것이라. 명의 생사를 하늘에 맡기므로 하얀 칼날도 밟으며 물과 불에도 들며 호랑이굴도 찾으며 여주도 들추어냄이니, 만일 이 한 관문(즉 생사의 관문)을 벗어나지 못하면 비록 신묘한 도략이 있을지라도 그 담이 약하여 이를 운용할 수 없을지며 잘 훈련된 군대가 있을지라도 그 기가 굶주려 이를 지휘키 불감할지라. (…) 오호라, 위인을 배우는 자 불가불 이 관문을 먼저 벗어날지니라.

67　위의 책, 196면.

생사를 하늘에 맡기는 충무의 근원적 순명(順命)을 승리의 비결로 기리는바, 이처럼 이순신의 두터운 문덕(文德)을 강조한 선구는 서애 유성룡이다.

"순신의 사람된 품은 말과 웃음이 적고 용모가 단아하여 몸을 닦고 언행을 삼가는 선비와 같았으나, 그의 속에는 담기(膽氣)가 있어 자기 몸을 잊고 국난을 위하여 목숨을 바쳤으니, 이것은 평소에 수양이 있기 때문이었다."[68]

그리하여 단재는 충무를 "豪傑而聖賢"(제3장, 『대한매일신보』 1908. 5. 6.)[69]으로 간명히 요약한다. 호걸이자 성현이라는 뜻이니 성현에 방점이 있을 것이다. 성현은 성인과 현인을 아울러 말한바, 지혜와 도덕이 뛰어나고 사물의 이치에 정통해 만세의 사표(師表)가 되는 사람, 예컨대 요(堯)임금과 순(舜)임금이 성인이다. 현인은 성경현전(聖經賢傳: 성인의 말씀은 경이고 그 경을 해석한 것이 현인의 전)이 가리키듯, 성인에 버금가는 인물이니, 성인·현인 아울러 유가적 문(文)의 극치를 표상하는 터다.

이순신을 성현의 지위로까지 높이는 단재의 뜻을 혹 영웅주의의 극치가 아닐까 의심할 수도 있겠지만, 성현은 예수로 표상되는 기독교적 성인과는 근본이 다르다. "반드시 스스로 성인이

68　이재호(李載浩) 역, 『국역 징비록』, 서애선생기념사업회, 2001, 220면. "舜臣爲人 寡言笑 容貌雅飭 如修謹之士 而中有膽氣 忘身徇國 乃其素所蓄積也"

69　『단재전집 제4권』, 158면. 이 말은 『최도통』에도 사용되었으니, 개혁승 현린(玄麟)을 일컬어 "聖賢中豪傑이요 豪傑中聖賢"(위의 책, 308면)이라고 기렸다.

되겠다는 목표를 세우고, 한 개의 터럭만큼도 자신의 능력을 낮게 보고 그 목표로부터 물러서거나 다른 일로 미루려는 생각을 지녀서는 안 된다"[70]고 용맹정진을 격려하는 율곡(栗谷)의 말 그대로, 신유학은 '중인'(衆人)과 '성인'이 둘이 아니라는 데서 출발한다. 누구나 노력하면 현인은 물론이고 성인도 될 수 있다는 신유학적 계몽주의를 염두에 두건대, 이순신도 각고의 노력 끝에 이 경지에 이른 것임에 유의해야 한다. 가령 충무가 장성하면서 일어난 변화를 기술한 대목을 보자.

> 既長에 兒時 踰揚發越훈 態度ᄂᆞᆫ 斂縮ᄒᆞ고 性格을 涵養ᄒᆞ니 同遊武夫가 終日慢言으로 相戱하면셔 리슌臣에게ᄂᆞᆫ 不敢ᄒᆞ얏스며, 비록 洛中에 生長ᄒᆞ나 門을 杜ᄒᆞ고 出入이 罕ᄒᆞ야 武藝를 獨究ᄒᆞ얏스니, 嗚呼라, 英雄을 학ᄒᆞᄂᆞᆫ 者ㅣ 不可不 其素養을 先학홀지니라.(제2장, 『대한매일신보』 1908. 5. 5.)[71]

> ── 이미 장성함에 아이 때 팔팔한 태도는 줄어들고 성격을 함양하니, 같이 놀던 무부들이 종일 허튼 말로 서로 희롱하면서 이순신에게는 감히 하지 않았으며, 비록 서울에 생장하나 문을 닫고 출입이 드물어 무예를 홀로 연구하였으니, 오호라, 영웅을 배우는 자 불가불 그 소양을 먼저 배울지니라.

---

70 이이(李珥), 『격몽요결(擊蒙要訣): 올바른 공부의 길잡이』, 김학주 옮김, 연암서가, 2017, 17면.
71 『단재전집 제4권』, 157면.

소년기를 지나면서 비롯된 심법(心法) 훈련은 간난한 벼슬살이와 침통한 칠년전쟁을 통해 더욱 진화하여 마침내 성현의 경지에 도달했거니와, 단재는 이 신유학적 계몽주의를 다시 국민주의로 고쳐 세운 것이다. 그 첫 징후는 적을 칠 때도 백성의 처지를 깊이 고려하는 면모를 드러낸 점이다. 가령 안골포(安骨浦) 해전을 마무리하는 대목을 보자.

翌 十日 曉頭에 安骨浦에 至ᄒ야 其 運船 五十九隻을 誘致ᄒ야 無遺焚滅ᄒ고 其 兵船에 向ᄒ야 射擊을 又試ᄒ즉 餘存ᄒ 倭賊 等이 一齊 陸地로 下走ᄒ거늘, 李舜臣이 又 黙量ᄒ되 萬壹 其 船을 盡焚ᄒ야 歸路를 絶ᄒ면 彼가 內地의 窮寇되야 竄伏ᄒ 人民을 魚肉ᄒ리라 ᄒ고, 壹里許를 讓退ᄒ야 其 走路를 開ᄒ니, 嗚乎 인哉라, 國을 愛ᄒᄂ 者ᄂ 民을 必愛ᄒᄂ도다.(제9장, 『대한매일신보』 1908. 5. 17.)[72]

— 다음날 10일 먼동 틀 무렵에 안골포에 이르러 그 운선 59척을 유치하여 빠짐없이 불태워 멸하고, 그 병선에 향하여 사격을 또 시험한즉 남은 왜적 등이 일제히 육지로 내려 도망하거늘, 이순신이 또 가만히 헤아리되 만일 그 배를 모두 태워 돌아갈 길을 끊으면 저희가 내지의 궁한 도적이 되어 숨어 엎드린 인민을 어육하리라 하고 1리쯤 양보하여 물러나 그 달아날 길을 여니, 오호 어질도다, 나라를 사랑하는 자는 백성을 반드시 사랑하는도다.

72 위의 책, 166면.

백성의 곤경을 염려하여 궁한 적의 퇴로를 여는 이런 충무의 모습을 단재는 "나라를 사랑하는 자는 백성을 반드시 사랑"한다고 요약했다. 충의 대상이 왕에서 나라로 진화했는데, 그 나라가 바로 백성인 것이다. 충무는 백성의 장군, 곧 국민주의 장군이니, 충무는 백성 속에서 백성과 함께 싸운다. 성대중(成大中, 1732~1809)의 『청성잡기』(靑城雜記)에 전하는 일화는 그 생생한 증거다. 처음 전라좌수사가 되었을 때 포구에 거주하는 백성들을 관청 마당에 모아 놓고 밤이면 술과 음식을 대접하며 편복으로 어울려 어로와 물길의 형편을 알아내 일일이 기록해 두었다가 다음날 아침이면 직접 지형을 시찰해 후일 해전에 응용했다는 것이니,[73] 충무 승전의 또 다른 비결이다.

이 작품에서 충무와 백성은 거의 하나다. 애를 업고 산 위에서 달려와 적의 동정을 알려주는 적진포(赤珍浦) 백성 이신동(제7장), 당포(唐浦)에서 쫓긴 적이 당항포(唐項浦)에 정박했다는 첩보를 작은 배를 타고 와 가르쳐 준 거제(巨濟) 백성들(제8장), 명량해전을 앞두고 추위와 굶주림에 시달리는 조선 수군을 위해 옷과 양식을 나누라는 충무의 호소에 기꺼이 호응한 난포(蘭浦)의 피란민들(제14장), 그리고 견내량해전 승리에 결정적 정보를 제공한 목동 김천손(제9장), 어디 하나 충무의 국민주의가 빛나지 않는 데가 없지만, 잠깐 김천손(金千孫)의 경우를 보자.

---

[73] 성백효, 「백성들에게서 얻은 이순신 장군의 지혜」, 『민족문화추진회보』, 2002년 여름호, 7면.

七日에 固城地 唐浦에 至호니, 巖々혼 山頂上에서 亂髮垂
垂혼 一牧童이 我國船을 望見호고 惶惶下來호여 曰 "余
는 避亂人 金千孫이로소이다" 호며, "當日 未時量에 賊
船 七十餘隻을 固城地 見乃梁에 볼見호얏나이다" 호거늘,
諸將을 更飭호야 該地로 向호더니.(제9장,『대한매일신보』
1908. 5. 15.)[74]

— 7일에 고성 땅 당포에 이르니, 암암한 산꼭대기 위에
서 머리 풀어 산발한 한 목동이 우리나라 배를 바라보고 황
황히 아래로 내려와 가로되 "저는 피란민 김천손이로소이다"
하며, "당일 미시 가량에 도적의 배 70여 척을 고성 땅 견내
량에 발견하였나이다" 하거늘, 여러 장수를 다시 신칙하여
그곳으로 향하더니.

목동이 내려온 이 산은 미륵도 미륵산(현 통영시 소속)으로
추정된다는 게 통설이다. 피란 온 김천손이 미륵산 위에서 바로
산 아래 당포로 달려간 것인데, 호사가들이 20킬로를 달려 알렸
다는 마라톤 설을 지어낸 것은 황당하다. 물론 단재는 이런 낭설
에 휘둘리지 않고 김천손의 충심을 단순 명료하게 기술함으로써
국민주의 충무를 들어 올렸다. 바로 이 미덕으로 단재의 충무는
자기를 알아주지 않는 세상에 대한 원한으로 고독한 영웅주의,
또는 허무의 개인주의로 질주하는 춘원류 이순신상으로부터 결
정적으로 단절될 수 있었던 것이다.

74 『단재전집 제4권』, 165면.

8. 전쟁의 시

그럼 단재 『이순신』의 한계는 무엇인가? 철저히 이순신 중심이
다 보니 그동안 변방으로 밀린 바다와 지방이 서사의 축으로 오
르는 뜻밖의 근대성이 반갑지만, 또 그만큼 육전이 축소되고 협
상 국면이 누락되는 등 임진왜란의 전 국면이 잡히지 않는다. 이
는 장르적 약속에서 불가피한 측면이기도 하거니와, 그럼에도
집중이 지나치다. 그 바람에 충무 이외의 조선 지배층 거의 전체
가 일매지게 부정되는데, 한편 선조에 대한 비판은 절제된다. 반
(半)식민지일지라도 황제가 엄연히 존재하는 상황이 만만치 않
았던 것 같다. 근왕(勤王)이 내장된 양반 지식인의 내면을 엿볼
바, 무능한 왕에 대한 경멸적 표현이 이본에 두루 보이는 『임진
록』의 평민적 비판 정신[75]에서는 후퇴한 것이다.

　　여성이 거의 부재하는 점도 그렇지만, 『난중일기』에 여럿 나
오는 가왜(假倭)가 결락된 일도 아쉽다. "영남의 피란민들이 왜
군 차림으로 가장하고 광양으로 마구 들어가서 여염집을 분탕질
하였다."(계사년 7월 9일)[76] "오후에 원 수사가 와서 자기의 잘못
된 일을 털어놓기에 장계를 도로 가져다가 원사진(元士震)과 이
응원(李應元) 등이 가짜 왜군의 목을 베어 바친 일을 고쳐서 보
냈다."(갑오년 3월 13일)[77] 이처럼 가왜의 준동을 직접 알린 기사

75　존 B. 던컨(John B. Duncan), 「임진왜란의 기억과 민족의식의 형성」, 정
　　두희·이경순 엮음, 앞의 책, 163면.
76　노승석 옮김, 『이순신의 난중일기-완역본』, 동아일보사, 2005, 113면.
77　위의 책, 165면.

도 있지만, 조선인 부역자의 존재는 괄목할 터다. "해남의 향리 송언봉(宋彦逢)과 신용(愼容) 등이 적진으로 들어가 왜놈을 꾀어내어 그 지방의 사족들을 많이 죽였다."(속 정유년 10월 13일)[78] "늦게 적에게 붙었던 해남의 정은부(鄭銀夫)와 김신웅(金信雄)의 부인 등과 왜놈에게 지시하여 우리나라 사람을 죽인 자 2명과 사족의 처녀를 강간한 김애남(金愛南)을 모두 효시하였다."(속 정유년 10월 30일)[79] 왜군의 앞잡이로 조선인을 색출하고 사족 처녀를 강간하는 사건까지 발생할 정도로 아전과 평민층의 공기가 불온했던 것이다.[80] 그런데 이는 일본군도 마찬가지였다. 김충선(金忠善)은 항왜(降倭)의 저명한 예이지만, 『난중일기』에는 그 일상적 움직임[動學]을 전하는 한 삽화가 생생하다.

아침 일찍 항복한 왜인 5명이 들어왔다. 그래서 그 온 까닭을 물으니, "저희 장수가 성질이 포악하고 일도 너무 고됐기 때문에 (…) 도망 나와서 투항한 것이라"고 했다.(병신년 1월 8일)[81]

임진왜란의 속내는 이만큼 복잡하다. 당시 단재의 관점은 민족주의 내지 국민주의에 집중한바라 임진왜란의 켯속에 대한 이

---

78 위의 책, 468면.
79 위의 책, 475면.
80 이에 대해서는 최영희의 「임진정유란시(壬辰丁酉亂時) 연해민(沿海民)의 동태(動態)」(『史叢』 제2집, 고려대사학회, 1957. 11.)가 자세하다.
81 노승석 옮김, 앞의 책, 306면.

해가 제한적이었다. 일본군의 조총과 명군의 불랑기포가 모두 포르투갈인이 전수한 점, 그리고 고니시 유키나가가 대표적 천주교 영주인 점까지 감안컨대, 임진왜란은 단지 한중일 세 나라 전쟁이 아니다. 이미 동남아시아에 도착하여 동북아시아로 진출하려는 서양이 일본을 빌려 조선과 중국, 즉 대륙으로 몰려왔다고 해도 과언이 아닐바, 조숙한 근대전이었던 것이다.

최근에야 더욱 주목되고 있지만, 이여송(李如松)의 북병(北兵)에 대해 유정(劉綎)의 남병(南兵)은 가히 국제적이다. 조명(朝明) 연합군과 일본군이 수륙 양면에서 격돌한 순천(順天) 왜교성 전투(1597. 9.~11.)에는 "귀병(鬼兵)이라고 불린 묘족(苗族)을 비롯해 섬라(暹羅: 태국), 도만(都蠻: 티베트), 능국(楞國: 스리랑카), 면국(緬國: 미얀마) 등 범아시아 출신의 병사들이 중국 장수의 사병(私兵)으로 참전"[82]했으며, 사천(泗川) 왜성전투(1597. 9. 20~10. 1.)에는 마카오에서 차출된 흑인 용병 해귀(海鬼)가 명군에 참여했으니,[83] 이 인적 구성만으로도 이후 한반도를 둘러싸고 벌어질 청일전쟁, 러일전쟁, 그리고 6·25전쟁의 조숙한 선구였던 것이다.

『이순신』의 가장 취약한 고리는 반전(反戰)이다. 위대한 전쟁문학은 위대한 반전문학이다. 『이순신』에는 반전사상이 박약하다. 염전(厭戰)의 희미한 흔적은 있다.

82   안영배, 「잊혀진 전쟁 정유재란」, 『동아일보』 2017. 7. 8.
83   위의 글, 『동아일보』 2017. 7. 15.

翌朝에 倭賊 敗走處를 周覽ᄒ즉 戰死ᄒ 倭屍를 凡十二處
에 堆積ᄒ고 焚燒를 加ᄒ얏ᄂᄃᆡ, 蒼黃逃遁ᄒᄂ 中에 沒燒
치 못ᄒ얏던지 隻手片脚이 地上에 狼藉ᄒ야 人의 慘歎을
惹ᄒ더라.(제9장,『대한매일신보』1908. 5. 17.)[84]

— 다음날 아침 왜적 패주한 곳을 두루 살펴본즉, 전사
한 왜의 시체를 무릇 열두 곳에 쌓아 놓고 불 지르기를 더하
였는데, 창황히 도망치는 중에 모두 태우지 못하였던지 한쪽
손, 조각 다리가 지상에 낭자하여 사람의 참담한 탄식을 부
르더라.

안골포해전 다음날 일본군의 참상을 묘사한 이 대목에는 민
족주의자 단재가 잠깐 숨었다. 비록 침략군일망정 전쟁에 동원
되어 이름 없이 죽어 간 병사들에 대한 인간적 애도가 글자 사이
에 맥맥하다. 그러나 이런 장면은 아주 예외적이다. 전쟁의 시가
전쟁의 산문을 초과했다. 국망의 위기에 몰린 나라를 구하려는
마음이 너무나 급박한지라 전쟁의 근본적 악마성에 대한 사유는
정지되고, 민족주의의 고무가 절박한지라 동아시아 평화의 수호
자로서의 이순신의 면모 역시 부각되지 못했다. 반중반일(反中反
日)에 기초한 민족주의에 충실한 당시 단재의 사상적 거처를 염
두에 둘 때 이해하지 못할 바 아니거니와, 이후 이순신 소설이
거의 모두 시로 날아갔다는 점이야말로 더 문제다.

84 『단재전집 제4권』, 166면.

제3장

『이순신』 이후

이제 단재 이후 이순신 서사가 어떻게 변모해 왔는지 대표적인
작품을 가려 점검한다.

1. 벽초(碧初) 홍명희(洪命憙, 1888~1968)의 『임꺽정』(林巨正)
(1928~1939)

어린 이순신이 '양반편'(『조선일보』 1929. 7.~12.) 6장 '보우'에 나
온다. 양주(楊州) 꺽정이네 집에서 김덕순이 병해대사로부터 "다
음날 큰 난리에 나라를 구하는 데" 요긴할 "인물 하나"가 건천동
에 났다는 말을 듣고,[1] 서울 길에 덕순이 꺽정이와 함께 이순신
을 찾는 소설적 설정(34~36절)이 그럴싸하다. 이순신의 유년에

---

1   홍명희, 『林巨正 3 양반편』, 사계절, 1991, 275면. 이하 이 책의 인용은 본
문에 면수만 표시한다.

서 빠지지 않는 저 유명한 습진(習陣) 놀이 대목이 핍진하게 그려졌거니와, 대장질 하는 순신을 가늠하는 두 어른의 수작이 웅숭깊다. "네가 이다음 큰 인물이 되려거든 장난보다 공부를 힘써 해라"(288면) 하고 각근히 당부하는 덕순의 말은 선비의 길을 걸을 무인 이순신의 장래를 예비하는 복선으로 중요롭고, 말대답이 불공스럽다고 순신을 번쩍 들어 태기 치겠다는 꺽정을 달래며 위기를 넘기는 담대하고 해학적인 순신의 모습은 충무 형상의 역사에서 단연 새롭다. 이 인상적인 두 영웅의 첫 대면을 잠깐 보자.

"빌겠다든지 못 빌겠다든지 얼른 말해라."
하고 꺽정이가 다그치니 순신이는 눈을 똑바로 뜨고 꺽정의 아래턱을 바라보다가
"수염이 좋소."
하고 하하 웃었다. 꺽정이가 곧 순신을 태기 칠 것같이 둘러메다가 사뿐 땅에 내려놓으며 바로 덕순을 바라보고
"고만 갑시다."
하고 말하였다.
"그래, 가자."
하고 덕순이가 꺽정이와 같이 돌아설 때 꺽정이는 순신의 말을 흉내 내듯이
"수염이 좋소."
하고 수염을 쓰다듬으며
"밉지가 않거니."

1부 ─ 이순신 서사의 향방

하고 허허 너털웃음을 웃었다.(289~290면)

　"양반의 새끼 고양이 새끼라고 앙칼지다"(288면)라고 순신의 고분고분하지 않음에 불편해하면서도 그 기개와 기지에 금세 너그러워지는 꺽정이의 인품이 잘 드러난 명장면인데, 암울한 조선을 구할 한줌의 희망으로 묻어 놓은 어린 충무의 생생한 모습을 이 의적 소설의 한 모서리에서 발견하는 기쁨은 뜻밖이어서 더욱 기룹다.

2. 환산(桓山) 이윤재(李允宰, 1888~1943)의 『성웅 이순신』 (1931)

이 책은 제목 때문에 눈에 띈다. 박정희 때 유행하던 '성웅'(聖雄)의 이른 선구이기 때문이다. 그런데 내용은 충무를 절대화함으로써 자신의 권력을 보증하려 한 박정희의 충무 성웅화와는 관계가 없다. 흥미롭게도 이 저술은 단재의 『이순신』이 기본 뼈대다. 환산이 이 작품을 언급하지 않은 게 유감인데, 왜 이순신에 '성웅'을 얹었을까? 위당(爲堂) 정인보(鄭寅普, 1893~1950)의 그윽한 서문이 단서다.

　戰船으로 龜船의 刱造―神鬼를 놀랠 만하니 언제부터 이러한 智思와 技巧를 단련하엿든가. 이는 하상 奇異한 일이 아니다. 저 마음을 가지고 時代를 보니 愛兒의 痛恙을 慈母

만이 幾先에 占得하듯이 外患의 兆朕이 그 앞에 가장 잘 나타난 것이리라. 저 마음으로 써 應變할 것을 苦索하매 至誠 몯으인 곧에 神明의 發함이 잇서 당신도 처음 생각으로 미치지 못하든 지경까지 이른 것이리라. 先見을 장하다만 마라. 叛造를 용하다만 마라. 山海에 誓盟하던 그 마음의 거룩하심을 알라.[2]

'성웅'의 '성'(聖)을 어머니의 거룩한 마음으로 푼 위당의 마음이 도탑다. 환산의 성웅은 박정희의 남근적 성웅과는 반대로 지극히 모성적인 것이었다. 단재를 불러낸 이 전기는 그러나 "두 번째 판"이 "다 팔리기 전" "발매 금지"를 당하여 해방 후 다시 찍어 내기에 이른바, 조선어학회 사건으로 "咸興刑務所 獨監房에서 쓸쓸히 떠나신" 환산을 대신하여 쓴 "孤子 李元甲"의 서문[3]이 아처롭다.

3. 춘원(春園) 이광수(李光洙)의 『이순신』(『동아일보』 1931~1932)

이광수의 『이순신』은 참으로 문제적인 작품이다. 이 소설의 출현에는 아산 이순신 종가의 경제적 위기가 배경으로 놓여 있다.

---

2   정인보, 「서문」(序文), 이윤재, 『성웅 이순신』, 한성도서주식회사, 1931, 1면.
3   이원갑, 「새 판을 내면서」, 이윤재, 『성웅 이순신』, 통문관, 1946, 3~4면.

1868년 대원군의 서원철폐령으로 현충사가 훼철된 뒤 1931년에는 충무공의 묘소와 위토(位土)마저 은행 경매로 넘어갈 위기에 처하자 『동아일보』를 중심으로 전국적인 모금 운동이 일어나매, 그 캠페인으로 당시 『동아일보』 사장 고하(古下) 송진우(宋鎭禹, 1890~1945)가 춘원에게 소설 집필을 권고하면서 이 소설이 태어났다.(『동아일보』 2012. 4. 28.) 이로써 모금 운동이 더욱 살아나 묘소와 위토도 지키고 이듬해에는 현충사를 재건하기에 이르렀으니 이 장편은 일단 유용했다. 작가는 말한다.

군소배(群小輩)들이 자기를 모함하거나 말거나, 군주가 자기를 총애하거나 말거나, 일에 성산(成算)이 있거나 말거나, 자기의 의무이고 신(信)하는 것을 위하여 국궁진췌(鞠躬盡瘁)하여 마침내 죽는 순간까지 쉬지 아니하고 변치 아니한 그 충의, 그 인격을 숭앙하는 것입니다. 그러므로 이 소설 『이순신』에서 내가 그리는 이순신은 이 충의로운 인격입니다. 나는 나의 상상으로 창조하려는 생각이 없습니다. 고기록에 나타난 그의 인격을 내 능력껏 구체화하려는 것이 이 소설의 목적입니다.(『동아일보』 1931. 5. 30.)[4]

말은 기록에 충실했다고 했지만 이 소설만큼 허구화가 자심한 것은 없다. 첫 장 '거북선'부터 그렇다. 전라좌수영의 거의 모든 부하들이 "경험 없는 수사의 철없는 장난"[5]으로 치부하다가

4   김팔봉, 「이순신」, 『이광수전집 5』, 우신사, 1979, 598~599면에서 재인용.

거북선이 성공하자 시기해 마지않았다는 춘원의 기술은 허구화라기보다는 왜곡에 가깝다. 이순신 소설화의 불행한 시작일 터인데, 춘원은 왜 이런 일을 아무렇지 않게 행한 것일까? 세상의 무식한 반대에도 불구하고 자신의 주장을 홀로 밀고 나가는 이순신, 춘원이 창조한 이순신은 바로 춘원이니 참으로 지독한 자기애다. 춘원은 이순신을 빌어 "야심과 시기에" 사로잡혀 위인을 헐뜯는 "우리 민족의 단점"[6]을 마음껏 저주한다.

춘원은 이순신을 성자의 위치에 올려놓는 한편 나아가 원균을 악마화한다. '이통제'장 36절은 목불인견이다. "계집 희롱하기"에 미쳐 "연해 각 읍, 각 면을 순회할 때면 가련한 민가 처자나 과부를" "강제로 빼앗아다가" "제승당에 두고 첩을 삼"았는데, 심지어 "대청에 돈과 볶은 콩 같은 것을 뿌려 놓고는 여자들을 벌거벗겨서 엉금엉금 기어다니"[7]게 했다는 폭군의 악행까지 뒤집어씌운 터다. 자신의 변절을 이순신에 부쳐 염치없이 옹호하는 이런 소설이 단재를 가로막고 이후 이순신 서사를 지배했다는 것이 무참하다. 다만 단재에게도 절제된 왕에 대한 비판이 전면화한 것은 주목된다. "충무공이란 말을 나는 싫어한다. 그것은 왕과 그 밑에 썩은 무리들이 준 것이기 때문에."[8] 그러나 이 이상한 언론 자유마저도 조선의 망국을 합리화하는 데 동원된 점을 상기하면 유쾌하지 않거니와, 이 소설은 춘원 작품 가운데서도

---

5   이광수, 『이순신』, 『이광수전집 5』, 우신사, 1979, 160면.
6   김팔봉, 앞의 글, 599면에서 재인용.
7   이광수, 앞의 책, 292면.
8   위의 책, 336면.

최악에 속한다고 하겠다.

4. 구보 박태원의 『임진조국전쟁』(평양: 국립문학예술서적출판사, 1960)

이 책은 구보 박태원이 해방 직후 서울에서 연재한 『이순신 장군』(『주간 소학생』/『소학생』 1946~1947)으로부터 평양 국립출판사에서 낸 『리순신 장군전』(1959)에 이르기까지[9] 일련의 작업을 총괄한 "임진왜란 및 이순신 서사의 결정판"[10]이다. 그런데 '결정판'이라는 찬사는 버겁다. 솔직히 말하면 구보 소설치고는 평범하다. 전란의 온갖 국면을 연대기적으로 서술하다가 후반부는 거의 이순신 이야기로 시종한바, 구성적 불균형도 두드러지고, "이리하여 칠 년 동안을 끌어오던 임진조국전쟁은 우리의 빛나는 승리로 맺었다"[11]는 마무리도 너무 공식적이다. '운주당' 장이 좀 새롭다. 한산도 통제영 안에 새로이 지은 별당으로 유명한 운주당(運籌堂)은 이름 그대로 전쟁의 전략 전술을 강구하는 핵심적인 장소인데, 작가는 이순신이 이 장소 출입에 지위의 고하

---

9   박일영, 『소설가 구보씨의 일생: 경성 모던보이 박태원의 사생활』, 문학과지성사, 2016, 367면과 375면. 이 책의 부록으로 실린 「서지 목록」에서 확인하니 임진왜란 및 이순신에서 취재한 작품이 무려 열 편이다.
10   방민호, 「박태원의 『임진조국전쟁』론」, 박태원, 『임진조국전쟁』, 서울: 깊은샘, 2006, 319면.
11   박태원, 위의 책, 308면.

를 두지 않았다고 강조한다. "명색 없는 군졸들에게서도 좋은 생각, 좋은 의견이 얼마든지 나올 수 있"[12]다는 개방성 또는 민중성을 충무 전쟁의 바탕으로 파악한 구보의 안목은 부하는 물론 백성들에게서도 지혜를 구한 충무 전승을 활용한 것이거니와, 『임진조국전쟁』은 요컨대 그의 역사소설을 대표할 『갑오농민전쟁』(1965~1986)을 위한 일종의 준비였던가 보다.

5. 노산 이은상의 『성웅 이순신』(1969)

"이 책의 보급을 위해 애써 주시는 문화공보부 장관 홍종철 님의 뜻"[13]에서 드러나듯 이 책은 충무를 박정희와 연계한 효시 비슷한 책이다. 노산은 이순신 전문가로, 정조 때 출간된 전집을 번역해 『국역주해 이충무공전서』(충무공기념사업회/충무회, 1960) 상하 두 권으로 펴낸 바 있거니와, 『성웅 이순신』은 일종의 보급판이다. 이 책으로 맺어진 인연은 이은상의 『태양이 비치는 길로: 충무공 발자국 따라』(삼중당, 1973)로 이어지는데, 상하 두 권으로 이루어진 이 호화판 책은 표지의 '박정희 휘호'가 가리키듯 노산과 박정희의 유착을 상징하는 바다. 충무를 성자화하는 데도 노산이 춘원보다 윗길이다. "공의 54년 동안의 일생을 통하여, 오직 정의에서만 움직이고, 머물고, 눕고, 앉고 하였던, 그

---

12   위의 책, 232~233면.
13   이은상, 『성웅 이순신』, 횃불사, 1969, 11면.

러므로 손발 한번 놀림에 털끝만한 그릇됨이 없었던, 거룩한 인격",[14] 도대체 충무를 이렇게 비인간으로 설정하는 의도가 수상하다. 민족을 저주한 춘원과 달리 민족을 최고로 긍정한 노산도 결국 충무를 왜곡한 점에서는 비슷하다. 자기애에 빠진 춘원의 이순신이나 타력 신앙의 주술로 떨어진 노산의 이순신이나 충무에 대한 모욕이기는 마찬가지이기 때문이다. 더욱이 그렇게 우상화한 충무를 박정희에게 바쳤으니 노산의 책임이 무겁다. 세종과 이순신을 '성군', '성웅'으로 찬미한[15] 노산의 정치적 선견지명(?)이 놀라울 따름인데, 사실 환산의 모성적 성웅에서 이탈한 첫 예는 6·25전쟁 중, 이충무공기념사업회(이사장 유석維石 조병옥趙炳玉)가 펴낸『민족의 태양: 성웅 이순신 사전(史傳)』이다. 그 첫 문장이 놀랍다. "충무공 이순신 장군은 우리의 성웅이다. (…) 성웅 이순신은 민족의 태양인 것이다."[16] 이런 예가 또 있다. 충무와 넬슨을 비교한 대목[17]은 단재의『이순신』에서 가져왔으니, 노산은 그나마 여기저기서 꾸어다 이순신이란 우상을 조작한 셈이다.

14 위의 책, 9면.
15 위의 책, 10면.
16 편찬위원회 편수(編修),『민족의 태양: 성웅 이순신 사전』, 이충무공기념사업회, 1951, 3면.
17 이은상, 앞의 책, 234~236면.

6. 김지하의 「구리 이순신」(1971)

이 작품은 권력의 장식으로 떨어진 충무를 해체한 풍자극이다. 이 단막극은 원래 서울대학교 문리과대학 연극회의 1971년 봄 정기 공연으로 예정돼 있었으나, 교련 반대 시위로 무산되자, 위수령이 발동된 삼엄함 속에 『다리』 13호(1971. 11.)에 발표되었다. 박정희는 이순신 숭모 작업의 일환으로 1968년 광화문에 충무공 동상을 세운바, 독재를 받치는 충효 국가의 상징으로 동원된 이순신을 비판한 이 풍자극은 "제비야! 왜 너는 오지 않는 거냐?"[18]가 강력히 암시하듯 오스카 와일드(Oscar Wilde)의 어른을 위한 동화 「행복한 왕자」(The Happy Prince, 1888)를 패러디한 것이다. 동상으로 세워지면서 도시의 참상을 비로소 발견한 행복한 왕자가 무리에서 떨어진 제비를 부려 가난한 이들을 돕는다는 이 유명한 이야기의 얼개를 김지하는 이순신 동상과 엿장수로 바꾼다. "나라는 동강나고, 왜구는 또다시 쇠를 달구"는데 "백성은 서로를 믿지 않고, 목자(牧者)는 백성을 형벌로만 다스리"(292면)는 박정희 독재의 현실을 깊이 우려하는 이순신 동상이 엿장수에게 "백성들 속으로"(303면) 갈 수 있도록 "이 구리를 벗겨내어 날 자유롭게 만들어 줄"(298면) 것을 요구하는 데가 핵이다. 옥신각신하는 사이 순경이 나타나 엿장수를 잡아가면서 작품은 우울하게 끝나는데, 천사에 의해 가장 고귀한 것으로 봉

---

18 김지하, 「구리 이순신」, 『김지하전집 제1권』, 일본: 한양사, 1976, 305면. 이하 이 작품의 인용은 본문에 면수만 표시한다.

헌된 행복한 왕자의 쪼개진 심장과 죽은 제비로서 천국에 들었다는 「행복한 왕자」의 결말과 결을 달리한다. 아마도 유신 독재로 질주할 우리 현실의 압박이 배어든 결과이겠거니와, 박정희가 마치 분신처럼 여긴 '이순신'을 풍자한 것만으로도 보람이지만, 이 희곡은 솔직히 손색이 없지 않다. 또한 김지하가 풍자한 것이 박정희의 '구리 이순신'이지 속살 이순신은 아니라는 점이다. "이름 없는 일개 백성으로서 다른 백성과 아무런 차이도 없이 오직 나라에만 충성하는"(294면) 백의종군 시절을 그리워하는 작품 속의 이순신은 한국인에게 전형적인 충무 상과 멀지 않다. 그럼에도 불구하고 이 작품에 새로움이 있다면 처음으로 이순신이 엿장수로 대표되는 민중과 대화한다는 점이다. 지배계급의 말에 다시는 속지 않겠다는 엿장수를 향해 "이순신이 백성을 속인 적이 있었던가?"(292면)라고 되물었을 때, 그리고 엿장수를 설득하기 위해 거의 애원하는 말들을 쏟아 낼 때 이 말들은 우리 이순신 서사에서 낯선 것이다. 그동안 이순신에게는 살아 있는 이념형이 말함직한 발언만 허용되어 왔기 때문이다.

7. 김탁환의 『불멸』(1998)

이 장편은 이순신을 상대화한 최초의 장편 역사소설이다. 작가는 말한다.

"『불멸』은 위인전기나 우화가 아니라 소설이다. 『불멸』에는 악마도 없고 영웅도 없다. '불멸'을 꿈꾸는 인간들이 있을 뿐이다."[19]

　밀란 쿤데라(Milan Kundera)의 『불멸』(1990)로부터 영감을 얻은 것으로 짐작되는 해체적 태도로 이 전쟁에 말려든 모든 인간들에게 차별 없이 접근하다 보니 원균은 평가되고 이순신은 비판되매, 소설가 송우혜의 토론이 날카롭다. "원균에게 불리한 건 이순신 탓이고, 이순신이 잘한 건 원균의 덕으로 돼 있"는 이 장편의 "철저한 이순신 폄훼 구조"를 문제 삼았던 것이다.(『동아일보』 2004. 2. 3.)

　나는 김탁환의 의도를 비난할 생각은 없다. 이순신을 소설적 해체의 대상으로 삼는다는 것은 한국의 작가라면 한번 도전할 만한 작업이기 때문이다. 그런데 이 중요한 첫 시도에서 김탁환은 역사(役事)를 제대로 감당하지 못했다. 단적으로 이순신의 여인 박초희를 보자. 박 진사의 외동딸로 보성 갑부의 외아들 창국에게 시집갔다 1587년 왜구에게 납치되어 대마도에서 순왜(順倭) 사화동(沙火同)과 부부의 연을 맺는 데까지는 그럴 듯도 하다. 그들을 독실한 천주교 신자로 설정한 것 역시 암시적이다. 그런데 조선 조정의 요구로 사화동을 비롯한 순왜들이 고국으로 끌려와 처형되면서부터 초희의 삶에 개입하는 작가의 구도는 작위적이다. "추위와 굶주림을 견디지 못해 스스로 아기를 돌로 쳐죽"이고 죗값을 치르러 "정읍 현감 이순신을 자진해서 찾아"갔는데 이순신이 무죄를 주장하며 초희와 사랑에 빠진다는 구성(1권

19　김탁환, 「작가의 말」, 『불멸 1』, 미래지성, 1998, 9면. 이하 이 책의 인용은 본문에 권수와 면수만 표시한다.

8장 '뒤늦은 사랑')은 파탄에 가깝다. 이후는 더욱이다. 임진년 왜란이 일어난 때 이순신이 "아예 좌수영을 나와 박초희의 주막에 머물렀다"(2권 97면)는 설정도 납득하기 어려운데, 이를 민망히 여긴 이순신 심복의 설득으로 조선을 떠나 대마도로 돌아간 초희가 소서행장의 탈출을 위해 '선물'로 이순신에 바쳐져 눈물의 재회를 하는데 결국 노량해전을 앞두고 밀회 중에 일본 간자들에 의해 그녀만 살해되고 이순신은 "초희! 내 사랑, 나의 분신이여!"(4권 295면)를 외치니, 신파가 대발이다. 이순신 서사를 인간화하려는 작가의 의도에도 불구하고 오히려 불멸을 찬미하는 유사-신성 서사로 떨어진 일이 아쉽다.

8. 김훈의 『칼의 노래』(2001)

"오직 소설로서 읽혀지기를 바란다"[20]는 '일러두기'의 말처럼 김훈도 애초에 대놓고 소설을 세운다. 그런데 흔히 보던 이순신 역사물이 아니다. 김탁환처럼 이순신에게 여성을 배치했다. 박초희보다는 인상적이지만, '여진'(女眞)이 여성이 아니라는 독법이 대세로 되는 머리에, 과연 그녀가 이 소설에서 꼭 필요한 인물인지 의문이다. "공은 또 진중에 있을 때 여자를 가까이 하지 않았"[21]다는 최유해의 언술을 상기컨대 더욱 그렇다. 그런데 이보

---

20   김훈, 『칼의 노래 1』, 생각의 나무, 2001, 6면. 이하 이 책의 인용은 본문에 면수만 표시한다.

다 유별난 점은 시점이다. 정유년 4월 이순신이 출옥하는 첫 장부터 무술년 11월 노량에서 죽음을 맞이하는 마지막 장까지 이순신이 1인칭으로 직접 발언한다. 말하자면 작가가 이순신에 빙의한 셈이다. 역사적 인물을 탈역사화하는 방식인데, 임종을 맞은 나폴레옹의 긴 독백으로 시종한 이효석(李孝石)의 「황제」(1939)가 선구일 것이다. 『칼의 노래』는 일류의 미문으로 가장 비통한 시절의 이순신 속으로 침투하여 완전히 새로운 충무를 부조한바, 아마도 고독한 허무주의자 근처쯤 될 것이다. 작가는 말한다.

"2000년 가을에 나는 다시 초야로 돌아왔다. 나는 정의로운 자들의 세상과 작별하였다. 나는 내 당대의 어떠한 가치도 긍정할 수 없었다. 제군들은 희망의 힘으로 살아 있는가. 그대들과 나누어 가질 희망이나 믿음이 나에게는 없다. 그러므로 그대들과 나는 영원한 남으로서 서로 복되다. 나는 나 자신의 짧은 오류들과 더불어 혼자서 살 것이다."(12면)

이 유례없이 비장한 '책머리에'를 보건대 이 작품에 그려진 이순신은 바로 작가다. 춘원의 이순신으로 돌아간 것이다. 그럼에도 그냥 반복은 아니다. "이 끝없는 전쟁은 결국은 무의미한 장난이며, 이 세계도 마침내 무의미한 곳인가"(21면)라고 이순신이 자문하는 데 단적으로 드러나듯 염전(厭戰)이 도저하다. '구덩이'와 '바람 속의 무 싹', 이 두 장에 집중적으로 드러난 '순왜'

---

21 최유해, 「이충무공 행장」, 박기봉 편역, 『충무공 이순신전서 제4권』, 비봉출판사, 2006, 386면.

의 모습 또한 흥미롭다. 허무의 구도(構圖)일망정 이순신 서사에서 결락되기 일쑤였던 다른 국면들이 드러남으로써 이 동란의 복잡한 결들이 도드라지게 된 것은 진전이다. 더욱이 종요로운 것은 2권 부록으로 실린 '인물지'다. 단재와 소오(설의식)에 이어 열전을 둔바, 단지 무인들뿐 아니라 이순신의 환도를 만든 대장장이와 울적할 때 이순신을 위해 피리 불던 해(海)와 "이순신의 아산 집에 딸린 종들"에 이르기까지 무명(無名)의 소수자(서발턴)를 알뜰히 챙겼다. 작가의 헌사가 미쁘다.

"『난중일기』는 싸움터에서 백성의 신분으로 전사한 수많은 군졸들의 실명을 기록하고 있다. 또 심부름하는 종들과 수발들던 여자들, 그리고 여러 말썽꾸러기들, 탈영자, 범법자들의 이름을 모두 다 실명으로 기록하고 있다. (…) 그 수많은 이름들은 고귀해 보인다. 이름만 전하고 이야기는 전하지 않는 그 많은 넋들이 이제 편안해지기를 바란다."[22]

9. 오다 마코토(小田實, 1932~2007)의 『소설 임진왜란』(1992)

일본이나 중국에서 간행된 임진왜란 관계 서적들은 그 전란 이름의 각국적 분할에서 짐작되듯이 대개 아전인수이기 쉽다. 가령 명의 영량사(領糧使)로 참전한 뒤 귀화한 천만리(千萬里)의 문집 『사암실기』(思庵實記)의 노량 기사를 보건대, 진린의 활약

만 대서하곤 끝에 "副摠兵鄧子龍 朝鮮統制使李舜臣 衝鋒陣亡"[23] 이뿐이다. 왜란을 마감하는 이 해전에서 충무의 분전을 그것도 등자룡(鄧子龍)과 함께 "적진으로 돌격하다 진중에서 죽었다"로 요약하다니 심하다. 이 가운데 오다 마코토는 각별하다. 일본 사회의 우경화에 저항한 국제주의 소설가 오다는 히데요시의 조선 침략 400주년이 되는 해에 번역된 한국어판 서문에서 말한다. "역사를 '직면'하려고 하는 작가가 일본에도 있다는 것을 한국의 독자가 알아줄 기회가 된다"[24]는 점에 감사한다고. 한일 두 나라에서 동시 출간된 이 장편의 원제는 『민암태합기』(民岩太閤記, 朝日新聞社, 1992)다. '민암'(民岩: 백성의 바위)과 다이코(太閤: 히데요시)를 병렬한 이 흥미로운 제목에서 전자는, 작가가 밝힌 바, 『간양록』(看羊錄)의 "民岩之可畏如是矣"(29면)가 출전이다. 정유재란에 포로로 잡혀 일본에 끌려갔다 귀환한 강항(姜沆, 1567~1618)은 형극 중에도 최고의 보고서 『간양록』을 완성한바, 이 책에는 전란을 불러온 조선 지배층에 대한 통렬한 (자기) 비판이 임리(淋漓)한 터다. 오다는 '민암'을 특별히 인용하여 강항에 각별한 오마주를 헌정한다. 아니 강항을 빌어 "매우 근대적인, 국민 전체를 동원한 총력전" "더욱이 일본 역사 최초의 총력

---

23 천만리(千萬里), 『사암실기』(思庵實記) 곤(坤), 10장(張). 내가 소장한 이 책은 13세손 관근(寬根)이 단기 4292년(1959) 기해(己亥) 삼월망일(三月望日)에 찍어 낸 것인데, 초판은 1846년에 출판되었다고 한다.

24 오다 마코토, 「한국의 독자 여러분께」, 『소설 임진왜란 상』, 김윤·강응천 옮김, 웅진출판주식회사, 1992, 6면. 이하 이 책의 인용은 본문에 면수만 표시한다.

전"(101면)이었던 히데요시의 침략을 끝내 저지한 조선의 싸우는 백성 전체를 기린 것이다. 이 전란을 보는 작가의 눈은 말하자면 사회주의 국제주의에 가까운바, 이 점에서 한국어 제목은 편협하다.

아쿠타가와 류노스케(芥川龍之介, 1892~1927)의 「김장군」(1924)이 상기된다. 김응서(金應瑞)와 기생 계월향(桂月香)이 적장 고니시 유키나가를 죽이는『임진록』의 삽화를 다시 쓴 이 짧은 단편은 이 허구에 대한 작가의 논평이 뜻 깊다. "유키나가는 물론 세이칸노에키(征韓の役: 임진왜란)의 진중에서는 죽지 않았다. 그러나 역사를 꾸미는 것은 비단 조선만은 아니다. 일본도 역시 어린아이에게 가르치는 역사는 (…) 이러한 전설로 가득 차 있다. (…) 어떠한 나라의 역사도 그 국민에게는 반드시 영광스러운 것이다. 특별히 김장군의 전설만을 일소에 부칠 수는 없다."[25] 백강전투의 패배를 가르치지 않는 일본이나 고니시 유키나가가 평양성에서 두 조선인에 의해 처단되었다고 이야기하는 한국이나 마찬가지라는 아쿠타가와의 견해는 관동대진재(關東大震災, 1923)를 배경으로 할 때 더욱 중요롭다.

「김장군」의 계보를 잇는 오다의 장편에는 사실 이순신이 거의 등장하지 않는다. 단재와 달리 육전을 중심으로 하는 데서 유래한 불가피한 측면도 없지 않지만, 오다는 처음부터 탈영웅주의다. 이 장편에 부친 「나의 소설론」에서 작가는 말한다.

---

25 아쿠타가와 류노스케 외,『식민지 조선의 풍경』, 최관·유재진 옮김, 고려대학교출판부, 2007, 19~20면.

소설 임진왜란은 희극이다. 소설이란 이름의. 비극의 등장인물이 '영웅'이라면 희극의 등장인물은 근본적으로 또 원리적으로 '시정의 사람들'이다(희극에서는 영웅도 제일의적으로 시정의 사람이다). 영웅은 왕왕 사람을 죽이는 쪽에 서지만 시정의 사람들은 죽이는 도구로 이용당하는 경우까지 포함해서 본질적으로 죽임을 당하는 쪽에 서 있다. 그 사람들의 진정한 소리는 외치는 말이든 중얼거리는 말이든지 간에 죽이지 말라는 것밖에 없다. 이것은 소설 세계의 정곡을 찌르는 말이다. (…) 소설 세계에도 얼마든지 살인, 살육이 있고 전쟁이 있다. 다만 소설 세계는 전쟁의 대의명분을 얼마든지 내세우는 현실 세계와는 달리 '죽이지 말라'는 원리에 충실한 불살생, 비폭력, 반폭력의 세계이다.[26]

일류의 소설론이다. 히데요시의 침략에 저항한 조선 민중의 투쟁을 높이 평가하지만, 그럼에도 전쟁은 악무한임을 침통히 승인하는 오다의 반전사상이 약여하다.

과연 소설의 주인공은 11살 소년 통이와 그의 여동생 민이다. 이 떠돌이 아이들이 새로운 기회가 될 조선으로 건너가 전란을 따라 긴 여행에 나서는 구도니, 말하자면 피카레스크 소설이다. 소수자의 눈으로 이 전쟁의 안팎을 목격하는 일련의 과정을 통해서 영웅주의에 은폐된 다른 일본의 모습과 조선 지배층의 의도에서 일탈한 조선 민중의 다른 얼굴을 교차하여 드러낸

26　오다 마코토, 『소설 임진왜란 하』, 357면.

이 독특한 장편은 작가 특유의 박식한 사론이 받치는 일류의 반전문학이다. 이 점에서 '민암'을 꼭 조선에만 한정할 것이 아니다. 이 전란에 말려들어 고통받은 모든 소수자가 민암일 수 있으니, 수정하건대 사회주의 국제주의라기보다는 소수자 국제주의가 더 정확할 것이다.

작가는 번역판 서문에서 "이 책을 읽고 한국의 독자들이 어떠한 반응을 보일는지 나로서는 전혀 예상할 수 없다"(6면)고 일말의 불안을 토로한바, 뒤늦었지만 이 전란을 볼 하나의 근본적 관점을 제시한 아주 훌륭한 소설을 읽게 되어 한국 독자로서 감사하다고 대답하고 싶다. 삼가 명복을 빈다.

주마간산을 마무리하면서 새삼 충무공 이순신 장군의 일대기를 통해 이름 없는 군사를 일으켜 동아시아를 전란에 몰아넣은 히데요시를 비롯한 일본 침략군의 책임을 무겁게 비판하는 한편 그 동란의 와중에서도 무능과 부패에서 자유롭지 못한 조선 지배층의 무책임을 견책한 단재 신채호 선생의 『수군제일위인 이순신』의 가치가 새삼 종요롭다. 구보 박태원 선생이 역주한 『이충무공행록』 또한 보배다.

목하 한국은 중대한 고비에 처해 있다. 이 두 문학이 다른 한반도, 다른 동아시아로 갈 21세기의 장엄을 다시 사유할 살아 있는 교과서 노릇을 겸허하게 감당할 수 있다면 더할 나위 없는 생광이다.

2부

단재와 구보의 이순신

수군제일위인 이순신

금협산인 신채호 저

최원식 역주

일러두기

1. '이순신전'은 금협산인(錦頰山人)이 지은 국한문본 「水軍第一偉人 李舜臣」 ('위인유적'란)과 패셔싱이 번역한 한글본 「슈군뎨일 거룩흔 인물 리슌신젼」 ('쇼셜'란)이 있다. 전자는 국한문 혼용판 『대한매일신보』(1908. 5. 2.~8. 18.) 에, 후자는 한글판 『대한매일신보』(1908. 6. 11.~10. 24.)에 연재되었다. 대개 는 금협산인과 패셔싱을 동일인으로 간주하나 내 보매 번역자는 단재가 아니 다. 누락한 대목들이 적지 않고 더욱이 오역도 없지 않다. 아무리 단재이기로 국한문본을 연재하면서 한글본을 연재하는 것은 무리라고 판단된다. 이 번역의 원전 텍스트는 한글본을 참고해 국한문본을 교주한 본서 수록 「水軍第一偉人 李舜臣」(207면)이다.
2. 두 명의 이순신 '李舜臣'과 '李純信' 중, 후자에는 한자를 병기하거나, 한글본 을 따라 이 첨사로 적기도 했다.
3. 풍신수길, 가등청정, 소서행장, 대마도 등 일본 고유명사는 한국식으로 독음함 을 원칙으로 하고, 주에 일본음을 적어 두기도 하였다.
4. 간지로 나타낸 연도는 괄호 안에 서기를 표시했다.
5. 번역문의 단락 나눔은 원문을 존중하되 꼭 따르지는 않았다.
6. 한 글자도 더하지 않고 한 글자도 빼지 않는다는 원칙을 되도록 견지하여 단재 의 원문에 가까이하기에 애썼다. 단 현대어 표기법에 따라 바꾸는 것이 바른 표 현이라고 판단될 경우 고쳤다. 띄어쓰기도 마찬가지다.
   예: 가로대→가로되 / 일찌기→일찍이 / 반듯이→반드시
7. 문장 부호는 현대어 표기법에 맞추어 바꾸었다. 예: 〔 〕→ '' / 「 」→ ""

제1장

서론

오호라, 섬나라 다른 종자가 대대(代代) 한국의 혈적(血敵)이 되어 일위상망(一葦相望)[1]에 눈독을 들이고 아홉 세대로 반드시 갚을 뼈에 사무친 원한을 깊이 새겨, 한국 4천 년 역사에 외국 내침자를 두루 헤아리면 왜구 두 글자가 거의 열에 여덟아홉을 차지하여 변경 봉화의 경보와 바다 기운의 악함으로 백년 베개를 높이 벤 시절이 드물되, 온즉 놀라 숨고 간즉 좋아서 기꺼하여 침착한 수완으로 목을 움키며 더불어 싸운 자는 없고 한때 고식(姑息)으로 장책(長策)을 삼으매, 연해(沿海) 각지에 피비린내가 그치지 않았으니 단군 자손의 끼친 부끄러움이 극심하도다.

　이제 이왕 일본과 대항함에 족히 우리 민족의 명예를 대표할 만한 위인을 구하건대, 상세(上世)에 두 위인이니 첫째 고구려 광개토왕(廣開土王)[2] 둘째 신라 태종왕(太宗王)[3]이요, 근세에

1　한 거룻배에서 서로 볼 정도로 가깝다는 뜻.
2　정복 영웅으로 유명한 고구려 제19대 왕(재위 391~412 또는 413)으로 신라를 침략한 왜구를 격퇴하기도 함.
3　당(唐)과 연합해 백제를 멸한 신라 제29대 왕인 태종무열왕(재위 654~661). 단재는 「독사신론」(讀史新論)에서 태종이 오사카(大阪)에 직입(直入)하

세 위인이니 첫째 김방경(金方慶),[4] 둘째 정지(鄭地),[5] 셋째 이순신(李舜臣)[6]이니, 무릇 다섯 사람에 그쳤도다. 그러나 그 시대가 가깝고 그 유적이 갖춰져 후인의 모범되기 가장 좋은 자는 오직 우리 이순신, 오직 우리 이순신이로다. 저자의 용렬한 필력으로 이 공(李公)의 정신 만분의 일이라도 베낀다 하기 어려우나 한만(汗漫)하고 소루(疏漏)한 옛 전기에 비하면 그 장점이 약간 있으리니, 오호 독자여, 눈 두어 우리 이순신전을 읽을지어다.

임진년(壬辰年, 1592) 일을 어찌 가히 차마 말할까. 당론(黨論)이 조야(朝野)에 불일어 상하가 사의(私意)에 골몰하여 배제비부(排擠比附)[7]에 급급한 소인들이 담장 안에 간과(干戈)로 살육을 날로 일으키매, 어느 겨를에 정무를 의논하며, 어느 겨를에 국위(國危)를 근심하며, 어느 겨를에 외교를 강구하며, 어느 겨를에 군비를 닦으리오. 공(公)이니 경(卿)이니 장(將)이니 상(相)이니 하는 이들이 기껏 한 수라장에 지나지 않는 데 서서 각기 자기 집 사사(私事) 싸움으로 눈을 부릅뜨고 질시하며 팔을 뽐내며 크게 고함지르는 때라. 이런 까닭에 저 평수길(平秀吉)[8]

여 그 소굴을 엎고 성하(城下)의 맹(盟)을 맺은 후 백제를 도모했다고 주장함 (『대한매일신보』 1908. 11. 8.).

4 1212~1300. 고려 후기의 무신. 1274년과 1281년 두 차례의 일본 정벌에 여몽연합군의 주장을 역임함.

5 1347~1391. 고려 말의 무신으로 남해 왜구의 소탕에 큰 공을 세움.

6 원문에는 李舜臣을 '리순신'으로 표기했으나 '이순신'으로 통일함.

7 밀어내 물리치고, 맞는 조례가 없을 때는 비슷한 조문(條文)이나 전례(前例)를 끌어 죄를 줌.

8 일본 전국시대의 영웅이자 임진왜란의 원흉 도요토미 히데요시(豊臣秀吉,

이란 자가 이름 없는 군대를 한번 들어 우리 경계를 한번 침략하매, 장수와 병졸이 와해하고 인민이 짐승처럼 숨어 그들이 출병한 지 불과 십수 일 사이에 문득 경성을 강박하여 무인지경같이 몰아들었으니, 오호라, 화란이 난 것을 그 또 누구에게 허물하리오.

비린 먼지가 팔역(八域)에 부풀고 악한 기운이 동해를 덮어 병화가 7~8년에 이르니, 이처럼 부패한 국정과 이처럼 흩어진 인심에 무엇을 의지하여 국가를 흥복(興復)하였는가. 아아, 우리 이순신의 공렬(功烈)을 이에 가히 생각하리로다.

1537~1598).

제2장

이순신의 유년과 그 소싯적

푸르고 푸른 하늘은 위에 있고 순하고 순한 땅은 아래에 있는데, 둘 사이에 거주하는 인류는 일대 살벌한 성정으로 화생(化生)한 자라. 고로 문을 닫고 스스로 지키기로 국시(國是)를 지어, 노자(老子)의 말과 같이, 이웃 나라가 늙어 죽도록 서로 왕래하지 않는 시대에도,[1] 이 민족이 저 민족과 한번 접촉하는 경우이면 뼈가 날고 피가 뿌려지고 하늘은 참담하고 땅은 검어 생멸존망(生滅存亡)이 눈 깜짝임과 들숨 날숨 사이에 결정되거든, 하물며 세상의 변화가 더욱 크고 경쟁이 더욱 치열하여 쇠와 피를 신성(神聖)이라 하는 근세일 것이냐. 저 긴 소매로 느릿느릿 걸으며 몇 백 년 수제치평(修齊治平)[2]을 외우던 자는 모두 꿈속에 잠꼬

---

1   노자가 이상으로 삼는 소국과민(小國寡民: 작은 나라 적은 인민)의 '지치(至治)의 극(極)'을 그린 『도덕경』 80장이 출전이다. "甘其食 美其服 安其居 樂其俗 隣國相望 鷄犬之聲相聞 民至老死 不相往來"(그 먹음에 달고 그 입음에 아름답고 그 거함에 편안하고 그 업업을 즐겨, 이웃 나라가 서로 보고 닭과 개의 소리가 서로 들려도 백성이 늙어 죽을 때까지 서로 왕래하지 않는다.)
2   몸을 닦고 집을 가지런히 하고 나라를 다스리고 천하를 고르게 한다(修身齊家治國平天下).

대하던 인물이 아니던가.

여러 중생이 빈손으로 왔다가 빈손으로 가, 병인년 강화(江華)의 포성[3]만 귓가에 우연히 들리면, 각각 남자는 업고 여자는 이고 풀뿌리 석굴을 다투어 찾아 한 목숨을 구차히 지키다가, 필경에 살아 이익이 없고 죽어 잃을 게 없어 거친 산 마른 뼈가 초목과 함께 썩는데, 오호라, 해천(海天)을 아득히 의지하여 300년 전을 회상컨대, 일신으로 창망한 파도 위에 서 창과 방패를 짚고 여러 장수를 지휘할 제, 적선이 개미처럼 모이며 포환이 비로 내려도 오히려 또 우뚝 서 움직이지 않으며 하늘에 기도하여 가로되 "이 원수를 만약 멸(滅)할진댄 비록 죽더라도 유감이 없더라" 하고, 그 몸을 희생하여 전국을 증제(拯濟)[4]하던 자가 금일 삼척동자까지 전하여 외우는 우리 수군삼도통제사 충무공 이순신이 아닌가.

풍신(豊臣), 이 사나운 아이가 병졸들 대오 사이(수길은 처음에 직전신장織田信長[5]의 부하 졸병이었다)에서 떨쳐 일어나 세섬[6]을 통합하여 관백(關伯)의 자리를 갑자기 움킨 뒤 동한(東韓)을 흘겨본 지 오래라. 동래(東萊) 부산(釜山)에 살기(殺氣)가 날로 다그치매 단군 조상의 신령(神靈)이 청구(靑邱)[7]의 사람 없음을 비탄하사 큰 적 대항할 간성(干城)[8]의 훌륭한 인재를

---

3 1866년 프랑스군이 강화에 침입했다 패배해 물러난 병인양요(丙寅洋擾).
4 건져 구제함.
5 통일의 길을 연 일본 전국시대의 영웅 오다 노부나가(1534~1582).
6 혼슈(本州), 규슈(九洲), 시코쿠(四國).
7 조선.

아래로 보내시니, 실로 인묘조(仁廟朝)[9] 을사(1545) 3월 초팔일 자시(子時)[10]에 한성 건천동(乾川洞)[11]에서 고고성(呱呱聲)을 알리느니라.

아버지의 이름은 정(貞)이요 어머니의 씨는 변(卞)이요 그 할아버지 가로되 생원 백록(百祿)이니, 이순신을 장차 낳을 제 그 할아버지가 현몽(現夢)하고 이 이름을 주었다 하나니라.

파를 불며 대를 타고[12] 울타리 담장 사이에서 쫓고 쫓아 왕래하는 것을 아이의 장난이라고 심상히 보지 말지어다. 왕왕 영웅의 두각을 이 가운데서 증험해 낼지니, 대저 이순신 어릴 때에는 뭇 아이들과 어울려 놀매 전투의 진을 포열(布列)하여 원수(元帥)라 자칭하고, 나무를 깎아 활과 살을 스스로 만들고 동네 사람 가운데 뜻에 맞지 아니한 자가 있으면 활을 다려 그 눈을 쏘고자 하더라.

슬프다, 시대의 결습(結習)[13]이 항시 호남아를 속박하여 악착한 범위 안에서 앉아서 썩게 하나니, 이순신이 출현한 시대는 유림(儒林)이 나라에 가득하고 청담(淸談)이 성행할뿐더러 또한 자기 집안 아버지와 할아버지가 세세 유자(儒者) 문중 속 인

---

8   방패와 성. 나라를 지키는 믿음직한 군대나 인물을 이르는 말.
9   조선 제12대 왕 인종(仁宗, 재위 1544~1545).
10   밤 11시부터 오전 1시.
11   건천동(마른내)은 남산과 청계천 사이에 있던 마을로 현 서울 중구 인현동 (仁峴洞).
12   파를 불어 군대 호각으로 삼고 죽마로 말타기를 대신하는 병정놀이.
13   특징적으로 보이는 습관.

물이니, 공이 비록 하늘이 준 군인 자격이나 어찌 쉽게 스스로 뺄 수 있으리오. 이 때문에 백씨 중씨 두 형을 따라 유업(儒業)을 받아 20년 광음(光陰)을 보냈도다. 그러나 장래에 바다 위 한 조각배로 적의 목을 옮기고 호남(湖南)을 장폐(障蔽)[14]하여 전국 큰 사명(司命)을 지을 인물이 어찌 이 속에서 길이 끝날까. 개연히 붓을 던지고 무예를 학습하니 이때의 나이가 22세러라.

28세에 훈련원(訓練院) 별과(別科)에 나아가 말달리기를 시험하다가 말 위에서 떨어져 왼 다리가 절골(折骨)되고 한참을 혼도(昏倒)하매 보는 자가 모두 가로되 "이순신이 이미 죽었다" 하는데, 이순신이 홀연 한 다리로 일어서 버들가지를 꺾더니 그 껍질을 벗겨 상처에 싸매고 뛰어 말에 오르니 만장(滿場)이 갈채라. 오호라, 이 비록 작은 일이나 크게 분투하고 크게 인내하는 영웅의 인격을 가히 상상할지니, 저 손가락 밑에 가시 하나만 박혀도 밤새 아파 입맛을 완전히 잃는 겁열배(怯劣輩)들이야 무슨 일을 능히 하리오.

큰 무대에 활동하는 인물은 지략만 귀히 여길 뿐 아니라 체력도 불가불 보니라. 이순신이 일찍 선영에 성묘하러 갔더니, 장군석이 엎어져 쓰러졌는데 하인들 수십 인이 이를 붙들어 일으키다가 그 힘을 이기지 못하여 숨소리가 헐떡이거늘, 이순신이 한소리로 꾸짖어 물리고 청포(靑袍)를 입은 채 등 위에 짊어져 제자리에 세우니 보는 자가 크게 놀라더라.

---

14 덮어서 막음.

이미 장성함에 아이 때 도양발월(蹈揚發越)한[15] 태도는 염축(斂縮)[16]하고 성격을 함양하니, 같이 놀던 무부(武夫)들이 종일 허튼 말로 서로 희롱하면서 이순신에게는 감히 하지 않았으며, 비록 낙중(洛中)[17]에 생장하나 문을 닫고 출입이 드물어 무예를 홀로 연구하였으니, 오호라, 영웅을 배우는 자 불가불 그 소양을 먼저 배울지니라.

15　요동하고 날고 뛰고 넘침.
16　오므려 줄어듦.
17　낙양의 안. 곧 서울.

제3장

순신의 출신(出身)¹과 그 후 곤경

백락(伯樂)²을 만나지 못해 천리마의 말굽이 소금판에서 헛되이 닳는데, 무정한 세월은 장부의 머리털만 세기를 재촉해, 이순신의 연령이 어느덧 이모지년(二毛之年)³이 되었도다.

　이 해에 한 과장(科場)을 겨우 합격해 무과 급제 출신이 되니, 문은 귀하고 무는 천해 상전이 어찌 그리 많으며, 산은 첩첩 물은 겹겹이니 활동할 데가 어느 곳이오. 그 겨울에 함경도(咸鏡道) 동구비보(董仇非堡)⁴ 권관(權管)이 되며, 그 4년 뒤 35세에 훈련원 봉사(奉事)로 내천(內遷)⁵하였다가, 또 그 겨울에 충청 병사(忠淸兵使)의 군관(軍官)이 되며, 36세에 발포(鉢浦)⁶ 수군만호(水軍萬戶)가 되었다가, 이듬해에 무슨 일로 죄입어 파직되고, 그 가을에 훈련원 봉사로 복임(復任)⁷하더니, 그 3년 뒤

1　처음으로 벼슬함.
2　춘추전국시대의 뛰어난 상마가(相馬家 : 명마 감별사).
3　흰 머리털이 나는 나이. 곧 32세.
4　함경도 삼수(三水)에 둔 국경 수비 요새의 하나.
5　외직에서 내직으로 옮김.
6　전라도 고흥(高興)에 둔 수군 주둔지.

에 함경남도 병사영(兵使營) 군관이 되었다가, 그 가을에 건원보(乾原堡)[8] 권관이 되니, 이순신의 연령이 한 살만 더하면 문득 40세러라.

당시 혁혁한 환족(宦族)의 젖내 나는 아이들은 한 재주가 애초에 없어도 오늘 승지 내일 참판에 말 타고 갖옷 입고 동서로 자유로이 달리며, 곤곤(閫閫)[9] 권문(權門)[10]의 종기나 빠는 무리들[11]은 한 재능이 도무지 없어도 오늘 절도사 내일 통제사에 쌀밥과 고기를 씹고 좌우로 보고 흘기며, 심지어 두 집만 있는 마을에 도도평장(都都平丈)[12]의 무식한 학구가 몇 년만 무릎을 꿇어도 백의(白衣) 이조판서로 역말을 타고 올라오는데, 이에 절대(絕代) 위인 이순신 같은 이는 출신 후 7~8년에 일자(一資)[13]를 오르지 못하고 봉사 권관 등 미직(微職)[14]으로 얽매여 곤궁한 처지에서 비명케 하는도다.

만일 지위를 일찍 얻어 재주와 꾀를 빠르게 펼쳤다면, 참담한 풍운을 불고 불어 길림(吉林) 봉천(奉天)의 옛 땅을 회복하여 고구려 광개토왕의 기공비(紀功碑)를 다시 세움도 가하며, 대판(大阪) 살마(薩摩)[15]의 여러 섬을 나아가 다그쳐 신라 태종

---

7 이전의 관직으로 되돌아감.
8 함경도 경원군(慶源郡)에 둔 국경 수비 요새의 하나.
9 문지방 '곤'인데, 한편 고위 무반직을 가리키기도 함.
10 권문세가(權門勢家).
11 아첨꾼.
12 '욱욱호문'(郁郁乎文)을 '도도평장'으로 가르칠 정도로 무식한 시골 훈장.
13 벼슬의 한 품계.
14 미관말직(微官末職)

2부 – 단재와 구보의 이순신

대왕의 백마총[16]을 다시 쌓음도 가하거늘, 비열한 놈들이 조정에 차고 넘쳐서 동을 정복하고 서를 치는 굳세고 굳센 대장군을 좁디좁은 강산에 오래 가두었도다.

오호라, 남이(南怡) 장군이 백두산(白頭山)에 올라 지나(支那) 일본 여진(女眞) 말갈(靺鞨) 등 각국을 흘기며 우리나라의 미약을 돌아보고 소년의 날카로운 기운을 이기지 못하여 한편의 시를 제하여,

白頭山石磨刀盡	백두산 돌은 칼을 갈아 다하고
豆滿江波飮馬無	두만강 물결은 말을 먹여 없이하리로다
男兒二十未平賊	남아 이십에 도적을 평정하지 못했으니

---

15 규슈 남쪽의 사츠마번, 현 가고시마현(鹿兒島縣).

16 국역본 「슈군데일 거룩흔 인물 리슌신젼」(『대한매일신보』 1908. 6. 17.)에는 "왕이 일본을 세 번 정벌하야 항복받고 백마를 잡아 맹세함"이라고 부연함. 그런데 이에 대해 예관(睨觀) 신규식(申圭植)도 언급하고 있다. "明石浦, 白馬塚은 倭人들이 지칭하여 나는 비로소 알게 된 것인데 金世濂의 「海槎錄」에 말하기를 『日本年代記』에 '應神王 二十二年에 新羅가 명석포에 쳐들어왔는데 大阪에서 겨우 百里의 距離다'라고 실려 있다고 하였으며, 赤關 東쪽에 한 언덕이 있어 왜인들이 가리켜 말하기를 '이것은 백마총인데 新羅兵이 깊이 日本으로 들어오게 되어 일본이 화해를 청하게 되자 흰 말을 잡아 그 피로써 맹서하고 말 머리를 이곳에 묻어 두었다'라고 하였다는 것이다. 申希賢('희현'은 신숙주의 호)의 「海東諸國記」에는 '신라 眞平王 四年, 일본 敏達王 十二年에 신라가 西鄙에서 倭軍을 정벌하였다'고 적혀 있으며, 「安順菴記」에는 '지금 東萊 앞바다 絶影島에는 古壘가 있는데 세상 사람들이 말하기를 신라의 太宗이 왜를 정벌할 때에 쌓은 것이 되어 太宗壇이라고 일컫는다'라고 적혀 있다."(민필호閔弼鎬 편저, 신규식의 『한국혼』韓國魂〔1914〕, 보신각, 1971, 33~34면.)

라 운하고, 이로 필경 그 몸이 참혹히 죽었으니, 인민의 외경(外競) 사상을 이처럼 꺾던 시절이니 영웅의 곤궁하고 절뚝거림이 본디 당연하도다.

　그러나 이순신은 곤궁과 부귀는 전혀 잊고 정의로 자지(自持)[17]하여, 위무(威武)[18]에 구부리지 아니하고 권귀(權貴)에도 붙좇지 아니하니, 이가 옛사람이 말한 바 '호걸·성현'이로다. 훈련원 봉사로 있을 때에 병판(兵判) 김귀영(金貴榮)이 한 서녀(庶女)가 있더니 첩으로 주고자 하거늘 가로되 "내가 벼슬길에 처음 나와 어찌 권문(權門)에 자취를 의탁하리오" 하고 중매쟁이를 즉시 물리치며, 발포 만호로 있을 때에 좌수사(左水使) 성박(成鎛)이 사람을 보내 객사 뜰 가운데 있는 오동나무를 거문고 바탕으로 찍어 가려 하거늘 가로되 "이는 관가의 물건이라. 여러 해 재배한 것을 하루아침에 벰은 무슨 까닭이오" 하고 취해 가져감을 허락하지 않으며, 재상 유전(柳㙉)이 좋은 화살통을 청구하거늘 가로되 "다른 사람이 들으면 공의 받음과 나의 보냄이 모두 어떻다고 할고" 하고 허락하지 않으며, 율곡(栗谷) 이이(李珥)가 이조(吏曹)를 맡을새 서애(西厓) 유성룡(柳成龍)을 말미암아 보기를 청하거늘 가로되 "동성(同姓)이니 가히 보리로되 관리를 뽑는 자리에 있을 때엔 가히 보지 못하리라" 하

17　스스로 긍지를 지킴.
18　높은 무신.

여 듣지 않으니, 강직과 근신으로 자수(自守)함이 이순신의 평생 주지(主旨)러라.

건원보 권관으로 재임할 때에 오랑캐 울지내(鬱只乃)가 국경의 근심을 일으키거늘 기이한 계책으로 사로잡더니, 병사 김우서(金禹瑞)가 그 공을 시기하여 '불품주장 천거대사'(不稟主將 擅擧大事)[19] 여덟 자로 장계(狀啓)하여 상전(賞典)이 끝내 없느니라. 동으로 옮기고 서로 구른 지 8년에 훈련원 참군(參軍)으로 한 계급 오르더니 아버지 상을 당해 관직을 나오고, 상복을 벗자 사복시(司僕寺)[20] 주부(主簿)를 맡기니 나이가 42세러라.

19 주장에게 아뢰지 않고 큰일을 멋대로 행함.
20 조선 시대에 궁중 가마, 마필, 목장에 관한 일을 관장하던 관서.

제4장

오랑캐를 막은 작은 전투와 조정에서 인재를 구함

선묘(宣廟)[1] 병술(1586)에 호란(胡亂)이 바야흐로 성해지므로, 조정이 공을 천거하여 조산(造山)[2] 만호를 맡기고, 이듬해 정해(1587)에 녹둔도(鹿屯島)[3] 둔전관(屯田官)을 겸임하더니, 이순신이 그 섬 지형을 자세히 살피고 병사 이일(李鎰)에게 누차 알려 가로되 "섬이 고원(孤遠)하고 방수군(防守軍)이 단출하게 적으니 오랑캐 오면 장차 어찌하오" 한데, 이일이 좋지 아니하며 가로되 "태평시대에 군사를 늘리면 어찌하오" 하더라. 오래지 않아 오랑캐가 과연 군사를 크게 들어 섬을 꾀하는데, 이순신이 그 우두머리 몇 사람을 쏘아 쓰러트리고 이운룡(李雲龍) 등과 추격하여 포로로 잡혀간 군인 60여 인을 탈환할새, 싸움이 한창일 때 오랑캐 화살이 왼쪽 넓적다리를 상하였으되, 무리를 놀랠까 염려하여 잠자코 스스로 빼 버렸더라. 이 비록 작은 싸움이나 그 미리 내다봄과 굳센 힘을 가히 알 것이니, 역시 이순신 역사

---

1   선조(宣祖).
2   함경북도 경흥도호부(慶興都護府)의 최전방 보(堡). 현 함북 나선시.
3   경흥도호부의 섬. 현 러시아령.

에 소소한 기념이로다.

물고기와 용이 진흙길에 있어 땅강아지와 개미에게 곤경을 치르는 것은 정해진 일이라. 이일도 또 하나의 김우서의 화신이 던지 공을 상 줄 뜻이 애초에 없을뿐더러 자기가 그 군사 늘리는 것을 불허함을 부끄려 이순신을 죽이고자 하더라.

이순신이 이일의 영(令)을 듣고 장차 들어가려 할새, 친구 선거이(宣居怡)가 손을 잡고 눈물 흘리며 술을 권하여 가로되 "취(醉)하면 형(刑)에 임했을 때 고통을 잊으리라." 이순신이 정색하고 가로되 "죽고 사는 것이 명(命)이 있으니 술을 마심이 무슨 일이오" 하고 드디어 들어간즉, 이일이 패군장(敗軍狀)[4]을 바치라고 위협 공갈하는지라. 이순신이 가로되 "내가 증병(增兵)을 누차 청하였으되 증병을 불허한 서목(書目)[5]이 분명히 있거늘 어찌 나를 죄주며, 또 내가 힘써 싸워 도적을 물리쳐 포로로 잡힌 사람들을 추환(追還)하였거늘 어찌 패군으로 논하리오" 하고 말소리와 얼굴빛이 함께 씩씩한데, 이일이 말이 막혀 다시 꾸짖기가 불능하였으나, 마침내 조정에 무고하여 직을 빼앗고 백의로 종군케 하니라.

재주 있으면 시기를 받고 공(功)이 있으면 죄를 얻으니 그때의 일을 가히 알리로다. 그러나 문충공(文忠公) 유성룡이 공의 재주를 깊이 감복하고 무신 가운데 차례를 따르지 않고 발탁해 쓸 인재라고 자주 천거하더라.

---

4   패전 보고서.
5   서류 목록.

선묘 무자(1588)에 정읍(井邑) 현감을 제수하여 태인(泰仁)에 겸관(兼官)하니 때에 태인이 군수가 빈 지 이미 오래라. 막혀 쌓인 장부와 서류를 아주 짧은 시간에 다 해결하니 한 군이 모두 놀래고, 어사에게 정문(呈文)[6]하여 이순신으로 하여금 태인을 맡기라고 청하는 자가 분분하니, 오호라, 굳세고 굳센 범 같은 장수가 이치(吏治)[7]의 자질도 아울러 뛰어나도다.

경인(1590)에 고사리(高沙里)[8] 첨사(僉使)를 제수하다가 대간(臺諫)이 수령 천동(遷動)[9]으로 막아 잉임(仍任)[10]하며, 얼마 지나지 않아 만포(滿浦)[11] 첨사로 제수하다가 대간이 또 취승(驟陞)[12]으로 막아 잉임하더니, 이듬해 신묘(1591)에 왜구의 소식이 날로 커지매, 어시호(於是乎),[13] 장수 재목을 비로소 구하니 이순신의 성공할 날이 점차 이른지라. 진도(珍島) 군수를 내리더니, 부임 전에 가리포진(加里浦鎭)[14] 수군절제사(水軍節制使)를 내리고, 또 부임 전에 전라좌도 수군절도사(水軍節度使)를 내리니, 나이가 47세더라.

6   상급 관청에 올리는 문서.
7   수령 등 관리로서 다스리는 능력.
8   고산리보(高山里堡). 평안북도 강계도호부(江界都護府)의 보.
9   너무 빨리 자리를 옮김.
10 기한이 다 된 관리를 그 자리에 그대로 둠.
11 만포는 강계 압록강가의 진(鎭).
12 직위가 급작스럽게 뛰어오름.
13 이 즈음.
14 전라남도 해남현(海南縣) 완도(莞島)의 진.

이는 이순신이 해상에 발적(發跡)[15]한 시초라. 영웅이 용무지(用武地)[16]를 겨우 얻었도다.

15 입신출세함.
16 군사를 써서 싸워 볼 만한 곳.

제5장

이순신의 전쟁 준비

이때를 당하여, 풍신수길이 그 국내 각번(各藩)을 한 채찍으로 통합하고 발발(勃勃)한 야심으로 서쪽 구름을 흘기며, 사신을 파견하여 우리나라의 내정을 엿보고 국서로 모욕을 자주 더하니 양국의 병기(兵機)¹가 미첩(眉睫)²에 다가왔거늘, 꾀 없는 조정 신린(臣隣)들은 우둔하고 우둔하게 편히 앉아 왜의 오지 않음을 주창하며, 왜구 장차 움직일 것이라고 말하는 자도 기껏 청담(淸談)의 이야깃거리를 지어, 저들의 사신이나 베자 하며 명나라 조정에나 가르침을 받자 하고, 자수자립(自守自立)을 구하는 자가 전혀 없는데, 묵묵히 한구석에 앉아 자는 것을 잊으며 먹는 것을 폐하고 일후 대전쟁을 예비하는 자는 오직 전라좌도 수군절도사 이순신 한 사람뿐이로다.

  본영(本營) 및 속진(屬鎭)을 지휘하여 양향(糧餉)³을 쌓으며 전구(戰具)를 닦으며 군졸을 조련하고 바닷길을 자세히 살펴

---

1   전쟁의 기미.
2   눈썹과 속눈썹. 아주 가까워졌다는 의미.
3   군량.

행군(行軍) 왕래의 위치를 조용히 정하니, 오호라, 이순신이 이 직에 입한 지 1년 만에 왜가 침략을 지었는데, 이처럼 짧은 기간 사이의 수습으로 큰 공을 이루었으며, 또 기이한 지략을 운용하여 큰 배를 만드니, 앞에 용대가리 입을 베풀고 등에 뾰족한 쇠를 심고, 배 안에서 밖을 엿보나 배 밖에서는 안을 엿보지 못하여, 수백 도적의 배 가운데에도 근심없이 왕래하게 제조하였는데, 그 모양이 거북이 모양과 비슷한 고로 거북선이라 이름 지으니, 이로 침략한 도적을 토평(討平)하여 일시에 큰 공을 이룰 뿐 아니라, 즉 세계 철갑선의 비조[4]가 되어 서국(西國) 해군기에 왕왕 그 이름을 적으니라.

날랜 군대를 이끌어 새재[鳥嶺]의 험함을 지키지 않고 탄금대(彈琴臺)에서 뒤집혀 몰락한 신(申) 장군 립(砬)이 육전(陸戰)에만 전력하고 수군을 없애자고 장계하여 조정이 허락코자 하거늘, 이순신이 바삐 장계하여 가로되 "바다 도적을 막음은 수군이 제일이니 수륙 양전에 어떤 것을 치우쳐 없애리오" 하여 수군이 없어지지 아니하니라. 비록 그러하나 조정이 수군 일사(一事)는 업수이 봄이 우심하여, 항상 있어도 또 가하고 없어도 또 가함으로 아는 고로, 이순신이 체찰사(體察使)에게 올린 편

---

4   단재는 후에 「조선사 11」(『조선일보』 1931. 6. 21.)에서 철갑선을 장갑선으로 수정하였다. "『이충무공전집』의 그 설명한 구선(龜船)의 제도를 보건대 선(船)을 목판으로 장(裝)하고 철판으로 함이 아닌 듯하니 이순신을 장갑선(裝甲船)의 비조라 함은 가하나 철갑선의 비조라 함은 불가할 것이다." 단재신채호전집편찬위원회 편찬, 『단재신채호전집 제1권』(독립기념관 한국독립운동사연구소, 2007), 25면.

지에 가로되 "우리나라 비어(備禦)⁵가 곳곳에서 어긋날뿐더러 왜노(倭奴) 두려워하는 바의 것이 수군인데, 방백(方伯)⁶에게 이문(移文)⁷하여도 일개 수졸(水卒)을 헤아려 보내지 아니하며 군량의 군색함이 우심하여 수군 일사(一事)는 세가 장차 파철(罷撤)될 것이니, 나랏일을 장차 어찌하리오" 하였으며, 또 왜변(倭變) 후 장계에 가로되 "부산(釜山) 동래(東萊) 연해의 여러 장수가 주즙(舟楫)⁸을 많이 준비하여 해구(海口)⁹에 열병(列兵)하고 무위(武威)를 크게 날리며 세력을 헤아려 진퇴의 방침을 두면, 도적이 어찌 육로에 한 발자국을 들어왔으리오. 이를 염급(念及)¹⁰하오매 감격하고 분함을 이기지 못한다" 운운하였으니, 당시 조정이 수군에 뜻이 없음을 가히 봄이요, 이순신이 수비 길거(拮据)¹¹에 홀로 노고함은 더욱 가히 봄이로다.

---

5 미리 준비하여 막음.
6 지방 장관.
7 공문서. 관아 사이의 조회.
8 배와 삿대. 즉 배.
9 바다가 육지 쪽으로 깊게 쑥 들어간 어귀.
10 생각이 미침.
11 쉴 틈 없이 바쁘게 일함.

2부 ─ 단재와 구보의 이순신

부산 바다로 구원하러 감

때에 육군을 보건대 신립 이일 등 두서너 아이(『일월록』日月錄
에 가로되 "두서너 아이가 나누어 군을 통솔함에 도적이 이름을 기
다리지 않아도 그 패함을 가히 알지라" 운운함 數三童子 分爲統帥
不待賊至而 其敗可知也" 云)가 나누어 통솔하며, 수군을 보건댄
원균(元均) 배설(裵楔) 등 미치광이가 주장하니, 이른바 방어
준비가 실로 가히 한심인데, 당시 호령(湖嶺)[1] 이남에 만리장성
을 지어 중흥의 기본을 지음이 오직 하나 이순신을 이에 의지함
이로다. 그러나 이순신의 지위가 일 수사(水使)에 불과하니 그
자리가 극히 낮고, 직권이 전라좌도 밖을 나가지 않으니 그 권세
가 극히 좁더라. 만일 수륙군 대도독을 맡겼거나, 아닌즉 삼도수
군통제사(三道水軍統制使)라도 일찍 제수하였더면, 100의 풍신
수길이 온다 하더래도 바다 밑 물고기 배에 묻을 뿐이니라.

　　동래 부산 해구에 슬픈 구름이 암담하고 경기와 영남 각지
에 봉화가 몹시 놀랐는데, 봉강지신(封疆之臣)[2]이 몸소 마음대

1　　호남과 영남.
2　　방백과 수령. 이순신을 가리킴.

로 할 수 없음에 밤새 잠들지 못하고 칼을 어루만지며 탄식하니 노한 쓸개가 꼬불꼬불하도다. 임진 4월 15일에 경상우도(慶尙右道) 수군절도사 원균의 관문(關文)[3]이 내도하였는데 "왜선 90척이 좌도 축이도(丑伊島)를 경과하여 부산포로 연속 나아온다" 하며, 4월 16일 진시(辰時)[4]에 경상도 관찰사(觀察使) 김수(金睟)의 관문이 내도하였는데 "왜선 400여 소(艘)[5]가 부산포 건너편에 내박(來泊)하였다" 하더니, 같은 날 해시(亥時)[6]에 원균의 관문을 또 접한즉 부산 큰 진이 이미 함몰한지라. 즉시 휘하의 여러 장수들을 불러 나아가 토벌하기를 의논하니, 모두 가로되 "본도 수군은 본도나 지킬지니 영남의 도적이 우리와 무슨 관계인가" 하며 눈치만 보고 피하는 자가 매우 많은데, 광양(光陽) 현감(縣監) 어영담(魚泳潭), 녹도(鹿島)[7] 만호 정운(鄭運) 및 군관 송희립(宋希立) 등이 분연히 가로되 "영남도 국토이오 영남의 왜도 나라의 도적이니, 금일에 영남이 함락되면 내일에 전라는 능히 보존할까" 하거늘, 이순신이 책상을 치고 가로되 "옳다" 하고 각포(各浦) 전선을 불러모으며 사람과 말을 나누어 거느리고 29일에 본영 앞바다에 약속을 신칙하여 밝히다.

계선(戒船)[8]이 막 출발하어니, 차송인(差送人)[9] 순천(順天)

---

3   공문.
4   오전 7~9시.
5   척.
6   오후 9~11시.
7   전남 고흥(高興)의 수군진이 있던 곳.
8   정찰선.

2부 ― 단재와 구보의 이순신

수군 이언호(李彦浩)가 분주히 돌쳐 와 고하되 "남해현(南海縣)의 현령(縣令) 및 첨사가 도적의 소식을 듣고 창황히 도피하여 종적을 아득히 모르오며, 관청과 민가가 모두 하나같이 비어 연기와 불이 쓸쓸하고, 관창(官倉) 곡물은 사방에 무너져 흩어지고, 무기고의 병기는 땅에 가득히 낭자한데, 유독 군기창 행랑 밖에 다리 저는 자 한 사람 앉아 울더라"고 와서 알리니, 오호라, 이 곧 이순신의 일대 놀랍고 아픈 곳이러라.

대저 남해(南海)는 좌수영(左水營)[10]과 거리가 멀지 않아, 북과 나발이 서로 들리고, 앉고 서는 사람 모습도 역력히 셀 수 있을진대, 그 현이 이미 비었은즉슨 본영도 도적의 근심이 눈썹에 다가왔도다. 그러나 본영을 앉아 지키고자 한즉, 사면의 적세(賊勢)는 세력을 믿고 날로 커져 팔도 인민의 슬픈 부름은 땅을 울리는데, 장신(將臣)[11]의 명의(名義)로 앉아 보면서 구하지 않으면 어질지 못함이라 가히 하지 못함이며, 각지를 다 구하고자 한즉, 부산 원병(援兵)도 외롭고 약함이 막심하여 앞길의 승산이 아득히 파악되지 못함인데, 만약 다시 병사를 나누면 어찌써 싸울 수 있으리오. 지혜가 아니라 가히 할 수 없음이로다. 깊은 밤 침상에서 엎치락뒤치락 눈물을 뿌리고 방황하다가, 이튿날 장계를 올리고 부산 바다에 나아가 원균을 구하더라.

배의 수가 적함 100분의 1이 못 되며, 병액(兵額)[12]이 적군

---

9   파견할 사람.
10   원문의 우수영을 좌수영으로 교감함.
11   각 영의 장군.
12   병사의 수효.

1000분의 1이 못 되며, 기계도 도적같이 예리하지 못하며, 성세(聲勢)¹³도 도적같이 장대치 못하며, 싸움에 익음도 도적만 못하며, 물에 익힘도 도적만 못하건만, 단지 의(義) 한 자로 군심(軍心)을 격동하여 개개(箇箇)이 도적과 더불어 함께 살지 않겠다는 마음으로 싸움길에 오르니, 판옥선(板屋船)이 24척이요, 협선(挾船)¹⁴이 15척이요, 포작선(鮑作船)¹⁵이 46척이라.

　5월 4일 닭 한번 울음에 배를 띄워 급히 가더니, 왕왕 거쳐 가는 연로에 쌍가마 말 한 마리로 처는 앞서고 지아비는 뒤서 처량히 벽제하고 가는 자가 길에 서로 이었으니, 그 모두 어떤 사람인고. 모두 평시에 후한 녹봉에 배불리 먹고 따뜻하게 입고 금관자 옥관자로 태수를 칭하고 영장(營將)¹⁶을 칭하던 인물들의 피란 행차이더라.

13　명성과 위세.
14　종선(從船), 즉 큰 배에 딸린 작은 배.
15　바다에서 해물을 채취하는 사람들이 타는 배.
16　군영의 장수.

이순신의 첫 전투(옥포)

이날에 경상도 소비포(所非浦) 바다 가운데 진을 맺어 밤을 지내고, 이튿날 5일 6일 양일에 경상 전라 양도 여러 장수가 뒤쫓아 속속 이르는 자가 많거늘, 한곳에 불러모아 약속을 재삼 신명(申明)[1]한 뒤, 거제도(巨濟島) 송미포(松未浦) 바다 가운데 해지자 밤을 보내고, 7일 먼동 틀 무렵에 배를 띄워 적의 배가 유박(留泊)한 곳으로 향할새, 오시(午時)[2]에 옥포 앞바다에 이르니, 척후장(斥候將) 김완(金浣) 등이 신기총(神機銃)을 놓아 전면에 왜가 있음을 알리거늘, 이순신이 여러 장수를 신칙하여 고요하고 무겁기 산같이 하고 일체로 망령되이 움직이지 말라고 군중(軍中)에 전령하고 정렬하여 일제히 나아간즉, 왜선 50소가 나누어 정박했는데 그 배[3] 사면에 채색으로 그리고 무늬로 장식한 장막으로 둘러치고, 장막 가에는 붉고 하얀 작은 기가 어지러이 걸려 바람 앞에 나부껴 도니 사람의 눈이 아찔하게 어지럽

---

1   되풀이하여 밝힘.
2   오전 11~오후 1시.
3   대장선.

더라.

아군 장사 등이 일제히 분발하여 죽기로 한하고 동서로 충돌하고 둘러싸니, 도적의 무리가 창황망조(蒼黃罔措)[4]하여 총알에 맞고 화살에 꿰여 흐르는 피가 임리(淋漓)[5]하며 배 안에 실은 물건들을 분분히 물에 던지고 일시에 궤산(潰散)[6]하여, 물에 빠져 죽는 자를 이루 헤아리기 어려우며 육지에 올라 달아나는 자가 앞뒤로 서로 잇더라. 아군이 더욱더욱 분전하여 왜선 수십 척을 당파(撞破)[7]하고 불태워 없애니, 한 바다 대양에 연기와 불꽃이 하늘에 찼더라.

산에 오른 도적을 찾아 잡으려다가 산의 형세가 험희(險巇)[8]하고 수목이 울무(鬱茂)[9]하여 발을 들일 땅이 없을뿐더러 해의 기세가 또 저물으므로, 부득이 영등포(永登浦) 앞바다에 물러가 주둔하여 밤을 지내길 꾀하더니, 신시(申時)[10]가량에 왜의 큰 배 5척이 갑자기 와 거리 멀지 않은 곳에서 표탕(飄蕩)[11]하거늘, 즉시 김포(金浦) 앞바다에 추격하여 대파한 뒤 창원(昌原) 땅 남포(藍浦) 앞바다에서 밤을 지내고, 초8일 이른 아침에 진해(鎭海) 고리량(古里梁)에서 왜선이 유박한다는 보도가 오거늘, 즉

---

4   너무 급하여 어찌할 바를 모름.
5   피·땀·물 따위의 액체가 흥건한 모양.
6   허물어 흩어짐.
7   '당파'는 포를 쏴 격침시킴. 최희동의 설을 참고함.『문화일보』 2016. 12. 28.
8   험하고 가파름.
9   울창하게 우거짐.
10   오후 5~7시.
11   정처 없이 헤매어 떠돎.

시 배를 띄워 고성(固城) 적진포(赤珍浦)에서 왜선 13척을 발견하여 뭇배가 갑자기 치며 천 개의 포가 일제히 터져 큰 승리를 또 거두니라.

사졸이 아침 먹을 차로 휴게하는데, 적진포 근처에 사는 백성 이신동(李信同)이라 하는 자가 산 위에서 우리나라 깃발을 멀리 바라보더니 등에 어린아이를 지고 엎어지고 자빠져 울부짖으며 갯가로 나아오거늘, 작은 배로 실어 와 도적 무리의 종적을 물은즉 그 말에 가로되 "왜적 등이 어제 이 포구에 도착하여 인명을 살해하며 부녀를 겁탈하고 재물은 소와 말로 실어 그 배에 부리더니, 초경(初更)[12]에 중류(中流)에 배를 띄우고 소 잡아 술 마시며 노랫소리 젓대 소리가 밤새도록 그치지 않다가 오늘 이른 아침에 고성 등지로 향하더이다" 하며, 또 가로되 "민(民)은 노모와 처자를 난중에 서로 잃어 향할 바를 알지 못함이로소이다" 하고 애처로운 눈물이 붓는 듯하거늘, 이 공이 측은한 마음을 이기지 못하여 진중(陣中)에 거두어 두랴 한즉, 그 어미 그 아내 찾아볼 뜻으로 불긍(不肯)[13]하더라.

이순신 등 일행 장사가 이 말을 들으매 더욱더욱 심담(心膽)이 분한 마음에 찢어져 일인(日人)과 함께 살지 않기로 스스로 맹서하고 도적의 진(陣)이 유박한 곳으로 향하더라.

이 전투에 왜적 죽고 상함은 수천에 지나고, 우리 병은 오직

---

12 술시(戌時), 밤 7~9시.
13 즐겨 듣지 않음. 즉 진중에 있으라는 권유를 사양함.

순천 대장(代將)¹⁴ 이선지(李先枝)가 왼쪽 팔을 총에 맞아 상했
더라.

---

14 남의 책임을 대신하여 출전한 장수.

순천 대장(代將)[14] 이선지(李先枝)가 왼쪽 팔을 총에 맞아 상했
더라.

---

14 남의 책임을 대신하여 출전한 장수.

제8장

이순신의 두 번째 전투(당포)

날카로운 기운이 바야흐로 성(盛)한데 참혹한 소식이 돌연히 오는도다. 5월 8일에 고성(固城) 월명포(月明浦)에 이르러 진을 맺고 병사를 쉬이며 여러 장수와 도적 깰 방책을 상의(商議)하는 중, 본도 도사(都事) 최철견(崔鐵堅)[1]이 첩문(牒文)[2]으로 내보(來報)하기를 "적병이 경성을 이미 함락하고 대가(大駕)[3]가 평양(平壤)에 파천(播遷)하였다" 하는지라. 이순신이 비통한 눈물을 금치 못하고 노한 쓸개가 찢어질 듯하여, 한번 깃발을 날려 내지(內地)로 치달아 적당을 소탕하고 나라의 치욕을 쾌히 씻고자 하나, 전마(戰馬)와 군향(軍餉)이 부족할뿐더러 수군을 한번 흩으면 삼남의 울타리는 또 장차 어찌하리오.

  강개한 다혈(多血)이 원래 영웅의 본색이나, 가볍고 성급하고 성내고 망령됨은 장수의 삼가고 조심할 바라. 이때에 이순신이 비분을 강잉히 누르고 본영에 군사를 돌려, 우(右)수군절도

1　원문의 錤을 鐵로 교감함. 몽은(夢隱) 최철견(1548~1618)은 임진왜란 때 전라도 도사로 전주 등을 지킨 문신.
2　상관에게 보내는 공문.
3　임금이 타는 수레.

사 이억기(李億祺)에게 부산 도적을 끊어 멸하자고 이문(移文)하여 6월 3일로 함께 모여 도적을 깨기로 약속을 정하고 손꼽아 날을 기다리더니, 약정 전 수삼 일에 적선 십수 소를 노량(露梁)에서 발견한지라. 저희가 두터이 모이기 전에 파멸할 계획으로 전선 23척을 홀로 이끌고 노량 바다 가운데 직도(直到)하여 왜선 10척을 공포(攻捕)한 뒤 사천(泗川) 선창으로 향하여 나아간즉, 약 7, 8리가량 되는 한 산 위에서 왜적 400여 명이 홍기(紅旗)와 백기(白旗)를 어지러이 꽂고 장사진법(長蛇陣法)으로 결진(結陣)하였는데, 그 가장 높은 산꼭대기에 장막을 특별히 베풀고 언덕 아래에는 왜선 12척이 줄 지어 정박하여 떼도적이 칼을 휘둘러 굽어보며 의기양양하더라.

쏘려 한즉 거리가 적이 멀어 포의 힘이 미치지 못하고, 나아가 충격코자 한즉 조수가 이미 썰어 배의 힘이 빠르지 않을뿐더러 저희는 높고 우리는 낮아 지세가 좋지 않으며 서녘 해를 돌아보니 문득 빠지려 하는지라. 이순신이 이에 여러 장수에게 명령하되, "저 도적의 모만(侮慢)한 상태가 태심하니 중류에 끌어내 함께 침이 양책(良策)이라" 하고 즉시 배를 돌리니, 과연 왜적 수백 명이 배를 타고 달려 나오거늘 거북선을 놓아 방포(放砲)하고 돌격하며 죽음을 무릅쓰고 곧바로 전진하여 수 척의 배를 격침하니 저희가 전율하며 모두 물러가고 그림자가 언뜻 숨는지라.

이튿날 6월 1일에 배에서 내려 샅샅이 뒤지다가 2일 진시에 당포에 도착한즉 도적의 큰 배 9척, 소중선(小中船) 아울러 12척이 나누어 정박했는데, 그 가운데 한 큰 배 위에 층루(層樓)[4]가

2부 ─ 단재와 구보의 이순신

겹겹이 솟았는데 높이가 3~4길(丈)쯤 되며 외면은 붉은 비단 장막으로 둘러 드리우고 왜장 1인이 엄연히 앞에 섰거늘, 거북 선으로 그 앞에 직진하여 중위장(中衛將) 권준(權俊)이 그 적장 을 쏘아 쓰러뜨리니 적군이 혹 철환에 맞으며 혹 화살을 받아 낭 패하여 분주히 도망치거늘, 육지에 내려 끝까지 쫓고자 할 제에 또 "왜의 큰 배 20여 척이 작은 배 몇 백 척을 이끌고 거제에 와 정박하였다"고 탐망선(探望船)이 와 고하거늘, 노를 재촉하여 해면(海面)에 나간즉 도적이 성위(聲威)[5]에 두려워 떨어 상거 (相距) 5리쯤에서 조선 전라도 좌수군절도사 이순신의 깃발 그 림자를 바라고 일시에 도망쳐 달아나더라.

잇따라 싸워 거푸 이김에 군대의 위세는 이미 떨쳤으나 적 병은 날로 더하고 사기는 날로 여위어 일진(一陣) 장사가 탄식 과 흐느낌을 견디지 못하더니, 이날에 당포 앞바다에 도착하 니 뿔피리 소리가 구름 낀 하늘에 맑게 사무치고 돛대 그림자 가 푸른 허공에 사라졌다 비쳤다 하니, 이는 우수사 이억기가 전 선 25척으로 내회(來會)함이라. 일군(一軍)이 흔희용약(欣喜踴 躍)[6]하며 순신이 이억기의 손을 잡으며 가로되 "왜적이 올빼미 날개 펼치듯 하여 국가의 존망이 호흡에 닥쳤는데 영공(令公)의 옴이 어찌 더디오" 하더라.

5일에 바다 안개가 하늘에 차 지척을 분별하지 못하더니 저

---

4   여러 층으로 높게 지은 누각.
5   떠들썩하게 날리는 위엄.
6   즐겁고 기뻐 뜀.

물어 점점 걷히거늘, 이억기와 도망친 도적을 추토(追討)하기로 상의하고 돛을 달고 바다로 나간즉, 거제에 사는 백성 7~8인이 작은 거룻배를 타고 삼가는 양으로 내영(來迎)하여 가로되 "민등(民等)이 장군을 기다림이 오래로라. 장군이 아니면 민등의 부모가 도적의 칼 끝에 어육(魚肉) 되며 민등의 처자가 도적의 철환에 참혹한 귀신 되어 전라 일 도가 큰 피비린내 세계를 지었을지어늘, 다행히 저 창천의 상제가 장군을 내려 보내셨도다. 장군 장군이여, 민등을 낳은 자는 부모어니와, 민등을 살린 자는 장군이니 장군도 우리 부모시이다. 당포에서 쫓겨난 도적이 당항포(唐項浦)에 몰래 정박하였나이다. 장군은 빨리빨리 신위(神威)를 떨쳐 민등을 살리소서" 하거늘, 인하여 당항포 형세를 물으니 "멀기는 가히 10여 리요, 넓기는 가히 배를 들일 만합니다" 하는지라. 먼저 두세 척 탐망선을 띄워 지리를 살피게 할새, 도적이 만약 따라오거든 물러나는 체 끌어내라고 엄히 신칙하여 보내고 주사(舟師)[7] 대대(大隊)가 그 뒤에 몰래 따르더니, 탐망선이 해구에 막 나가며 신기포(神機砲)를 놓아 보변(報變)[8]하거늘, 전선 네 척은 해구에 잠복하고 대대가 옹위하여 들어간즉, 저희가 강을 낀 20여 리 양변(兩邊) 산기슭 안에 있는데 그 사이 지형이 매우 협착하지 아니하여 전선을 용납할 만하더라.

여러 배가 물고기 꿴 듯 늘어서서 나란히 나아가 소소강(召所江) 서안에 이른즉 판옥(板屋)만치 큰 검은 바탕의 왜선 9척

---

7 수군.
8 위급함을 알림.

과 중선 4척과 소선 13척이 정박하였는데, 그중 가장 큰 한 뱃머리에 3층 판각(板閣)을 특별히 베풀어 분 바른 벽에 단청이 불전(佛殿)과 흡사하며 각 아래에 검은 물 들인 엷은 비단 장막을 드리우고 장막 앞면에는 흰 꽃 무늬를 크게 그렸는데 장막 안에는 무수한 왜인이 줄지어 섰고, 이윽고 또 왜 대선 수 척이 내포(內浦)에서 나와 한 곳에 모이니 각 배에 모두 검은 기를 꽂고 기마다 모두 남무묘법연화경(南無妙法蓮華經) 일곱 자를 썼더라.

우리 군대를 보더니 철환을 다투어 놓거늘, 여러 배가 빙 둘러서고 거북선이 선봉을 맡아 돌입하여 한창 접전에 승부가 나뉘지 않더니, 이순신이 가로되 "저희가 만일 세가 궁하여 배를 버리고 땅에 오르면 모두 섬멸키 어려우니, 우리가 병을 후퇴하는 모양을 거짓으로 지어 포위를 풀고 진을 뒤로 물리다가, 저희 배 옮기는 틈을 타 좌우에서 꼬리를 침이 가하다" 하고 한 면을 여니, 적선이 과연 열린 길로 나오거늘 배를 동독하여 사면으로 두루 포위하고 거북선으로 그 층각(層閣) 아래에 직충(直衝)하며 포환을 놓으니, 선각(船閣) 위에 높이 앉았던 적장이 한 소리 애처로이 지르며 물에 떨어지고 나머지 배는 모두 창황히 사방으로 흩어졌는데, 후에 항복한 왜의 구초(口招)[9]에 의거한즉 이 싸움에 죽은 자는 수길(秀吉)의 사랑하는 장수 우시(羽柴) 축전수(筑前守)[10]라고 하더라.

---

9   죄인의 구술 심문.
10   하시바(羽柴)는 히데요시의 조카 히데카츠(秀勝, 1569~1592)고, 지쿠젠노가미(筑前守)는 오늘의 후쿠오카현(福岡縣) 서부를 일컫는 지쿠젠의 태수를 가리킨다. 그런데 하시바는 임진년 10월 거제도에서 병사했다고 함.

싸움을 더욱 힘써 왜선을 전수(全數) 태워 멸하고 한 배만 짐짓 놓아 귀로를 여니, 가히 살리고 가히 죽임이 장군의 신위(神威) 아님이 없도다.

6일 먼동 틀 무렵에 방답(防踏)[11] 첨사 이순신(李純信)을 불러 가로되 "어제 짐짓 놓아준 한 배의 남은 도적이 당항포의 산에 오른 도적과 합세하여 새벽을 타고 몰래 범하리니 군(君)이 이를 맞아 쳐 모두 잡으라."

이 첨사가 가고 얼마 안 있다가 비보(飛報)가 왔는데, 과연 해구를 겨우 나온즉 왜인 수백 명이 한 배를 타고 그중 왜장은 연모(年貌)가 대강 24, 5세가량이요 얼굴이 건위(健偉)[12]하고 복식이 화려한데 칼 짚고 홀로 서서 그 무리를 지휘하고 두려워하고 겁내는 기색이 전혀 없거늘, 이 첨사가 누차 활로 쏘니 화살에 맞기 무릇 10여 차례에 소리를 잃어 물에 떨어지고 그 나머지는 모두 물속에 투신하여 죽더라 하니, 이순신의 도적을 헤아림이 대개 이렇더라.

그 배 속에 서늘한 방을 특별히 만들고 방 안에 장막이 모두 극히 사치한데 문서를 숨겨 둔 한 작은 궤가 있거늘, 취하여 본즉 그 배 왜장의 분군기(分軍記)[13]인데 무릇 3,400명이요, 이름 아래에 각각 피를 찍어 맹세하였더라.

이날에 비가 붓고 구름이 어두워 바닷길을 분변할 수 없으

---

11 여수(麗水) 돌산(突山)의 수군진.
12 씩씩하고 훌륭함.
13 군사 배치한 문서.

므로 당항 앞바다에 옮겨 주둔하여 전사(戰士)를 휴무(休撫)하고, 다음날에 영등포 앞바다에 이르매 패하여 숨은 왜선 7척과 공교롭게 마주쳐 전수 태워 멸하니, 이후로 도적의 병사가 이순신을 만나면 큰 두려움에 벌벌 떨어 바라봄에 문득 달아나며 험한 곳을 의지하고 나오지 않더라.

이때에 우리나라 병가(兵家)가 여전히 또 지나(支那) 육국(六國)[14] 진(秦)대의 상수공법(上首功法)을 본받아 수급(首級)의 다소로 공로의 우열을 나누더니, 이순신 가로되 "머리 벨 시간을 이용하여 사격을 많이 함이 가하다" 하고 드디어 개정하니라.

이 전투에 왜선 뒤집혀 가라앉은 것이 82척이니 왜의 시체가 바다에 덮였는데, 우리 병사는 죽은 자가 18인이요 상한 자가 30인이더라.

14   전국시대 진(秦)을 제외한 여섯 나라.

이순신의 세 번째 전투(견내량)

저희가 바다를 의지하여 종횡으로 출입하며 우리 병사를 분명(奔命)[1]에 고달프게 하고 우리 백성을 운수(運輸)에 노고케 한 뒤 서서히 그 나머지를 타 습격하여 빼앗으려는 참혹한 계획이더니, 졸연 이순신을 만나 싸우면 반드시 패하고 치면 반드시 고꾸라지매 저희의 회포(懷抱)가 그림의 떡으로 전부 돌아가는지라.

풍신수길이 이를 크게 절치(切齒)하여 휘하 여러 장수를 모두 모으고 이순신의 적수(敵手)를 물은데, 우희다수가(宇喜多秀家)[2]란 자가 팔을 걷어붙이고 자당(自當)[3]을 청하거늘, 수길이 허락하고 수군 총대장을 배(拜)[4]하여 살마(薩摩) 병사 13만을 거느리고 바다를 건너 서쪽으로 오니, 수가는 원래 수길의 각 번(各藩) 정전(征戰)[5]함에 누차 종군하여 기이한 공을 많이 세운 명장이라더라.

---

1 임금의 명령을 받들어 바삐 움직임.
2 오카야마(岡山) 성의 영주. 우키다 히데이에(1572~1655).
3 자기가 맡음.
4 벼슬을 내림.
5 정벌 전쟁.

이순신이 적경(賊警)을 접하고 여러 장수를 약속하여 일시에 발선(發船)할새, 남해 땅 노량에 이르니 경상우수사가 전선 7척으로 내회(來會)하더라.

7일에 고성 땅 당포에 이르니, 암암(巖巖)[6]한 산꼭대기 위에서[7] 머리 풀어 산발한 한 목동이 우리나라 배를 바라보고 황황히 아래로 내려와 가로되 "저는 피란민 김천손(金千孫)이로소이다" 하며, "당일 미시(未時)[8]가량에 도적의 배 70여 척을 고성 땅 견내량에 발견하였나이다" 하거늘, 여러 장수를 다시 신칙하여 그곳으로 향하더니, 바다 가운데 미치지 못하여 왜 선봉 20여 선이 진을 맺고 그 뒤에는 무수한 배들이 어지러이 덮였더라.

이순신이 지형을 이윽히 보더니 여러 장수를 돌아보며 가로되 "바다가 좁고 항구가 또 얕으니 영웅의 용무지지(用武之地) 됨이 부족하도다. 우리가 장차 쾌활한 큰 바다 가운데로 꾀어 내어 섬멸하리라" 하고 판옥선 5, 6척을 지휘하여 그 선봉 적을 추축(追逐)하여 불시에 칠 모양을 속여 보이라 한데, 각 선(各船) 왜장(倭將)이 일시에 돛을 달고 갑자기 쫓아오거늘, 우리 배가 짐짓 후퇴하여 바다 가운데로 끌어내니 승패의 기틀이 결정되었도다.

도용(淘湧)한 해파(海波)[9]는 장사의 의기를 부추기며 요확

---

6   솟은 모양이 높고 험함.
7   미륵도의 미륵산. 현재는 통영시 소속.
8   오후 1~3시.
9   들끓는 세찬 파도.

(寥廓)[10]한 해천(海天)은 장군의 회포를 돕는데, 외외(巍巍)한[11] 두 어깨 위에 4천 년 국가의 운명을 짊어지고 세구공적(世仇公賊)[12]과 각승(角勝)[13]을 시험하니, 오호라, 남아가 이에 이르러 비록 죽으나 무슨 한이리오. 승자총(勝字銃) 한 방 놓으매 거북선이 돌진하여 왜선 2, 3척을 쳐서 깨트리니, 여러 왜는 넋이 나가고 우리 군사는 기운이 차고 넘침이라. 순천(順天) 부사(府使) 권준과 광양 현감 어영담이 죽음을 무릅쓰고 먼저 올라 적장 2명과 왜의 머리 22급을 베고 총각 왜선 2척을 격침하며, 사도(蛇渡)[14] 첨사(僉使) 김완과 흥양(興陽)[15] 현감 배흥립(裵興立)이 왜장 1명과 왜의 머리 24급을 베고, 이순신(李純信)·이기남(李奇男)·윤사공(尹思恭)·가안책(賈安策)·신호(申浩)·정운 등 제장(諸將) 군졸이 개개(箇箇) 용기를 떨쳐 앞을 다투어 대사격을 시도하니, 천 개의 돛이 날아 춤추고 만 개의 총이 요란하게 발사돼 경각간에 왜의 비린내와 왜의 피로 바닷물이 모두 벌겋더라. 저희 73척의 배에 한 척도 완전한 자 없고, 단지 접전할 때 낙후하였던 10척의 배가 배를 불사르고 장수를 베는 광경을 바라보고 노를 재촉하여 빠져나가더라.

웅천(熊川) 사람 제말(諸末)이 일본에 포로되었을 때에, 대

---

10 텅 비고 넓음.
11 매우 높고 우뚝함.
12 여러 대를 이어 내려온 원수요 국가. 국민 전체의 도적.
13 뿔로 승부를 겨룸.
14 고흥의 수군진.
15 현 고흥.

마도(對馬島) 이문(移文)을 열람한즉 일병(日兵) 죽은 자가 7천 인이라 일컫는다 하였더라.

다음 날 9일에 왜선 40여 척이 안골포(安骨浦)에 유박(留泊)하였다고 탐망군이 내보하거늘, 이순신이 즉시 군의 사기를 다시 북돋워 본도(즉 전라) 우수사와 경상우수사로 상의하고 배를 재촉하여 전진하다가 날이 저물어 거제 온천도(溫川島)에서 밤을 지내고, 다음 날 10일 먼동 틀 무렵에 안골포에 이르러 그 운선(運船)[16] 59척을 유치(誘致)하여 빠짐없이 불태워 멸하고, 그 병선에 향하여 사격을 또 시험한즉 남은 왜적 등이 일제히 육지로 내려 도망하거늘, 이순신이 또 가만히 헤아리되 만일 그 배를 모두 태워 돌아갈 길을 끊으면 저희가 내지의 궁한 도적이 되어 숨어 엎드린 인민을 어육하리라 하고 1리쯤 양보하여 물러나 그 달아날 길을 여니, 오호 어질도다, 나라를 사랑하는 자는 백성을 반드시 사랑하는도다.

다음 날 아침 왜적 패주한 곳을 두루 살펴본즉, 전사한 왜의 시체를 무릇 열두 곳에 쌓아 놓고 불지르기를 더하였는데 창황히 도망치는 중에 모두 태우지 못하였던지 한쪽 손, 조각 다리가 지상에 낭자하여 사람의 참담한 탄식을 부르더라.

그 뒤에 우리나라 사람으로 포로 되었다가 생환한 자의 말을 의거한즉, 왜적의 장졸(將卒) 등이 매양 칼을 빼 서쪽으로 전라도를 가리키며 이를 바득바득 간다고 하더라니, 저희가 어찌 일찍이 하루도 패주의 치욕을 잊으리오마는, 충무공 이순신이

---

16 물건 실어나르는 배.

바다 위에 장성(長城)을 지은 고로 저희가 심력(心力)만 헛되이 애쓰니라.

이로부터 공의 위명(威名)이 적국의 아이 울음을 그치게 하여 창과 방패가 향한 바에 싸우지 않고 스스로 이기는 고로, 김해성(金海城) 안팎에 유둔(留屯)한 적도들은 어느 날 밤에 먼 포구의 어화(漁火)를 바라보고 전라좌수사 이순신의 병사가 온다고 잘못 놀라 거의 붕퇴(崩隤)할 지경에 이르렀더라.

이순신의 네 번째 전투(부산)

임진·계사년(1593) 사이 각지 번화한 도읍에 왜인들이 흙을 쌓고 집을 만들어 혹 400~500집 되는 곳도 있으며 혹 200~300집 되는 곳도 있어(이상은 충무공 장계 중 말을 취하여 적음), 당당한 한국을 저희 집의 식민지로 봄은 이 곧 당일 풍신 씨의 야심이라. 이웃의 교분을 생각지 아니하고 이름 없는 군사를 일으켜 발발(勃勃)히 서쪽을 범하다가, 우리 절대 호걸 이순신을 만나 한번 패하고 다시 패하고 세 번 패함에 이르러 10만 용사를 바다 물결에 모두 장사지내니, 저희가 아무리 강하고 사납다 한들 전투를 어찌 감히 다시 생각하리오. 기껏해야 36계의 상책(上策)만 생각할 따름이니, 임진사(史)를 읽는 자가 부산 싸움에 이르러는 한 큰 술잔을 띄우고 조선 만세, 조선 수군 만세, 조선 수군 통제사 이순신 만세를 부를 바이로다.

경상 연해에 원수 왜의 그림자가 아주 끊기고 각지에 가득하던 적도들이 낮에는 엎드리고 밤에는 행군하여 도망쳐 갈 생각으로 바닷가에 모이니, 강한 쇠뇌의 끝이 그 세가 오히려 장하도다. 적선이 500여 소요 적군이 십수만이라. 이순신이 경상우도 순찰사 김수의 관문(關文)을 접하고, 전라좌우도 전선 합 74척을 정리하여 계사 2월 24일에 발선하여 27일에 웅천 자포(紫浦)에 이르니, 고성 진해 창원 등지에 유둔한 왜는 전라병(全羅兵)의 죽이러 옴을 듣고 도망간 지 이미 수일이라. 다음 날 새벽에 양산(梁山) 김해 두 강¹ 앞바다로 발향(發向)하더니, 마침 그때 창원 사람 정말석(丁末石)이 포로된 지 3일 만에 밤을 타 도망쳐 돌아와, 왜적이 가덕도(加德島) 북쪽 서안에 은복(隱伏)하였다고 와 고하거늘, 29일 닭 울 때 발선하여 가덕도에 이른즉 종적이 전무하고, 장림포(長林浦)에 이르니 왜 대선 4척 소선 2척이 나타나는지라. 대선 1척을 파멸하고 좌우로 병을 나눠 두 강으로 들고자 한즉 강어귀가 좁아 싸움을 용납하기 어려우므로 군을 물리고, 9월 1일에 몰운대(沒雲臺)를 지나니 동풍에 파도가 세차게 일어나는데 왜 대선 9척을 격파하고, 다대포(多大浦)에 도착하여 왜 대선 8척을 격파하고, 서평포(西平浦)에 도착하여 왜 대선 9척을 격파하고, 절영도(絶影島)에 도착하여 왜 대선 2척을 격파하고, 부산 앞바다에 도착하여 적선을 찾아 살핀즉 대개 500여 척의 많음이라.

선창 동쪽 방향에 줄지어 정박하고 선봉 대선 4척이 초량항(艸梁項)에서 배회하거늘, 이순신이 원균 이억기와 약속하여 가로되 "우리의 병위(兵威)로 어찌 이를 토벌하지 않으리오" 하고 기를 둘러 싸움을 동독한데, 우부장(右部將) 녹도 만호 정운과 거북선 돌격장 군관 이언량(李彦良)과 전부장(前部將) 방답 첨

---

1   양산강과 김해강. 전자는 양산 옆을 흐르는 낙동강(洛東江)이고 후자는 김해 옆으로 흐르는 서(西)낙동강.

사 이순신(李純信)과 좌부장(左部將) 신호 등이 먼저 직진하여 선봉 대선 4척을 위선(爲先) 당파(撞破)하고 승승장구하여 긴 뱀같이 돌진하니, 진성(鎭城) 동쪽 어느 산 5리에 둔박한 도적이 아군 위무(威武)를 바라보고 감히 나오는 자 없으며, 우리 병이 그 앞에 직충(直衝)한즉 여러 도적이 일시에 산 위로 분주히 올라 여섯 곳에 나누어 진 치고 내려다 보며 환전(丸箭)²을 놓는데 우박같이 아래로 쏘고 혹 편전(片箭)을 발사하여 우리 배에 많이 명중하거늘, 우리 배 여러 장수가 분기 더욱 더하여 죽음을 무릅쓰고 다투어 돌격할새, 장군전(將軍箭) 피령전(皮翎箭) 소철환(小鉄丸) 대철환(大鐵丸)을 일시에 제발(齊發)하여, 교전 종일에 삼도(三道) 여러 장수가 힘을 모아 적선 100여 척을 파멸하니 왜적들이 그 죽은 시체를 태우는데 비린내가 수백 보에 넘치더라.

서쪽 해가 갑자기 지거늘 좌우 도적떼에 복배수적(腹背受敵)³할까 염려하여 여러 장수와 노를 돌릴새, 3경(三更)⁴에 가덕도에 도착하여 밤을 지내고, 다음 날 다시 꾀하여 그 소굴을 다 소탕하려 하나, 단 물에서 패하면 땅으로 달아나고 땅에서 패하면 물로 달아남은 도적들의 장기라. 이제 적선만 다 멸하면 저희가 또 육지에 올라 사람을 죽이고 재물 빼앗음을 난잡하게 행하면 생민(生民)⁵의 혹독한 화가 또 어떠하리오. 이 공이 이를 깊

---

2   탄환과 화살.
3   앞뒤로 적을 만남.
4   자시(子時), 밤 11시~오전 1시.
5   살아가는 일반 인민.

이 경계하여 경상도 육군 여러 장수와 수륙(水陸)으로 함께 토벌하기로 꾀를 정하고 싸우는 일을 잠시 멈추니라.

이 전투는 비록 말로의 궁한 도적을 토평함에 지나지 않으나 그 살상의 수는 한산(閑山)의 첩(捷)에 내리지 않더라.

개선의 노래는 귀에 양양하고 만인의 입이 이 장군을 찬미하니 대장부의 광영이 이에 극하도다마는, 이때 이순신의 가슴 속은 바늘이 찌르는 듯 화살이 도려내는 듯하여 두 줄기의 슬픈 눈물이 눈에 방방(滂滂)하니 이 과연 무엇을 위함인가. 가로되 녹도 만호 정운의 전사를 조(弔)함이로다. 정운은 변란이 일어난 이래로 이순신과 뜻을 같이하고 일을 같이한 사람인데, 그 충의가 금석(金石)에 꿰여 매양 싸움에 발발히 먼저 나아가 큰 도적을 한입에 산 채로 삼키지 못함을 한하며 일신의 생사는 도외에 부치는 자러라. 이 싸움에 도적의 소굴을 진격해 돌진하다가 무도한 도적의 탄환이 정수리를 관통하여 끝내 죽으니, 공이 글로써 제사하고 그 애통한 뜻을 이기지 못하더라.

2부 ― 단재와 구보의 이순신

네 번째 전투 후의 이순신

(1) 이순신의 삼도통제 승임(陞任)[1]

(2) 당시의 민정(民情)과 조정의 붕당

(3) 이순신의 식소사번(食少事煩)[2]

우뚝한 네 번 큰 싸움의 웅장한 칼끝으로 강한 목(强項)[3]의 사나운 적을 찍어 쓰러트리고 팔역 생령을 안도하게 하였으니 영웅의 공렬(功烈)이 과연 어떠하뇨. 대개 이에 이르러 이순신의 해상(海上) 생애가 무릇 3년이니 "바다에 서약하매 물고기와 용이 움직이고, 산에 맹세하매 풀과 나무가 알더라"(誓海魚 龍動 盟山艸木知; 충무공 시)의 순결한 충성을 안으며, "이 원수 만약 멸하면 비록 죽더라도 어찌 유감이리오"(此讐若滅 雖死何 憾; 충무공 말)의 진실한 정성을 기대어, "낮에는 앉지 아니하며 밤에는 자지 아니하며 먹음에 달지 아니하며 병에 눕지 아니하

---

1   직위가 오름.
2   먹는 것은 적고 일은 번다함.
3   강하여 꺾이지 않는다는 의미.

고”(晝不坐 夜不眠 食不甘 病不臥;『난중일기』에서 취하여 적음),
물나라 가을 기운에 백발을 어루만지니 장부의 나라 위하는 장
한 뜻을 적이 갚았도다.

이때에 조정이 이순신의 공을 상 줄새 경상 전라 충청 삼도수
군통제사를 임명하여 삼도 수사가 모두 그 관할을 받게 하더라.

역사를 읽는 자 이에 이르매 반드시 크게 춤추고 구부려 뛰
어 가로되, 전에는 이충무가 전라좌도 수사의 직권으로도 능히
공을 이루었거든 하물며 오늘 삼도수군통제로야 무엇을 정벌해
도 복속하지 않으며, 전에는 이충무가 전라좌도 수군의 소수로
도 능히 공을 이루었거든 하물며 오늘 삼도 수군 전부로야 무엇
을 싸워 깨치지 못하며, 전에는 이충무가 곤권(閩權)[4]이 오로지
하지 못하고 군령이 하나로 되지 못한 때로되 능히 공을 이루었
거든 하물며 오늘은 곤권이 이미 오로지하고 군령이 하나 같은
때니 무엇을 쳐도 이기지 못하며, 전에는 이충무가 병력이 떨치
지 않고 위엄과 명성이 통하지 않은 때로되 능히 공을 이루었거
든 하물며 오늘은 여러 번 승리한 여세를 의지하여 그 쇠잔한 도
적을 누르는 때니 무엇을 타일러 항복하지 않으리오 할지나, 그
내용을 궁구하면 통제 된 이후가 통제 된 이전보다 어렵고 전승
한 이후가 전승하기 이전보다 어렵도다.

듣는 자가 믿지 않는가. 내가 이를 자세히 논하리라. 이순신
장계에 가로되 “상년(上年)[5] 6, 7월 사이에 6만 군마(軍馬)를 기

---

4 병권.
5 바로 앞의 해.

2부 — 단재와 구보의 이순신

전(畿甸)⁵에서 모두 잃고 병사(兵使)가 거느리는 4만의 군 또한 얼고 주려 망했습니다. 이제 순찰사가 또 정예군을 통솔하여 북상하고 다섯 의병장이 서로 이어 군사를 일으켜 이로부터 일경(一境)이 소동하고 공사(公私)가 탕진한데 더욱이 소모사(召募使)까지 내려와 내지와 연해를 가리지 않고 군사의 수를 강제로 정해 독려합니다"(上年 六七月之間 六萬軍馬 盡喪於畿甸 兵使所領四萬之軍 亦盡於凍餒 今 巡察使又率精軍而北上 五義兵將 相繼興師 自是 壹境騷動 公私蕩盡 加之以召募使下來 不分內地沿海 軍數卜定督之) 하였으며, 또 가로되 "연해 각진이 지경을 비질하여 바다로 내린 좌우의 수군이 4만여 명인데 모두 농민이라 쟁기와 보습을 오로지 폐하여 더욱이 서성(西成)⁷의 희망이 없습니다. 우리나라 팔방 중에 오직 이 호남만 적이 완전하니 병량이 모두 이 도에서 나옵니다. 도내 장정은 모두 바다와 육지의 싸움에 나아가 노약자가 식량을 운반합니다. 일경에 남은 남자가 없고 두 봄이 이미 지나매 남쪽 이랑이 적연합니다. 비단 민생이 업을 잃었을 뿐만 아니라 군국(軍國)의 재화가 또한 의뢰할 바가 없습니다"(沿海各鎮 掃境下來 左右舟師 四萬餘名 皆是農民 專廢耒耜 更無西成之望 我國八方之中 唯此湖南粗完 兵糧皆出此道 道內壯丁 盡赴水陸之戰 老弱輸糧 境無餘夫 二春已過 南畝寂然 非但民生失業 軍國之資 亦無所賴)라 하였으니 도읍(都邑)의 조잔함을 가히 상상함이오. 또 가로되 "당병(唐兵)⁸이 남하하여 여항(閻巷)에 출

<hr>

6   경기도.
7   추수.

입하며 사람과 재물을 겁략하고 들의 곡식을 손상하니 지나는 바 판탕(板蕩)하매 무지한 인민이 풍문만 듣고도 뿔뿔히 흩어져 도망갑니다"(唐兵南下 出入閭巷 劫掠人財 損傷野穀 所過板蕩 無知之民 望風奔潰)라 하였으니 이웃 나라 구원병이 끼친 폐단도 가히 봄이오. 또 가로되 "올해인즉슨 흉한 도적이 험한 데 의거하여 곳곳에서 소굴을 지어 두려워 감히 나오지 못합니다. 이에 해상의 굶주리고 여윈 병졸로 저 굴혈에 있는 도적을 공격하니 그 세가 진실로 어렵습니다"(今年則凶賊據險 處處作窟 畏不敢出 以此海上飢羸之卒 攻彼窟處之賊 其勢誠難)이라 하였으니 그 도적 멸할 방편의 곤란도 가히 증험함이니, 이때를 당하여 한 나라의 신하와 인민이 회계(會稽)의 쓸개[9]를 더욱 맛보며 군사를 조달하고 식량을 헤아림에 급급 분발하고 쉬려(淬礪)[10]할 때이어늘 조정 상태를 보니 과연 어떠한가.

용만(龍灣)[11] 한 모서리에 지유(地維)가 이미 다하니[12] 나는 장차 어디로 돌아갈고 하고 군신이 서로 붙들고 통곡하다가, 다행히 내지 병민(兵民)의 피와 은린(恩隣)[13] 원조의 힘으로 옛 도읍에 돌아가던 제2일인데, 어제는 무슨 욕을 당하였든지 오늘에

---

8   명군(明軍).
9   월왕 구천(句踐)이 오왕 부차(夫差)에게 회계에서 대패한 뒤 쓸개를 씹으며 복수를 꾀한 고사.
10   스스로 노력하고 애씀.
11   의주(義州).
12   지유는 땅을 묶은 밧줄. 지유가 다한다는 말은 국토가 끝이 났음을 의미함.
13   은혜로운 이웃. 즉 명나라를 말한다.

또한 즐기리라 하며, 내일에는 무슨 화가 오든지 오늘에 또한 잠들리라 하여, 형제 싸움으로 집안에서 쓸데없는 시비나 가리고 하늘과 땅을 함께하지 못할 큰 원수를 잊으니,[14] 군자가 임진지(壬辰誌)를 읽다가 책을 놓고 눈물을 흘리지 않을 자 있는가.

그러나 철주(掣肘)[15]를 말미암아 주저하는 자는 남아가 아니며, 역경을 만나 퇴저(退沮)[16]하는 자는 영웅이 아니니라. 보아라, 충무공 이순신 씨의 수년간의 배포(排布)한 것을 보아라.

한산도는 요지(要地)요 적충(敵衝)[17]이라 하여 이곳으로 진을 옮기고 밤낮으로 군졸을 그 속에서 훈련할새, 항상 충의(忠義) 두 글자로 격려하며 조정에 주청하고 무과를 진중에 베풀어 인재를 식발(識拔)하며 군심을 권장하고, 백성을 모아 소금을 구으며 독을 지으며 곡식을 사 쌓고, 구리와 철을 캐거나 또 사 모아 철포를 더 만들며, 염초(焰硝)와 화약을 널리 모아 또 자용(資用)[18]하여 각영에 나누어 주며, 항왜(降倭)[19] 총 잘 쏘는 자를 택하여 아군으로 하여금 그 재주를 배우게 하며, 저희의 군계(軍械)가 우리보담 정호(精好)하다 하여 왜총 왜탄을 본떠 만들게 하며, 유민을 불러모아 돌산(突山)[20] 등지에 둔전 경작케 하

14 왜적은 잊고 내분만 일삼는다는 의미.
15 참견하여 방해함.
16 물러나 그만둠.
17 적을 맞는 요충.
18 구어 씀.
19 항복한 왜.
20 여수 앞의 돌산도.

여, 일변은 그 생업을 편안케 하며 일변은 그 군자를 준비케 하고, 의승(義僧)을 나누어 보내 요해를 파수케 하며, 수륙의 요해를 조목조목 진술하여 조정의 좋은 선택을 기다리며, 전선을 더 만들고 수군을 더욱 모병하며, 연해의 군량과 병기를 다른 도로 옮김을 아뢰어 막아 해방(海防)의 성세(聲勢)를 장케 하며, 초탐(哨探)²¹을 사방에 늘어놓아 왜적의 동정을 살피더라.

이를 따라 군수(軍需)가 넉넉하고 사기가 배불러 한번 싸우기 족하니, 만일 뒤에 올 뭇 소인배의 번가른 얽음이 아니더면 천의 군함과 백의 장수로 일본을 바로 친다 한 이충무의 계서(啓書)²²를 실제에 보았을진저.

---

21 망보고 탐문함.
22 조선 시대에 지방 관아에서 임금에게 상주하던 글.

이순신의 구나(拘拿)[1]

선묘 정유(1597) 정월 26일에 조선 충청 경상 전라 삼도수군통
제사 이순신 나명(拿命)[2]이 내려, 5~6년 창상환우(槍霜丸雨)[3]
아래 쉴틈없이 바쁘게 일해 한곳에 모은 군량 몇 만 석(역사에
가로되 진중陣中 소유가 9,914석이요, 밖에 있는 여러 장수의 소유
는 논하지 않음)과 화약 몇 만 근과 총통 몇 천 자루와 군함 몇 백
척을 용렬한 장수 원균에게 부치고 2월 26일에 함거(檻車)[4]를
타고 길로 나설새, 지나는 연로(沿路)에 백성 남녀 노유(老幼)
가 그 앞을 막으며 호곡하여 가로되 "사또 사또아, 우리들을 버
리고 어디로 가는가. 우리들을 버리고 어디로 가는가. 사또가 우
리들을 버리시면 우리들의 앞길은 사(死) 일 자뿐이라" 하고 곡
성이 하늘에 사무치더라.

　민심을 어기고 장성을 스스로 헐어 적군의 미희(眉喜)[5]를 움

1　죄인을 잡음.
2　죄인을 붙잡아 데려오라는 명령.
3　서릿발 같은 창과 비처럼 쏟아지는 탄환.
4　죄인을 실어 나르던 수레.
5　기쁨의 눈짓.

직이게 하니 이 과연 어떤 사람이 만든 재앙인가. 혹 가로되 행장(行長)의 반간(反間)이라 하나, 물건이 스스로 썩은 이후에야 벌레가 생기나니 우리 조정이 사이가 없으면 행장이 비록 간사하나 무슨 틈을 타리오. 고로 나는 가로되 이충무의 잡혀감을 행장의 허물이라 함이 불가라 하는 바이며, 혹 또 가로되 원균의 구무(構誣)[6]라 하나, 한 사람의 손으로 만인의 눈은 가리기 어렵나니 조정의 모든 관리가 공변되게 밝으면 원균이 비록 시기하나 무슨 악을 발뵈리오. 고로 나는 가로되 이충무의 잡혀감을 원균의 죄라 함도 불가라 하노라.

　　이충무의 잡혀감이 행장의 죄도 아니며 원균의 죄도 아니라 하니, 그런즉 그 누구의 죄인가. 내가 감히 한마디로 끊어 가로되 이는 조정 신린(臣隣) 사당자(私黨者)의 죄라 하노니, 선묘 등극 연래(年來)[7]로 조신(朝臣)의 당파가 나뉘어 공변된 의리는 물리치고 사사로운 소견만 펼칠새, 이 당이 세를 얻으면 저 당의 하는 바를 시비를 묻지 않고 모두 배척하며, 저 당이 세를 얻으면 이 당의 하는 바를 시비를 묻지 않고 모두 배척하는 고로, 왜구 동부(動否)[8]의 문제가 하등(何等) 중대한 문제완데,[9] 당초 김성일(金誠一) 황윤길(黃允吉)이 일본서 사환(使還)하던 날에 윤길의 당은 윤길을 따라 가로되 반드시 움직인다 하며 성일의 당은 성일을 따라 가로되 반드시 움직이지 않는다 하니, 그 곁

6　모함을 얽음.
7　지난 몇 해.
8　움직일까 아닐까.
9　전혀 중대한 문제로 여겨지지 않았다는 뜻인 듯.

만 보면 반드시 움직인다 주장한 자가 움직이지 않는다 주장한 자에 비하면 같이 말할 수 없을 듯할지나, 그 속을 살피면 피차 100보 50보 사이에 불과하다 할지니 왜 그런가? 내가 의미가 있어 반드시 움직인다 이른 것도 아니며, 지견(知見)이 있어 움직이지 않는다 이른 것도 아니며, 나라를 위하고 백성을 위하는 마음에 외적의 박두한 우환을 놀래 반드시 움직인다 함도 아니요, 그는 그 당을 따르고 나는 우리 당을 따름에 지나지 않으니, 두 까마귀가 저마다 성인이라는데 암수를 누가 분간하며,[10] 조개와 도요새가 서로 다투매[11] 화복(禍福)을 어찌 알리오. 이제 이충무의 잡혀감도 조정의 사(私) 일 자에 나온 바이니, 오호라, "동란은 하늘로부터 내린 것이 아니라 오직 사람만이 부른 바라"[12] 이른 옛말이 나를 속이지 않는도다.

그러나 승평(昇平)한 세월에 집안의 한가한 싸움을 지음은 오히려 가타 하려니와, 이제 큰 도적이 물러가지 아니하고 나라의 맥이 소생하지 않아 한 걸음을 혹 넘어지면 사망이 그 발뒤꿈치를 따를 지두(地頭)[13]인데, 옛날 악습이 상존하여 정부 일국

---

10   혼란한 정치 상황을 탄식한 『시경』(詩經) 소아(小雅) 「정월」(正月)이 출전이다. "其曰予聖 誰知烏之雌雄."(저마다 내가 성인이라는데 누가 까마귀의 암수를 알리오.)

11   방휼지쟁(蚌鷸之爭). 조개와 도요새가 서로 물고 놓지 않자 지나가던 사람이 둘을 함께 잡음.

12   포사(褒姒) 때문에 나라를 잃은 유왕(幽王)을 비판한 『시경』 대아(大雅) 「첨앙」(瞻卬)이 출전이다. "亂匪降自天 生自婦人."(난은 하늘로부터 내린 것이 아니오 여자에게서 생겨난 것이네.)

13   나라나 지역 따위의 구간을 이르는 경계. 곧 지경.

(一局)에 큰 도랑이 가운데를 나누고 일파는 동으로 흐르고 일파는 서으로 흐르는데, 저 시기하고 한퍅(悍愎)[14]한 원균이 이를 이용하여 이순신을 배제(排擠)[15]하며, 저 흉괴(凶怪)하고 궤특(詭慝)[16]한 가등청정(加藤清正), 소서행장(小西行長)은 또 이를 이용하여 이순신을 모함하는도다.

풍신 씨가 우리나라에 입구(入寇)한 이래로, 수백 년 병혁(兵革)[17]을 익히지 않은 인민이 이를 졸지에 당하매, 왜의 빛만 보면 쥐처럼 숨으며 왜의 소리만 들으면 새처럼 흩어지므로, 곽재우(郭再祐), 김덕령(金德齡), 박진(朴晉),[18] 정기룡(鄭起龍)[19] 제공 같은 절세 위인이 일어나 이를 구책(驅策)[20]하며 이를 장려하였으나 수년 후에사 인민의 사기가 겨우 떨쳤으며, 인민의 사기가 겨우 떨치던 그때에 왜구가 곧 물러난 고로, 그 동쪽에서 싸우고 서쪽에서 친 역사가 유구(遊寇)[21]나 습격하며 성세(聲勢)나 밖으로 펼쳐 왜구로 하여금 전율케 함에 불과하고, 격렬한 대전(大戰)을 일으켜 바닷물결을 청안(淸晏)케 함은 불능하며, 권율(權慄) 행주(幸州)의 승리와 김시민(金時敏) 진주(晋

14　사납고 고약함.
15　물리쳐 곤경에 빠트림.
16　이상하고 사특함.
17　무기 또는 싸움.
18　1560~1597. 영천성과 경주성 전투 등에서 승리한 조선의 무신.
19　1562~1622. 육군을 이끌고 수많은 전투에서 승리해 '육지의 이순신'으로 칭송된 임진왜란의 명장.
20　채찍으로 말을 몰 듯 백성을 강제로 이끎.
21　떼 지어 노략질이나 하는 도적.

州)의 방어에 수만 도적을 참살하여 청정, 행장의 쓸개를 떨어지게 하였으나, 또한 단지 휘하에 몇 천 명 단련된 병졸을 이에 의지함이며, 또한 단지 싸우고 지키는 주객(主客)의 세를 이에 기댐이라 이를 바어니와,

이충무는 병의 훈련 여부를 묻지 않으며, 세의 싸울 만한지 지킬 만한지를 돌아보지 아니하고, 한 칼을 들고 바다 위에 홀로서 약소하고 파리한 병졸로 날로 더하고 달로 느는 큰 도적을 항거할새, 지킴에 반드시 굳히며 나아감에 반드시 깨뜨려, 그 움직이지 않음에 산과 같으며, 그 움직임에 번개와 같으며, 그 침에 매와 같으며, 그 누름에 만 근의 무거움과 같아, 정기(旌旗) 가리키는 바에 삼도(三島)²²가 놀래고 두려워하는 중이라.

당시 풍신 씨 여러 장수와 병졸이 '이 통제' 석 자를 대하매, 존경하여 그 머리를 조아리며, 한탄하여 그 이를 갈며, 놀라 그 쓸개를 부수며, 두려워하여 그 말을 나직이 하는 고로, 매양 싸움에 아득히 이마가 땅에 닿도록 예를 올려 가로되 "기재(奇哉)라, 장군의 수전이여" 하며, 매양 싸움에 패함에 창검(槍釖)을 버려 경의를 표하여 가로되 "장군은 거의 천신(天神)이라" 하며, 도적의 여러 장수들이 풍신수길에게 상서하여 가로되 "조선 수군은 천하무적이라" 하며, 바다와 육지 각지에 유둔한 왜가 매매(每每)이 칼을 빼 전라도를 견주며 이를 갈고 눈물을 흘려 울며 가로되 "우리의 골수(骨讐)²³가 저기에 있도다" 운운하였

---

22 세 섬. 즉 일본.
23 뼈에 사무치는 원수.

으니, 저희 그 입구(入寇) 이후로 이 통제를 혹 잊을 하루가 있는가.

이 때문에 이 통제의 가슴에 향하는 왜의 창(鎗)이 몇 십만 부이지마는 창은 부러지되 이 통제는 불사하며, 이 통제의 목에 견주는 왜 칼이 몇 백만 자루이지마는 칼은 깨지되 이 통제는 불사하며, 이 통제의 몸에 붓는 왜의 화살과 왜의 탄환이 몇 천만 개이지마는 화살과 탄환은 다호되 이 통제는 불사하여, 저희의 억천 백방으로 이 통제를 감심(甘心)하는 독한 꾀[24]가 그림의 떡으로 다 돌아가매,

수길은 하늘만 우러르며
행장은 마음을 끓일

뿐이러니, 이제 조선 군정계(軍政界)에 이 같은 간극을 가히 탈호소식이 누문(漏聞)[25]되는도다.

원균이 선진 숙장(宿將)[26]으로 그 지위가 이순신의 아래 되매, 항상 시기의 눈으로 흘겨보아 이순신의 행동을 비방하며 이순신의 진책(陳策)을 저희(沮戲)[27]하고 조귀(朝貴)[28]와 결탁하여 이순신을 함해(陷害)하는데, 조신의 동서 양파에 원균을 돕는 파는 그 세가 강하고 이순신을 돕는 파는 그 세가 약한지라.

---

24 '감심'은 책망을 달게 여김이니, 곧 이순신도 받아들일 수밖에 없는 계략을 뜻함.
25 새어 나와 들림.
26 경험이 많은 장수.
27 방해함.
28 조정의 권귀(權貴).

이같이 가히 탈 틈이 없어도 저희가 또 구하려든, 하물며 가히 탈 틈이 있는데 저희가 이간하지 않을 리 있는가. 풍신수길이 즉시 소매를 떨치고 희색이 얼굴에 나타나 가로되 "우리 원수를 가히 갚으리라" 하고, 이에 소서행장에게 꾀를 주더라.

소서행장 부하 역관 요시라(要時羅)[29]가 경상우병사 김응서(金應瑞) 영하(營下)에 와 정성을 다하여 통관(通款)[30]을 원하는데, 우리 옷을 입으며 우리 갓을 쓰니 엄연한 우리나라 사람이라. 적중(賊中)의 소식을 일일이 전해 알리며 또 행장의 화친을 구하고자 하는 뜻을 와 전하며 응서와 1차 면회를 구하거늘, 응서가 원수 권율에게 보고하더니 율이 조정에 상문(上聞)[31]하고 응서를 명령하여 왜정(倭情)을 왕탐(往探)하라 하는지라.

응서는 백여 졸을 거느리며 행장은 수백 졸을 거느리고 회견할새, 행장 등 여러 왜가 모두 우리나라 의관을 착용하고 화의(和議)를 간절히 빌며, 인하여 가로되 "전후(前後) 화의의 이루어지지 않음은 모두 청정의 죄라. 우리가 이 사람을 죽이고자 한 지 오래로되 그 틈이 없더니, 이제 청정이 일본으로부터 다시 오나니 내가 오는 때를 적확히 탐지하여 귀국에 가리켜 보이리니, 귀국이 통제사 이순신을 명하여 바다 가운데서 맞아 치면 수군 백승(百勝)의 남은 위엄으로 이를 잡아 베기 어렵지 않을지니,

---

29 원래는 부산포를 왕래하던 대마도 출신의 상인으로 소서행장이 통역으로 발탁함. 조선군과 왜군 사이를 오가던 이중첩자. 안영배, 「잊혀진 전쟁 '정유재란⟨4⟩」, 『동아일보』 2017. 7. 29.

30 자기 쪽의 형편을 적에게 알려줌.

31 임금에게 들림.

조선의 원수를 가히 갚음이오 행장의 마음이 가히 유쾌라” 하고 정성스레 권하기를 그치지 않거늘, 권 원수가 이를 조정에 보고 한데 조정이 이로 공에게 신칙하더라.

공의 명견만리(明見萬里)하는 맑은 눈이 어찌 이들 간사한 계책에 빠지리오. 그러나 조정의 상태를 보매, 밝혀 고해야 무익 이라. 분울한 회포를 홀로 품고 해천에 앉아 휘파람하더니,

얼마 못 되어 행장이 사람을 보내 고하되, 청정이 장문포(長 門浦)에 내박하였으니 이를 급히 쳐 사로잡아 베라고 재촉하 더라.

이순신이 형편을 지키고 어물어물 미루며 출발하지 않더니, 저 몸이나 보전하고 처자나 지키는 꾀나 강구하고 방 안에서 큰 소리 치는 나약한 지아비 무리가 본래 그 주둥이는 뛰어난지라. 준엄한 논의를 일으켜 도적을 놓아줌으로 이순신을 죄주고자 하며, 또 호남에 순성(巡省)[32]하는 어사가 공을 미워하는 자의 지촉(指囑)[33]을 받아 계(啓)를 올려 가로되 “청정의 배가 7일을 여[34]에 좌초하여 움직이지 못하는 것을 이순신이 바로 치지 아니 한 고로 달아남을 얻었나이다” 한데, 이에 조정의 의논이 격렬 히 일어나 잡아오라는 명이 마침내 내리니 왜적의 흉한 꾀가 마 침내 이에 시행하는도다.

영의정 정탁(鄭琢)이 소(疏)로 구원하여도 무익하며, 도체

---

32 순행하며 살핌.
33 지시와 부탁.
34 원문은 작은 섬 서(嶼)나, 물에 잠긴 바위 즉 암초를 가리키는 순우리말 '여'가 더 뜻에 가까운 듯하다.

2부 ─ 단재와 구보의 이순신

찰사(都體察使) 이원익(李元翼)이 계로 구원하여도 보탬이 없고, 유성룡은 또 주천(主薦)[35]의 혐(嫌)으로 이를 구원하다가 거꾸로 해를 끼칠까 두려워 혀를 차며 한탄할 뿐이더라. 3월 4일 저녁에 원문(圓門)[36]에 들어갈새 친척이 혹 와 이별하여 가로되 "일이 헤아릴 수 없으니 장차 어찌하오." 이순신이 조용히 가로되 "죽고 사는 것은 명(命)이니 죽으면 죽을 뿐이라" 하더라.

금옥(禁獄)[37]에 있은 지 무릇 26일에 사명(赦命)[38]이 내려오지 않을뿐더러, 하늘 뜻이 또 어떠하심인지 알기 어려워라. 5~6년 간을 공과 왕사(王事)에 같이 죽자고 손 잡고 함께 맹서하던 전라우수사 이억기가 편지를 받들어 문후(問候)할새, 서팽(書伻)[39]을 보내 가로되 "수군이 오래지 않아 패하여 없어지리니 우리들이 죽을 곳을 알지 못하노라" 하고, 눈물이 잠잠히 소매에 적시더라. 오호라, 이충무 일인의 죽음은 어찌 단 이충무 일인의 죽음이리오. 즉 이억기 등 여러 장수의 죽음이며, 또 어찌 단 이억기 등 여러 장수의 죽음이리오. 즉 삼도 수군의 죽음이며, 또 어찌 단 삼도 수군의 죽음이리오. 즉 전국 인민의 죽음이로다.

고로 남도 군민(軍民)이 밤마다 상천에 고하여 이순신의 대신으로 그 몸의 죽음을 원하는 자 심히 많더라.

35 주장하여 천거함.
36 옥문.
37 의금부.
38 사면령.
39 편지 전하는 하인.

이순신의 입옥 출옥 사이에 집과 나라의 비운

"갈충어국이죄이지(竭忠於國而罪已至) 욕효어친이친역망(欲孝於親而親亦亡)"¹이라 운운한 16자는 백세(百世) 아래에 읽어도 사람의 슬픈 눈물을 여전히 부르는도다. 대저 국가의 큰 액을 만나 중생 구제할 장한 마음으로 옷자락을 끊을 애통²을 불고하고 의연히 북당(北堂)³에 아뢰니, 대장부 당연히 행할 천직(天職)이 본디 그러하지마는 아무리 병마 공총(倥傯)⁴한 사이일지라도 매양 머리를 두루혀 태항(太行)의 흰 구름을 돌아보면⁵ 어찌 그 뼈가 아프지 않으리오. 이런 고로 이충무 『난중일기』에 매일마다 "어머니(天只, 母)⁶ 평안"이라 이르지 않았으면 "어머니 손

---

1   나라에 충성을 다해도 죄는 이미 이르고 부모께 효도를 하고 싶어도 부모는 또한 돌아가셨다.
2   서진(西晉) 말부터 동진(東晉) 초까지 활약한 온교(溫嶠)의 절거(絶裾) 고사. 온교가 정계에 진출하려 하자 어머니 최씨가 안위를 염려하여 말렸으나 온교가 옷소매를 자르고 떠났다.
3   어머니의 존칭.
4   이것저것 일이 많아 바쁨.
5   당(唐)의 적인걸(狄人傑)이 태항산에 올라 흰 구름을 바라보며 부모를 그리워했다는 고사.

절(損節)[7]"이라 일렀으며, 그렇지 않은즉 "어머니 안부가 오래 막혀 매우 답답하다"라 반드시 일렀으니, 다른 날 공을 이루고 몸이 물러난 뒤에 모자가 손을 한번 잡고 지난 일을 한번 말함이 이충무의 피의 소원이러니.

애재(哀哉)라, 하늘이 착한 이를 돕지 아니함인지 이순신 잡혀 갇힘의 보도를 접하고, 모부인 변(卞)씨가 즉시 근심스런 두근거림을 이기지 못하여 병을 얻었더라.

4월 1일에 이순신이 옥문에서 나와 백의로 원수 막하에 공을 세워 속죄하란 영을 받들고 해상에 나아갈새, 병든 모친과 한번 대면할 원(願)이 어찌 없으리오마는 조정 법의 불허함을 어찌하오. 압거랑(押去郞)[8]을 따라 4월 13일에 바닷길에 오르려 할새, 가동(家僮)[9] 순화(順花)가 와 모부인의 부고를 전하니 그 상(喪)이 이미 이틀째러라.

압거랑에게 애원하여 영연(靈筵)에 한번 곡하고 성복(成服)한 후 3일에 길 떠나니라.

이충무의 일록(日錄)[10]을 읽다가 이에 이르러 눈물을 흘리지 않을 자 있는가. 지나(支那) 명말(明末) 원숭환(袁崇煥)[11]이 일

---

6 『난중일기』에서 이순신은 시종일관 어머니를 '천지'(天只)라고 일컬었다. '천지'는 어머니의 높임말로 『시경』 용풍(鄘風) 「백주」(柏舟)가 출전이다. 노승석 옮김, 『난중일기』, 동아일보사, 2005, 14면.

7 병으로 편안치 못함.

8 죄인을 압송하는 벼슬.

9 집 하인.

10 『난중일기』 정유년 4월 13일~19일, 노승석 옮김, 위의 책, 387~389면.

11 1584~1630. 명 말기의 무장. 자(字)는 원소(元素), 호(號)는 자여(自如).

찍 다른 사람에게 말하여 가로되 "나는 어떤 사람인가. 나는 어떤 사람인가. 십여 년래로 부모에게 자식이 되지 못하고, 형제에게 수족(手足)이 되지 못하고, 아내에게 지아비가 되지 못하고, 아들에게 아비가 되지 못하니, 나는 어떤 사람인가. 바로 이름 지어 가로되 대명국(大明國) 속에 한 망명의 무리라 함이 가함이라" 이른 바, 이 말이 자자(字字)이 피요 말말이 눈물이라 가히 칭할지나, 이충무의 경우에 비교하면 천상인(天上人)이 아닌가. 어머니 사망에 영결을 못하고 자식 죽음에 듣지를 못하고 (아래를 보라), 일신이 또 이처럼 수레도 가기 힘든 구덩이에 빠지니, 오호라, 자고로 나라를 구하고 인민을 구하는 대영웅은 역경이 어찌 그리 많은가. 같은 달 27일에 도원수 권율의 진에 다다르니라.

지난날 해상 풍운에 통제사의 부월(斧鉞)[12]을 짚고 삼도 수군을 지휘하던 이순신이 이제 다른 이의 영문 아래에 한 졸병이 되어 동서남북에 그 명을 들으니 영웅의 회포가 마땅히 어떠할꼬.

그러나 이충무는 하늘이 보낸 신인(神人)이라 생사도 또 도외에 부치거니 하물며 일시의 영욕이야 어찌 그 뜻에 개의하리오마는, 단 눈물을 흘려 통곡할 일은 나라의 비운이 집안의 비운과 동시에 갑자기 오는도다. 단신(單身)에 한 필 말로 바람과 비를 무릅쓰고 초계(草溪)에 도착하여, 육군 여러 장졸과 서로 주선하며 수군 소식은 꿈결처럼 헛된 수고로 돌아가더니,

후금을 막는 데 유능했지만 모반의 혐의로 결국 처형되었다.
12   살생권의 상징으로 준 큰 도끼와 작은 도끼.

7월 14일에 우리 배가 절영도 앞바다에서 왜선 1,500척을 치다가 7척이 거처없이 떠나갔다 이르며, 다음 날 15일에 우리 배 20척이 도적에게 또 패하였다 이르며, 또 다음 날 16일에 우리 군이 왜적과 교전하다가 대장 원균이 배를 버리고 먼저 도망치므로 각 배의 여러 군이 일시에 궤란(潰亂)하여 여러 장수 순절한 자가 매우 많고, 이순신과 다년 감고(甘苦)를 함께하던 전라우수사 이억기도 또한 이 싸움에 죽었다는 보도를 군관 이덕필(李德弼)이 와 전하는지라.

분한 눈물을 뿌리고 긴 칼을 홀로 쳤더니, 잠깐 있다 원수가 와 물어 가로되 "일이 이 지경에 이르렀으니 장차 어찌하오." 이순신이 가로되 "내가 연해 등지(等地)에 가서 도적의 세를 한번 살핀 후에 방략을 정하리라" 한데 원수 허락하거늘, 다음 날 19일에 단성(丹城) 동산(東山)산성에 올라 형세를 관찰하고, 20일에 진주 정개산(鼎蓋山) 아래 강정(江亭)에서 유숙하고, 21일에 일찍 출발하여 곤양군(昆陽郡)에 도착하니, 군민이 이 난리 중에도 실업에 힘써 혹 보리밭도 고르며 혹 올곡도 거두거늘 이순신이 지나다가 두 번 절하니라.

오고(午鼓)[13]를 마치매 노량(露梁)에 도착하니, 거제 원 안위(安衛) 등 10여 인이 와서 통곡 상견하거늘, 그 패한 연유를 물은즉 모두 가로되 "대장이 도적을 보고 먼저 달아난 소치니이다." 인하여 배 위에 묵을새 비분이 가슴에 맺혀 밤새도록 눈을 붙이지 못하고 눈에 백태를 얻으니라.

13 정오를 알리는 큰 북.

26, 27 양일에 비를 무릅쓰고 정성(鼎城)에 이르러 원수가 파송한 군대를 검열하니, 창과 총도 없고 활과 살도 없는 빈손의 몇 사람뿐이더라. 8월 5일에 옥과(玉果)에 도착하니 피란 인사가 도로에 가득하거늘 말에서 내려 현에 들어가 안도하라고 개유(開諭)하고, 6일에 군관 송대립(宋大立)을 파견하여 도적의 정세를 탐지하고, 7일에 순천(順天)에 가다가 패하여 돌아오는 병사 1인, 말 세 필, 활과 화살 약간을 거두고 곡성(谷城) 강정에서 내숙(來宿)하니라.

8일 새벽에 발정하여 부유창(富有倉)에 지난즉, 병사(兵使) 이복남(李福男)이 도적의 소식에 겁을 먹어 불을 놓고 도주한 고로, 눈앞에 단지 재만 남아 볼 바가 참연(慘然)하고, 순천에 도착한즉 군의 관리가 다 도망하여 성 안팎에 인적이 쓸쓸하나 관사(官舍), 창곡(倉穀), 군기(軍器) 등은 의구한지라. 이순신이 가로되 "우리들 간 후에 왜구가 이를 약탈하리니 그대로 둠이 불가라" 하고, 일체를 땅속에 몰래 묻으며 감추어 둔 편전 약간만 군관이 지니게 하고 여기서 유숙하니라.

9일에 낙안(樂安)에 도착하니 병사(兵使)는 도망하고 읍리(邑里)는 불타 경상(景狀)이 처참한 중에 관리, 촌맹(村氓)[14]들이 옛 장군 이순신의 옴을 듣고, 고통에 빠진 자가 구주(救主)의 복음을 들은 듯이, 풀 사이 돌 구멍에서 모두 머리를 내밀어 말 앞에 와 모이며 호장(壺漿)[15]을 다투어 바치거늘 받지 않으려 한

14 촌의 백성.
15 단지 안에 든 장. 보잘것없는 음식을 가리킴.

즉 곡하며 억지로 드리더라.

17일에 장흥(長興)에 도착하여 백사정(白沙汀)에서 말을 먹이고, 군영(軍營) 구미(龜尾)에 도착하니 일경(一境)이 모두 도망쳐 개 짖는 소리도 없더라.

도적의 기운은 해천(海天)에 가득하고 사기와 민심은 흙같이 무너지니 영웅 용무지지(用武之地)가 어디에 있는가. 독자는 눈을 크게 뜨고 다시 온 이순신의 수완을 볼지어다.

이순신의 통제사 재임과 명량의 대전첩

8월 3일에 한산도 패보[1]가 들리매 조야가 떨고 놀라는지라. 상이 국무제신(國務諸臣)을 자주 부르사 계책의 나올 바를 물으신데 모두 어찌할 바 몰라 대답을 못하더라. 경림군(慶林君) 김명원(金命元)이 종용히 아뢰어 가로되 "이는 원균의 죄이오니 금일 선후(善後)[2]의 책은 이순신으로 통제를 다시 임명함에 있으니이다." 상이 이를 따르샤 이순신으로 충청 전라 경상 삼도수군통제사를 내리시고, 제(制)[3] 가로되,

> 오호라, 국가가 의지할 바 울타리로 삼을 것은 오직 주사(舟師)에 있거늘, 이전에 하늘의 재앙을 뉘우치지 않아 흉한 칼끝이 다시 성하여 마침내 삼도 수군으로 하여금 한 싸움 아래 엎어지게 하니, 눈썹이 타는 급함이 아침저녁에 닥침이라. 눈 아래 대책은 오직 마땅히 흩어져 도망한 자를 불러모

1　원균의 칠천량(漆川梁) 패전(1597년 음력 7월 16일) 소식.
2　뒷감당을 잘함.
3　임금의 말.

으고 군함을 수합하여 급히 요해(要害)에 웅거한 연후에사, 떠돌아 달아난 무리가 돌아갈 바를 알 것이고 바야흐로 기세를 떨치는 도적을 적이 막을 터인데, 이 임무를 맡을 자, 위엄과 은혜와 지혜와 재능이 평소 안팎에서 감복을 보인 적 없으면 어찌 능히 이 임무를 이길 것이냐. 오직 경은 성명(聲名)이 관등을 뛰어넘어 장군의 임을 맡긴 날에 일찍이 드러나고 큰 공로가 임진 대첩 후에 크게 드러나니라. 변경의 군정(軍情)이 만리장성의 굳음으로 믿었거늘, 지난 번에 경의 직을 교체하고 죄율(罪律)을 이게 한 것은 사람의 모책이 좋지 못해 오늘날 패뉵(敗衄)[4]의 욕에 이르렀으니, 오히려 무슨 말을 하겠으며 오히려 무슨 말을 하겠는가. 지금 특별히 경을 묵최(墨衰)[5]에서 일으키고 경을 백의에서 빼내어 충청 전라 경상 등 삼도수군통제사로 제수하노니, 경은 그 부임하는 날에 먼저 불러서 어루만짐을 행하여 흩어져 떠도는 무리를 살펴 찾고, 함께 모여 해영(海營)을 지어 나아가 형세를 누르라. 몸을 잊고 목숨을 나라에 바침과, 때를 살펴 나아가고 물러남 같은 것은 이미 그 능함을 시험하였으니 내 어찌 감히 많은 말을 하리오.

하셨더라.

8월 19일에 이순신이 여러 장수를 불러 칙서를 읽고 숙배

---

4   패배.
5   상복(喪服).

(肅拜)한 후 회령포(會寧浦)에 이르니, 흩어진 군사가 이순신의 통제사 재임함을 듣고 차차 모여들어 병사 12인과 전선 10척을 얻은지라. 전라우수사 김억추(金億秋)를 명하여 병선을 수습하며 여러 장수를 분부하여 거북선을 가장(假粧)[6]하여 군세(軍勢)를 돕게 하고, 언약해 가로되 "우리들이 국가를 보답함에 한번 죽음을 어찌 아끼리오" 하니 여러 장수가 모두 감읍하더라.

24일에 난포(蘭浦)에 나아가더니, 28일에 적선 8척이 가만히 와 불의에 엄습코자 하거늘, 이순신이 뿔피리를 울리며 기를 휘둘러 그들을 직돌(直突)하니 도적이 이에 물러가고, 9월 7일에 적선 13척이 또 오다가 공이 맞아 치매 곧 달아나고, 이날 밤 2경(二更)[7]에 또 와 포(砲)를 놓거늘 공이 군졸로 포를 응한데 또 물러 달아나니, 이는 도적이 이순신의 병력이 적음을 업신여겨 이로 시험해 봄이러라.

때는 늦은 가을이라. 해천이 자못 추워 사졸이 옷 없음을 한탄하는데, 마침 허다한 피란선이 해안에 와 정박한 자가 몇 백척이 되거늘, 이순신이 물어 가로되 "큰 도적이 바다를 덮는데 그대들이 여기 머묾은 무슨 일을 위하고자 함인가." 모두 대답해 가로되 "우리들은 사또를 믿고 여기에 머무노라." 이순신이 또 가로되 "그대들이 내 말을 따르면 살 길이 있으려니와 그렇지 않으면 모두 죽을지로다." 모두 가로되 "오직 공의 명을 이에 따르리라" 하거늘, 이순신 가로되 "장사가 주리고 추워 모두 죽을

---

6   거짓으로 꾸밈.

7   해시(亥時). 밤 9~11시.

지경이니 하물며 도적 막을 길이 있을까. 그대들이 만일 남은 바옷과 양식으로 군졸을 구하면 이 도적을 가히 멸함이요 너희 죽음도 가히 면하리라" 한데, 무리가 모두 이를 따르거늘, 이때에 양식을 나눠 여러 배에 실으니 군졸이 그제야 기동하더라.

그러나 많고 적음이 현수(懸殊)[8]하므로 여러 장수 사람마다 가로되 "배를 버리고 땅에 오름이 가하다" 하거늘 이순신이 듣지 않으며, 또 조정이 수군이 매우 외로워 도적을 막기 어려우니 육전(陸戰)하라 명하거늘, 이순신이 또 장계하여 가로되 "임진으로부터 오늘까지 5~6년간에 도적이 양호(兩湖)[9]를 직돌치 못함은 수군이 그 길을 누른 때문이라. 이제 신이 전선 열둘이 있으니 죽을힘을 내어 항전하면 오히려 가히 할 수 있거늘, 이제 만일 수군을 완전히 폐지하면 도적이 반드시 충청 우도로 경유하여 한강에 달하리니 이가 어찌 가히 근심할 바 아니리오. 전선이 비록 적으나 미신(微臣)이 죽지 않으면 도적이 가벼이 업신여기지 못한다" 이르고, 우영(右營) 앞바다로 나가 여러 장수를 불러 모으고 약속을 신명(申明)하여 가로되 "한 사내가 좁은 길에 당함에 족히 1천 사내가 두려워하나니 이제 우리의 진 친 땅이 이 같은즉 여러 장수는 근심하지 말고 단 불외사(不畏死)[10] 석 자만 늘 새기면 가히 싸우리라" 하더라.

9월 16일 이른 아침에 도적이 하늘을 덮고 바다를 막는 형

---

8   현격하게 다름.
9   호남(전라도)과 호서(湖西: 충청도).
10   죽음을 두려워 하지 않음.

세로 명량에서 쫓아와 우리 진을 향하거늘 이순신이 여러 장수를 거느리고 나아가 방어할새, 적선 30여 척이 사납게 전진하며 우리 배를 에워싸고자 하거늘 이순신이 노를 재촉하여 앞으로 돌진하며 각 군을 재촉해 총환을 어지러이 놓으니 적병이 바로 범치는 못하여 잠깐 나아갔다 바로 물러가는 모양이더라.

이때에 많고 적음의 세만 대적하지 못할뿐더러 적선이 우리 배를 열 몇 겹으로 포위하고 긴 뱀의 형세로 앞으로 충돌하매 그 세가 심히 헤아리기 어려운지라. 각 배의 여러 장수가 서로 쳐다보며 빛을 잃거늘 이순신이 웃어 일러 가로되 "저 도적이 비록 만 척의 배로 오더라도 우리 배의 사로잡히는 바 되리니 망령되이 움직이지 말고 포 사격에나 힘을 다하라."

이 몇 마디 말이 얼마나 쾌활하고 얼마나 담대한고. 장수와 병졸 사람사람이 감동하여 뛰어올라 초요기(招搖旗)[11]를 한번 두르매 여러 배가 다투어 나아가더라.

바다 가운데에는 두 나라 병사의 싸우는 소리요 산 위에는 싸움 구경하는 사람의 광경이라. 이 통제만 재기하면 왜의 원수를 쾌히 갚을 줄로 믿고 먼 데 가까운 데 인민이 사내는 지고 여자는 이고 백 리 혹은 천 리에서 와 외외(巍巍)한 높은 봉을 의지하여 이 통제의 전황(戰況)을 바라보더니,

우리 배 12척이 해면에 표요(飄搖)[12]하는데 홀연 수천 척 적선이 일시에 에워싸 검은 구름이 모이며 어지러운 안개가 합하

---

11 싸움터에서 대장이 부하 장수들을 지휘하던 기.
12 팔랑팔랑 나부낌.

는 듯한 중에 우리 배는 어느 곳에 묻혔는지 알지 못하겠고, 단하늘 가에 흰 칼의 빛이 번쩍 날리며 하늘 가에 큰 포 소리가 요란하게 울리는지라. 싸움 구경하는 사람이 서로 붙들고 통곡해가로되 "우리들의 옳이 통제만 믿음이더니 이제 이같으니, 오호우리들이여, 누구와 함께 살리오" 하고 곡성이 낭자하다가, 맹렬히 강과 산이 붕궤(崩潰)하는 듯한 한 큰 소리가 나며 적선 30여척이 깨어지고 조선삼도수군통제사라 크게 쓴 깃발이 펄펄 날리며 우리 배가 굳세고 굳센 유룡(遊龍)[13]같이 그 뒤로 돌아 나오니, 하늘인가 귀신인가, 이 무슨 소식이오. 일체 싸움 바라보던 사람이 그 손으로 이마를 치며 조선 만세를 부르더라.

이때에 수천 척 적선이 혹 깨지고 혹 달아나고 혹 사로잡히는데 우리 배 12척이 오명가명 분주히 부딪치며 위무(威武)를 빛내니, 장재(壯哉)라, 망망한 바다 물결 위에 왜를 쫓음이 사슴을 쫓음 같은 기이한 모양을 보였도다.

이 싸움에 우리 배가 물 가운데 천험(天險)을 먼저 점하였을뿐더러 싸움 겨우 1합(合)에 도적의 선봉선을 쳐서 깨치고 그 무쌍의 효장(驍將) 마다시(馬多時)를 구참(鉤斬)[14]하여 도적의 기운이 먼저 꺾인 고로 12척 적고 약한 병사로 수천 척 적함을 무찔러 없앰이라. 이충무가 또한 일찍이 자칭하여 가로되 "나의 명량 한 승리는 새로 모집한 단련되지 못한 병졸과 열 몇에도 차지 못하는 배로 수천 척 적선 수만 명 적군을 이겨 제압하였으

---

13   노는 용.
14   갈고리로 끌어당겨 목을 벰.

니, 이는 하늘의 도움이요 국가의 위령(威靈)이라. 우연히 몽매간에 생각이 미쳐도 한번 크게 부르짖어 상쾌함을 마지않노라" 이르더라.

17일에 배를 이끌어 바깥 섬에 나가니 피란한 인민이 그 열성을 다하여 노래하고 춤추며 손뼉치고 구르며 소와 술을 다투어 바치더라.

도적이 드디어 멀리 달아나거늘 이때에 이순신이 날로 편비(褊裨)15를 파견하여 각지에 순행(循行)하며 유민을 효유(曉喩)하고 흩어진 병을 불러 모으니 몇 달 안에 장수와 병졸이 구름으로 모여 군성(軍聲)16이 크게 떨치더라.

비록 그러하나 이 통제의 귀신 같은 슬기가 한 나라를 능히 보존하면서 그 집은 능히 보존하지 못하며, 한 나라의 백성은 능히 구하면서 그 아들은 능히 구하지 못하니, 애재(哀哉)라, 저 수가·행장·청정 등이 원균의 혀를 빌어 이 통제를 살해하고 그 야심을 멋대로 하려 하다가, 거의 죽은 이 통제가 갱생하여 그 구구한 12척 남은 배로 수만 왜병을 뒤집어 없애매, 저희가 분함이 극하고 부끄러움이 극하고 아픔이 극한 마음을 이기지 못하나 이 통제의 지혜로운 눈이 비춤에 보복을 행할 여지가 없는 고로, 명량 패배 후에 즉일 날랜 기병을 보내어 이 통제 본집 있는 아산(牙山) 금성촌(錦城村) 한 동을 분탕하고 살육을 함부로 행하는데, 이 통제의 셋째 아들 면(葂)이 열 몇 살에 불과한 동

---

15 각 군영의 부장(副將).
16 군인과 군마가 얼려 떠드는 소리.

자로 집에 있어 기사(騎射)를 익히다가 왜병의 난입(攔入)함을 보고 즉시 작은 총을 놓아 세 도적을 사살하고 왕래치격(往來馳擊)[17]하더니, 차호(嗟乎)라, 한 어린 범의 홀로 뜀이 뭇 늙은 이리의 다투어 씹음을 대적하지 못하여 도중 숨은 칼에 죽으니라.

담략이 있고 기사(騎射)를 잘하여 장래 자기의 유탁(遺躅)[18]을 이으며 국가의 장성을 지으리라고 인정하던 제일 사랑하던 아들의 흉한 소식을 접하매, 다정한 영웅의 심사가 과연 어떠할꼬. 부서(訃書)를 안고 곡하여 가로되 "불쌍한 내 작은 아이야/나를 버리고 어디로 갔는고/영특한 기운이 범인에 뛰어나므로/하늘이 세상에 머물게 아니하심인가/내가 세상에 있어서/마침내 장차 누를 의지할꼬?"(哀我小子 棄我何歸 英氣脫凡 天不留世耶 今我在世 竟將何依오) 하고(일기 속에 실린 바), 하루 밤을 1년 같이 보내니, 애재(哀哉)라, 이 또한 어머니 상을 당한 뒤 제일 크게 애통한 눈물이러라.

---

17 이리 저리 말달리며 침.
18 끼친 자취.

제15장

왜구의 말로

풍신수길이 일초직입대명국(壹超直入大明國)[1]의 통쾌한 말을 발(發)하여 가도멸괵(假途滅虢)[2]의 꾀로 우리나라를 꼬이다가 이루어지지 않으매, 즉시 우희다수가·가등청정·소서행장 등 여러 장수를 보내어 30만 병을 거느리고 세 길로 쳐들어올새, 그 발발(勃勃)한 야심이 팔역을 단번에 삼킬 듯하더니 거연(居然)히[3] 경상 전라의 해구에 하늘이 낸 일대 명장이 누른 바 되어, 여

---

1 한번 뛰어 대명국에 바로 들어감.
2 '길을 빌려 괵국을 멸하다.' 춘추시대. 진(晉)이 괵을 치기 위해 우(虞)에게 길을 빌리려 하니, 우가 길을 빌려주었다. 진은 괵을 멸하고 돌아오던 길에 우까지 멸했다.
3 남이 모르게 슬며시.

러 왜장은 끌채에 매인 망아지같이 몸을 움츠리며, 여러 왜병은 물고기 배에 모두 장사지내고 그 분한 뇌가 쪼개질 듯하여, 7년 병혁(兵革)을 계속하되 누차 패배만 만난지라. 이에 한스러운 피를 토하고 죽어 넘어지니 두 나라 사이의 전화(戰禍)가 차차 소멸될 기회에 이르렀더라.

수군 승리를 큰소리로 자담하던 우희다수가가 이에 이르매 그 패할 징조를 미리 살피고 군대를 버려 멀리 달아나는데, 저 싫증을 모르는 행장, 청정은 우리 내지에 깊이 들어왔다가 땅에 오른즉 의병이 둘러싸고 물로 향한즉 삼도 수군이 막아 진퇴유곡(進退維谷)의 경우를 당하였는데, 행장은 순천에 둔치며 청정은 울산에 둔쳐 곤경에 처한 짐승이 오히려 싸울 뜻을 안고 각지에 전전(轉戰)하려 하다가, 청정은 도원수 권율과 이덕형(李德馨)에게 에운 바 되어 도산성중(島山城中)⁴에 한 구기 물을 얻어먹지 못하고 며칠을 굶주리고 고달프며, 행장은 전라도 바다와 육지 두 교선(交線) 중간에서 배회할새 그 세력의 저당하지 못함을 스스로 알고 누누이 심부름꾼을 보내어 화친을 청하더라.

왜적과 하늘을 함께 이지 않기로 스스로 맹서한 이순신이 어찌 이를 즐겨 허락하리오. 오는 사자(使者)를 물리치고 더욱더욱이 군을 진격하여 도적의 길을 누를새, 선묘 무술 6월 27일에 고금도(古今島)에 진을 옮기니 이는 전라 해구의 제1 요해처러라.

---

4   1597년 12월 22일부터 이듬해 1월 4일까지 치러진 제1차 울산성 전투. 울산 왜성은 당시 도산성으로 불렸다.

의승(義僧)을 모집하여 각지를 둔쳐 지키며, 농민을 모아 섬 가운데에서 경작케 하고, 정예의 기병을 나누어 사방에 보내 유구(遊寇)를 무찔러 멸하게 하고, 행장·청정은 천참(天塹)[5] 안에 가두어 그 병졸을 지치게 한 연후에 소제(掃除)하기로 계획을 정하더니,

7월 16일에 명나라 수군도독 진린(陳璘)이 수군 5천 명을 거느리고 바다에 내려 우리 군과 합하니 수군의 형세가 일층 몰록(갑자기) 장하더라.

그러나 진린은 원래 거칠고 사나워 노하기를 잘하는 것으로 알려진 자라. 그 나라에 동렬(同列)한 여러 장수도 서로 좋게 여기는 자가 없거든 하물며 말이 불통하고 습속이 같지 않은 타국 장군과 시종 거스름이 없기를 어찌 가히 바라리오. 두 장군이 한 번 거스르면 두 나라 병사가 반드시 쪼개질 것이오. 두 나라 병사가 한번 결렬하면 왜적 토평(討平)하기는 고사하고 거꾸로 그 어그러져 궤멸하는 바 되기도 쉬운지라.

고로 조정이 이를 근심하여 주상이 진린을 잘 대접하라고 지유(旨諭)[6]를 내리시며 영상(領相)이 진린을 잘 사귀라고 친간(親簡)을 보내더라.

비록 그러하나 이 통제의 심중에는 일찍이 이미 한 좋은 헤아림을 정하여 회회유인(恢恢遊刃)[7]의 수단으로 진린을 대하더라.

5   천연 요새지.
6   임금의 뜻.
7   '넉넉한 칼놀림.' 최고의 백정이 소를 잡는 우화가 실린 『장자』(莊子) 내편(內篇) 「양생주」(養生主)가 출전이다. "두께가 없는 칼을 틈에 넣으니 넉넉하

진린의 군이 처음 이르매 이순신이 즉시 소를 잡으며 술을 준비하여 진린의 병영 여러 장수를 크게 위로하여 열복(悅服)[8] 케 하더니, 얼마 아니하여 그 군이 사방으로 나가 우리 백성의 재물을 약탈하는지라.

이순신이 군사와 백성에게 영을 내려 크고 작은 집을 동시에 헐게 하며 자기의 옷과 침구(寢具)를 선중(船中)으로 운반케 하더니, 진린이 곳곳에 집 부수는 광경을 보고 마음에 매우 괴이하여 사람을 보내 묻거늘, 이순신이 가로되 "그대의 휘하가 난폭하게 약탈함만 오로지 힘써 인민이 감당하지 못하는 고로 각각 집을 옮겨 멀리 이사하는데 내가 대장이 되어 무슨 면목으로 이에 홀로 머무르리오. 나도 이로써 진 도독을 길이 하직하고 파도에 떠 멀리 숨으려 하노라." 진린이 이를 듣더니 크게 놀라 달려 이르러 이순신의 손을 끌어 잡아 가로되 "공이 만약 가면 린이 누구와 도적을 막으리오" 하며 간걸(懇乞)하기를 그치지 않거늘, 이순신이 이에 강개히 눈물을 뿌려 말하여 가로되 "폐방(敝邦)이 왜적의 화를 입은 지 우금(于今) 7년이라. 우리의 성읍을 불태워 헐며 우리의 인민을 살해하며 우리의 무덤을 파내며 우리의 재산을 약탈하여, 부모된 자는 그 자손을 곡하며 부인된 자는 그 장부를 곡하며 가옥이 있는 자는 그 가옥을 잃으며 전재(錢財)가 있는 자는 그 전재를 잃어, 지금 팔역 인민이 왜구 두

고 넉넉하여 칼날을 놀리는 데 있어 반드시 여지가 있다."(以无厚入有閒 恢恢乎 其於遊刃 必有餘地矣)

8   기쁜 마음으로 순종함.

자를 듣기만 해도 그 마음과 뼈가 차고 아프지 않음이 없나니, 순신이 비록 어리석고 어리석은 무부에 불과하나 역시 떳떳한 본성을 품부하여 나라의 수치와 인민의 굴욕을 적이 아는 자로서, 지금에 장군이 폐방을 위하여 천 리를 구원하러 왔는데 순신이 장군을 이별하고 홀로 숨고자 하니, 어찌 이처럼 사람의 길에 가깝지 않은 사상을 차마 지으리오마는, 비록 그러하나 즉금 그대 휘하의 난폭한 약탈을 보건대 당당한 의사(義師)[9]로 무뢰한 만행을 감히 저지르니, 아, 우리 생령이 어찌 이 괴로움을 거듭 감당하리오. 순신이 이를 차마 볼 수 없어 이처럼 곧바로 떠나고자 하노라."

진린이 이를 듣더니 무안하고 또 근심하는 빛을 아울러 지으며 가로되 "린이 이로써 휘하를 엄히 단속하여 추호를 범하지 않게 하리니 공은 잠깐 머무르소서." 이순신이 가로되 "불가하다. 영문(營門)이 엄수(嚴守)하여 우리 백성이 혹 원통한 분을 들어가 호소하고자 하여도 그 길이 매우 어려울지니, 장군이 비록 밝으나 어찌 그대 휘하의 외출하여 소란을 일으킴을 일일이 살피리오. 장군이 만일 순신을 머무르게 하고자 할진댄 오직 한 일이 있나니 장군이 이를 기꺼이 따를는지?" 진린이 가로되 "오직 공의 명을 이에 따르리니 공은 이를 차례로 말하라."

이순신 가로되 "그대의 휘하가 우리나라 구원하러 온 세력을 믿고 거리낌이 전혀 없이 이처럼 멋대로 행동함이니, 장군이 만일 나에게 편의(便宜)를 빌려 그 죄를 다스리게 하면 두 나라

9 　의로운 군대.

군민이 서로 편안할까 하노라.” 진린이 가로되 “좋다. 오직 공의 명을 이에 따르리라.”

　이후로 명나라 군사가 범한 바 있으면 이순신이 이를 징치하니 이에 백성이 안도함을 얻고 명나라 군사가 이순신을 두려워하고 사랑하기를 진린에 지나더라.

　18일에 적선 100여 척이 녹도를 침범한다고 정탐병이 치보(馳報)하거늘, 이 통제 진 도독이 전선을 각기 거느리고 금당도(金堂島)에 이른즉, 단지 적선 두 척이 있다가 우리 배를 바라보고 멀리 숨거늘, 이 통제는 배 여덟 척을 발하며 진 도독은 배 20척을 발하여 절이도(折爾島)에 매복하고 함께 돌아오더라.

　24일에 이순신이 술을 운주당(運籌堂)[10]에 두고 진 도독을 맞이하여 대작(對酌)하더니, 진린의 휘하 천총자(千總者)[11]가 내보하되 “새벽에 적선 6척을 만나 조선 수군이 이를 모두 사로잡으니이다” 하니 진린이 크게 노하여 꾸짖어 물리거늘, 이순신이 그 뜻을 깨닫고 은근한 말로 권하며 그 빼앗은 배와 왜의 머리 69급을 부치며 가로되 “장군이 진에 도착한 지 수일이 지나지 않아 즉시 부공(膚功)[12]으로 귀(貴) 조정에 아뢰면 어찌 아름다운 일이 아닌가” 한데, 진린이 크게 기뻐하여 마침내 종일 취하고 배불리 먹고, 이후로 흠복(欽服)을 더욱 더하며, 또 자기 집 배가 비록 많으나 도적을 방어하기에 적절치 않음을 스스로

10　이순신의 서재로 ‘운주’(運籌)란 ‘지혜로 계책을 세운다’는 뜻이다.
11　명의 군사 계급.
12　‘큰 공’. 출전은 『시경』 소아 「유월」(六月)이다. “오랑캐를 쳐부수어/큰 공을 이루리라.”(薄伐玁狁 以奏膚功)

깨달은지라 우리 판옥선을 타고 이순신의 절제받길 원하며 항상 이야(李爺)[13]라 칭하고 이름을 부르지 않더라.

9월 14, 5일경에 각처 적장이 소서행장의 순천진으로 모두 모이거늘, 이순신의 혜안이 그 철수하여 귀환코자 함을 일찍이 살피고 개연히 가로되 "내가 어찌 천고의 원수 도적의 생환함을 허락하리오." 이날에 진린과 같이 수군을 거느리고 19일에 좌수영 앞을 지나 20일에 순천 예교(曳橋)에 이르니 이는 즉 소서행장의 진 앞이라.

병을 사방에 벌여 그 귀로를 막고 정예의 기병을 보내 장도(獐島)를 엄습하여 도적의 쌓은 양식을 탈취하더라.

13　'야'는 남자의 존칭.

　　　　2부 – 단재와 구보의 이순신

진린의 중변(中變)과 노량의 대전

속담에 가로되 "천하에 뜻과 같지 않은 일이 열에 늘 여덟아홉이라" 하더니 과연이로다. 이충무의 통제사 재임한 이후에는 조정의 신뢰가 이미 전일(專一)한 가운데 또 외국의 원병이 와서 군의 위엄이 더욱 장하니 이는 범의 겨드랑이에 날개를 붙임이라 칭할 만한데, 하물며 그 나라 장수와 군졸이 이충무에게 한마음으로 성복(誠服)하여 이야라 칭하며 천하 명장으로 우러르며, 경천위지(經天緯地)[1]의 재주와 보천욕일(補天浴日)[2]의 손이라 찬미하여(진린이 선묘조에 글을 올려 가로되 "이순신은 경천위지" 운운) 오직 명(命)을 이에 따르니, 차후로 이충무의 성공은 강하의 결하(決河)[3]처럼 탕연(蕩然)히 걸림이 없을 듯하더니, 오호라, 이충무 일생 역사는 간고(艱苦)로 시작하여 간고로 끝남이

---

[1] "하늘을 날로 하고 땅을 씨로 한다." 온 천하를 경륜(經綸)하여 다스릴 큰 재주를 가리킨다.
[2] "하늘을 깁고 해를 목욕시킨다." 여와(女媧)가 하늘의 이지러진 부분을 메웠다는 전설에서 나온 '보천'(補天)과 희화(羲和)가 해를 목욕시켰다는 전설에 나온 '욕일'(浴日)에서 기원한 고사성어로 큰 공훈을 가리킨다.
[3] 홍수로 강물이 제방을 파괴하고 넘쳐흐름.

이 곧 저 하늘의 고의(故意)인지, 이제 장수별이 떨어지던 전날까지 한번 마귀의 희롱이 또 오는도다.

대개 당시 지나의 구원 온 장수들이 그 얼굴에는 충분(忠憤)의 빛을 띠며 그 입으로는 강개의 말을 발하나, 그러나 그들은 황금 몇 쪽만 보면 충분 및 강개가 하늘 밖으로 날아가고 온몸이 저 만금(萬金)을 향하여 공경히 하배(下拜)하는 자니, 이 같은 더벅머리들과 무슨 일을 능히 이루리오. 고로 그들의 내원(來援)이 이순신에게 한 자〔尺〕의 해는 있으나 한 촌(寸)의 이는 없도다.

이순신이 장도에 웅거하여 도적의 귀로를 끊은 이래로, 행장이 양식은 다하고 세력은 고갈할뿐더러 이순신이 진린과 날마다 진공(進攻)하여 연해 공격하고 연해 승리하매, 행장이 크게 군축(窘蹙)하여 명나라 장수 유정(劉綎)[4]에게 사람을 가만히 파견해 뇌물을 후히 보내고 돌아갈 길 빌림을 구걸하거늘, 정이 후한 뇌물을 탐하여 진린에게 고하여 가로되 "행장이 장차 철귀(撤歸)하려 하니 이를 막지 말라" 하고, 행장이 10여 소(艘)를 발(發)하여 묘도(猫島)에 나오거늘 이순신과 진린의 군이 이를 공격하여 모두 죽이더니, 행장이 유정의 무신(無信)을 나무라는데 정 가로되 "그대가 진 장군에게 화친을 빌거라." 행장이 이에 은화와 보검으로 진린에게 보내며 빌어 가로되 "군사가 싸우지 않기를 바라나니 우리 길을 빌리라" 하매, 린도 탐부(貪夫)라 이를 허락하고 또 이순신다려 길을 빌리라 권하거늘 이순신 가로

---

4   남병(南兵)을 이끌고 조선에 파견된 명의 장수.

2부 — 단재와 구보의 이순신

되 "대장이 화친을 논함이 불가하며 원수의 도적을 놓아 보냄이 불가어늘 공이 무슨 이유로 이 같은 말을 내느뇨." 린이 묵연(黙然)하더니 행장에게 고하여 가로되 "그대가 이 통제에게 화친을 빌거라."

행장이 이에 또 이 통제에게 사람을 보내 총검과 보화를 많이 보내 돌아갈 길을 빌거늘, 이순신 가로되 "임진 이래로 내가 왜구에게 포획한 총검 및 보화가 언덕과 산처럼 쌓였으니, 너의 보낸 바를 받아도 쓸 곳이 없으며 또 우리나라는 왜인의 머리를 보화로 아노라" 하고 이를 물리치며, 행장이 밖으로 보낸 배 10여 척을 무찔러 부수더니,

진린이 도적을 놓아 돌아가게 하고자 하는 마음이 도적의 벗어나고자 하는 마음보다 더욱 긴절하여 하루는 이순신에게 고하여 가로되 "내가 남해(南海) 도적을 가서 토벌코자 하노라." 이순신 가로되 "남해는 태반이 포로로 잡힌 인민이니 장군이 도적 토벌의 임무로 와 도적은 토벌하지 않고 인민을 오히려 토벌코자 함은 무슨 뜻이오." 린 가로되 "이미 즐겨 도적과 붙었으니 도적과 일반이니라."

이순신 가로되 "옛사람이 이르되 '위협으로 복종시켜 다스리지 말라'[5] 하였는데, 이제 포로로 잡혔던 자들을 어찌 도적과 동률(同律)로 토멸하리오" 한데 진린이 부끄러워 굽히더니,

행장이 꾀가 이미 궁함에 또 도야지와 술을 린에게 후히 보

---

5   『서경』(書經) 하서(夏書) 「윤정」(胤征)이 출전이다. "그 우두머리를 없애면 위협으로 복종시켜 다스리는 일이 없을 것이며."(殲厥渠魁 脅從罔治)

내며 큰 뇌물을 더하고, 인하여 청해 가로되 "각처 여러 둔친 왜에게 사람을 보내어 바다 건널 약속을 같이 정하리니 제독은 이를 굽어보고 허락하라" 하매, 진린이 먹인 뇌물을 탐하여 그 말을 믿고 뱃길을 몰래 열어 도적의 통신하는 한 작은 배 나감을 허락하니라.

린의 휘하에 이순신을 성심으로 복종하고 섬기는 자 한 사람이 있더니 이 소식을 내보하거늘, 이순신이 자기도 모르게 크게 놀라 탄식하여 가로되 "도적의 이번 감이 반드시 각처 여러 둔친 왜와 성식(聲息)⁶을 상통하여 한곳으로 회집하고 기약한 날을 정해 우리를 범코자 함이니, 우리가 만일 여기서 접응하다가 앞뒤로 적을 받으면 우리 무리가 선 채로 다 죽으리니, 큰 바다에 군사를 옮겨 한 싸움에 죽음을 결단함이 가하도다. 석호(惜乎)라, 진씨여, 몇 조각 황금에 홀리고 침 흘려 큰일을 그르치는도다" 하고, 이에 유형 송희립 등과 꾀를 정하고 린에게 일의 기틀이 위박(危迫)함으로 고하니, 린이 비로소 놀라 깨달아 자책하기를 그치지 않거늘, 이순신 가로되 "지나간 일은 비록 후회하나 미치지 못하니, 오늘 계책은 오직 큰 바다로 나가 저희를 맞아 침이 가하다" 하고, 탐망선을 보내 도적의 정세를 살피더니, 18일 유시(酉時)⁷쯤에 곤양 사천 남해 등지 도적이 노량으로 향한다 하거늘, 이순신이 진린과 서로 약속하고 이 밤 2경에 함께 출발할새,

6   소식.
7   오후 5시부터 7시까지.

3경에 배 위에 홀로 서서 손 씻고 향 피우고 상제께 축원하여 가로되 "이 원수를 가히 멸할진댄 곧 죽어도 유감이 없으니이다."

4경(四更)[8]에 노량에 도착하여 포구와 작은 섬 사이에 병선을 숨기고 써 기다리더니,

이윽고 적선 500여 소가 광양(光陽)[9] 바다로부터 노량에 이르거늘,

좌우 양군이 돌발(突發)하여 이를 포격하니 적선이 놀라 흩어지다가 얼마 후에 다시 합함이라. 이순신 가로되 "우리들의 승패 사활이 이 싸움에 있다" 하고, 북채를 당겨 오른손으로 치며 크게 소리 질러 먼저 나아가니, 여러 군사가 그 뒤에 다투어 붙어 도적을 쫓을새 도적이 지탱하지 못하여 관음포(觀音浦)에 퇴각해 들었다가,

하늘이 밝음에 도적이 출로가 없음을 알고 군사를 돌려 죽기로 싸우거늘,

이순신과 진린이 힘을 합쳐 혈전(血戰)하더니,

부총병(副摠兵) 등자룡(鄧子龍)(또한 명나라 장수)의 배에 불이 나 일군(壹軍)이 놀라 요동하며 배가 기우는데, 도적이 이를 틈타 자룡을 죽이고 그 배를 태우거늘, 우리 군이 바라보고 서로 가리켜 가로되 "도적의 배에 또 불이 났다" 하고 각각 환호하며 각각 떨쳐 나아가는지라.[10]

8   오전 1시부터 3시까지.
9   원문의 光州를 광양으로 교감함.

적장 3인이 다락배 위에 높이 앉아 싸움을 독려하거늘 이순신이 포를 놓아 그 한 명을 사살하고,

호준포(虎蹲砲)를 연발하여 적선을 부수는 중에,

홀연 일대 철환(鐵丸)이 날아와 이순신의 왼쪽 겨드랑이를 가로질러 뚫는지라.

칼을 잡고 쓰러지더니,

곧 일어나 북을 울리며 천천히 배 다락에 들어 부장(部將)[11] 유형을 불러 겨드랑이를 들고 상처를 보여 가로되 "나는 곧 죽으리니 공은 노력하라" 하며 방패로 가리고 그 아들과 조카 회(薈) 완(莞)과 시노(侍奴)[12] 금이(金伊)를 돌아보아 가로되 "전사(戰事)가 방장 급하니 내가 죽거든 곡성을 발하지 말라. 군심이 경동(驚動)할까 이에 두렵노라" 하며, 말이 그치매 이내 눈을 감으려 하다가 아군의 부르고 호통하는 소리를 듣더니 기꺼운 기운이 눈썹 사이에 넘치며 유연히 마침내 서거하는지라.

휘하가 그 유언을 따라 상(喪)을 숨기고 기를 두르며 싸움을 동독할새,

유형이 여섯 번 총알에 맞고 송희립이 한 번 총알에 맞아 배

10　이 대목은『선묘중흥지』(宣廟中興誌)가 자세하다. "부총병 등자룡의 배에서 불이 일어나자 온 군사들이 불을 피해 서로 소동하자 배가 기울어졌다. 적은 그 틈을 타서 자룡을 죽이고 그 배를 불태웠다. 우리 군사들은 그것을 바라보고 적선이 또 불 붙은 것으로만 알고 더욱 기운을 내어 앞을 다투며 환호 소리를 더욱 높였다." 李殷相,『國譯註解 李忠武公全書 下卷』, 사단법인 충무회, 1960, 352면.

11　종6품의 무관직.

12　옆에서 잔심부름하는 종.

　　　　　　　　　　2부 ― 단재와 구보의 이순신

위에서 기절해 쓰러졌다가 조금 있다 다시 일어나 상처를 싸매고 나아가 싸우는데,

양편 배가 서로 부딪히며 긴 칼이 서로 치고 비 같은 화살과 번개 같은 총알이 해면(海面)에 사납게 쏟아지더니,

새벽으로 시작하여 정오에 이르매 도적의 기운이 크게 꺾인지라. 아군이 더욱더욱 다그쳐 공격하여 적선 200척을 격침하고 적병 수천 명을 사로잡아 베니,

도적의 굳센 장수와 날랜 병졸이 이 싸움에 다 죽고 도적의 자재와 기계가 이 싸움에 다 진탕(盡蕩)하였는데, 하늘 그물이 넉넉하여 저 행장을 오히려 놓쳤도다(행장은 외로운 배 한 척을 타고 묘도에 나가 도망쳐 돌아감).

왜선이 모두 함몰하고 싸움 티끌이 홀연히 걷히매 삼도 수군 장수와 병졸이 노를 두드리며 양양이 개선가를 부르고 배를 돌리는데, 참담한 선루(船樓)[13] 위에서 한 조각 처량한 소리가 쓸쓸한 바람의 울림과 섞여 나오니, 이회 이완 등이 이 통제의 상을 발함이더라.

오호, 꿈인가. 공은 가기를 어찌 그리 속하신고? 두 나라 장수와 병졸이 이순신의 전몰함을 비로소 알고, 아군에 유형 이하 명군에 진린 이하 수만 장수와 병졸이 개개이 군장(軍仗)[14]을 버리고 서로 향해 슬피 곡하니 소리가 해천에 진동하더라.

---

13 배 상갑판 위의 다락.
14 군기(軍器).

이순신의 상환(喪還)과 및 그 유한(遺恨)

무술 11월 20일에 조선효충장의적의협력선무공신(朝鮮效忠仗義迪毅恊力宣武功臣) 전라좌도[1] 수군절도사 겸 충청 경상 전라 삼도수군도(都)통제사 이순신의 영구가 고금도에서 떠나 아산으로 돌아올새, 연로 남녀가 상여를 붙들고 애처로이 곡하며 놓지 않아 곡소리가 천 리에 끊이지 않고 팔역 인민이 일체 친척같이 슬퍼하더라.

　오호라, 임진으로 무술에 이르기 무릇 수미(首尾) 7년간 역사를 살피건대, 우리 대동(大東) 민족의 치욕과 고통이 과연 어떠하였던가? 노약(老弱)은 구렁에 구르고, 장정은 칼날에 당하고, 주리되 그 밥을 얻지 못하며, 춥되 그 옷을 얻지 못하며, 아침에 단란히 모였던 부모 처자가 저녁에 서로 잃으며, 저녁에 기쁘게 손잡았던 형제 붕우가 아침에 서로 영결하여, 죽은 자는 물론하고도 즉 일반 산 자도 그 죽음이 이미 오랜 줄로 알더니,

　다행히 천고 명장 이 통제가 지으사, 그 손으로 우리의 빠짐을 구원하며, 그 혀로 우리의 소생을 외치며, 피를 토하여 뼈만

1　원문에는 '우도'이나 '좌도'로 교감.

남은 우리를 살지우며, 마음을 다하여 죽은 우리를 살리더니, 우리가 재생하는 그날에 공의 죽음이 홀언(忽焉)하니, 이 백성이 이충무에 대하여 가히 곡할 '하나'이며,

우리의 생존은 공의 베푼 바이며, 우리의 안거(安居)는 공의 정한 바이며, 우리의 몸을 가리는 옷과 배를 채우는 곡식은 공의 준 바이며, 우리 지아비의 금(琴)과 지어미의 슬(瑟)²은 공의 베푼 바이라. 우리의 한번 일어남 한번 앉음과 한번 노래함 한번 곡함이 공의 은택 아님이 없는데, 우리들은 공의 은택을 한 터럭도 보답치 못하고, 공의 7년 티끌 사이에 우리들을 위하여 노고하던 역사를 회고하니 어찌 비창(悲愴)치 아니리오. 이 백성이 이충무에 대하여 가히 곡할 '둘'이오.

공이 7년 이전에 죽었을지라도 우리들은 이 난리에 모두 죽었을지며, 공이 7년 이후에 낳았을지라도 우리들은 이 난리에 모두 죽었을지며, 공이 7년전쟁의 첫 해에 죽었거나 둘째 해에 죽었거나 혹 셋째 해 넷째 해 다섯, 여섯째 해에 죽었을지라도 이 난리에 우리들의 죽음을 구할 자가 없을지어늘, 이에 공이 앞도 아니고 뒤도 아닌 이때에 나서 이 7년을 경력할새, 그 사이에는 총알을 맞아도 죽지 않으며, 칼에 찔려도 죽지 않으며, 옥(獄)에 내려도 죽지 않으며, 천 개의 창과 만 개의 포가 다투어 와도 죽지 않고, 허다 풍상의 해상 생애를 7년전쟁 결국(結局) 되던 노량에 이르러 마치니, 공은 필시 상제가 아래로 보내신 천사(天使)로 수군영에 내리샤 그 노고와 그 참혈(慘血)로 우리들

---

2   부부 금슬이 화락함을 가리킴.

의 생명과 바꾸고 갑자기 문득 가 버리심이니, 이 백성이 이충무에 대하여 가히 곡할 '셋'이니,

이 백성이 이충무에 대하여는 이 정이 없기 어렵다마는 영웅의 심사(心事)는 원래 이러한 것이 아니라. 그 서리처럼 맑고 눈처럼 하얀 흉중에, 부귀도 없으며 빈천도 없으며, 안락도 없으며 고생도 없고, 단지 이 나라 이 백성에 대한 한 쌍의 눈빛이 가없이 번쩍 빛나는 고로, 내 몸을 죽여 나라와 백성에 유리할진댄 아침에 태어난 내가 저녁에 죽음도 가하며 저녁에 태어난 내가 아침에 죽음도 가하니, 천지가 있은 이래로 죽지 않는 사람이 반드시 없고 이미 죽은 뒤에는 썩지 않는 뼈가 반드시 없어, 부귀하던 자도 그 마지막에는 한 썩은 뼈이며, 빈천하던 자도 그 마지막에는 한 썩은 뼈이며, 안락하던 자도 그 마지막에는 한 썩은 뼈이며, 고생하던 자도 그 마지막에는 한 썩은 뼈이며, 수(壽)한 자도 그 마지막에는 한 썩은 뼈이며, 요절한 자도 그 마지막에는 한 썩은 뼈이라. 종내 천만고(千萬古) 바뀌지 않는 이치로 한 썩은 뼈될 일개 나의 몸을 죽여 미래 억만세 길이 존재할 이 나라 이 백성에 이로울진댄 어찌 이를 피하며 어찌 이를 하지 않으리오.

설혹 광성자(廣成子)[3]같이 수(壽)하며 석숭(石崇)[4]같이 부(富)하여, 입으로 기장밥과 고기를 먹고 파파(皤皤) 백발로 의연히 오래 살지라도, 나라의 수치와 인민의 굴욕이 날로 심하여 사변(四邊)에 죽이는 소리 곡하는 소리 원망하는 소리 한탄 소

---

3 중국의 신선.
4 중국 서진(西晉) 시대의 부호.

리 신음 소리가 와 모이면 나의 홀로 살고 홀로 즐김을 가히 참을까.

　　대저 영웅의 눈빛은 이 점을 일찍이 두루 간파하는 고로 이충무를 볼지라도 당시 이전(吏銓)[5] 문형(文衡)[6]의 화직(華職)을 부러워하지 아니하고 붓을 던져 사람이 모두 천시하는 무반에 나아가 대동무사적(大東武士的) 정신을 발휘하기로 자임(自任)하며, 일체 권신(權臣) 훈척(勳戚)을 초개(草芥)로 보아 발자취를 그 문에 던지지 않고 나의 조수(操守)[7]를 힘쓰다가 동남(東南)의 괴이한 구름이 한번 불어 나랏일이 창양(搶攘)[8]하매, 집도 돌아보지 않으며 몸도 돌아보지 않고 긴 칼을 휘둘러 우리 모두의 원수를 향하다가 그 목적이 이미 이루어지매 갑자기 눈을 길게 감음을 마다하지 않았으니, 오호라, 누가 이충무의 죽음을 곡하는가. 대장부가 충의를 품고 국난에 나아가 무쌍의 큰 마귀를 꺾어 없애며 만억의 창생을 구원하고, 내 몸은 쾌활히 한 총알에 죽어 높디높은 명정(銘旌)을 요상한 기운이 맑게 갠 해천(海天)에 두르며, 빛나고 빛나는 상여를 상자(桑柘)[9] 무양(無恙)[10]한 고향의 산에 돌아와 전국팔도 만세 양양의 개선 노래 소리 속에서 상례를 거행하니, 오호 장재(壯哉)라, 누가 이충무의 죽음을

5　이조판서.
6　대제학.
7　지조를 지킴.
8　몹시 혼란하고 어수선함.
9　뽕나무와 산뽕나무. 고향의 비유.
10　탈없음.

곡하는가, 오직 노래하고 춤을 춤이 가하니라.

　비록 그러하나 후인이 이충무을 위하여 한번 곡할 바 있으니, 대개 이충무의 발신(發身)하던 처음에 허다한 사사 당파의 무리와 문약(文弱)의 패가 영웅을 국축(跼縮)케 하여 일찍 등용치 못함으로 그 공이 겨우 이에 그쳤으며, 중간에 또 몇 개 참소하고 질투하는 신하가 마귀의 재주를 희롱하여 수년을 바삐 일해 마련한 전비(戰備)를 탕진하므로 그 공이 또 겨우 이에 그쳤으며, 하늘이 위인을 내사 우리 국민의 무사적 정신을 이처럼 고동하여 일으켰거늘, 또 저 백성의 역적 겁쟁이가 쫓아가며 독을 퍼뜨려 공 사후 수백 년 간에 나라의 수치와 인민의 굴욕이 빈번히 이르렀으니, 이가 후인이 이충무를 위하여 한번 곡할 바이로다. 그러나 또 어찌 후인만 곡할 바 될 뿐이리오, 또한 지하의 이충무 또한 눈을 감지 못할진저.

이순신의 여러 장수와 이순신의 유적 및 그 기이한 이야기

정운(鄭運)은 그 어릴 때부터 충의로 자허(自許)[1]하며 정충보국 (貞忠輔國)[2] 넉 자로 칼에 새기더니, 임진란에 이순신을 좇아 도적을 여러 번 깨고 매양 싸움에 용기를 떨쳐 먼저 나아가는 고로 이순신이 신임하며 경탄(敬歎)하더니, 부산 싸움에 도적의 총알을 맞아 끝내 죽으니 이순신이 크게 통곡하여 가로되 "국가가 오른팔을 잃었도다" 하더라.(선묘중흥지宣廟中興志와 영암군지靈巖郡志)

어영담(魚泳潭)은 광양(光陽) 현감을 피임(被任)하더니 임진 왜구[3]를 당한지라. 이순신을 보고 부산 구원함을 힘써 권하고 이순신이 물길의 험하고 평탄함을 알지 못함으로 근심한데 영담이 개연히 선봉됨을 자청하거늘 이를 허락하여 여러 번 큰 공을 세우매, 이순신이 조정에 장계하여 수전(水戰) 수비에 능함과 바닷길 형세에 익음과 및 그 몸을 잊고 나라 위하는 충성을

---

1   자기 스스로 인정함.
2   곧은 충성으로 나라를 보좌함.
3   임진왜란.

기려 조방장(助防將) 삼음을 청하니라.(조야집요朝野輯要와 이충무 장계)

이억기(李億祺)는 전라우수사로 이순신을 좇아 도적을 여러 번 깨더니, 이순신이 피수(被囚)됨에 미쳐 곡하여 가로되 "우리들이 죽을 곳을 알지 못하겠다" 하더니 원균이 패하여 달아나매 싸움에 끝내 순(殉)하니라.(이억기 행장行狀)

송대립(宋大立), 희립(希立) 형제는 함께 충성스런 용기와 의로운 기운이 사람에 지나더니, 대립은 첨산(尖山)싸움[4]에 순절하고, 희립은 장도(獐島)싸움[5]에 총알을 맞으며 힘써 싸워 이순신 죽은 후에 능히 군의 위엄을 떨치고 도적을 크게 깨니라.

유형(柳珩)은 남해(南海) 현감으로 이순신을 좇아 도적을 치더니, 우의정 이덕형(李德馨)이 일찍 이순신에게 가만히 물어 가로되 "공의 수하 여러 장수에 공의 후임을 이을 자 있소" 한즉, 답하여 가로되 "충의와 담략이 유형의 오른쪽에 나설 자 없으니 가히 크게 쓸 사람 그릇이니라" 이르더니, 이순신이 이미 졸함에 이덕형이 조정에 천거하여 통제사를 배(拜)하니라.

이순신(李純信)은 중위장(中衛將)으로 이순신을 좇아 왜란 초에 원균을 가서 구원할새, 고성 앞바다에서 도적을 세 번 싸워 세 번 이기고 그 후에도 항상 용기를 떨쳐 먼저 나아가 이순신의 신임하는 바 되니라.(이순신李純信 묘갈墓碣)

4　1598년 고흥의 첨산에서 퇴각하는 소서행장의 왜군과 싸워 송대립이 순절한 전투.
5　이순신 함대가 명군과 연합하여 1598년 순천 예교성 앞에 있는 장도 부근의 바다로 진출하여 육상의 적을 공격한 전투.

정경달(丁景達)은 이순신의 종사관(從事官)이 되어 기이한 공을 여러 번 세우고, 후에 조정에 들어가 이순신의 나라 위한 충의와 도적을 막는 재략(才略)을 극진히 설명하고 원균의 구무(搆誣)를 힘써 밝히니라.(정씨가승丁氏家乘)

송여종(宋汝悰)은 이순신과 노량에서 어울려 싸울새 적병이 대패하여 바닷물이 다 벌게지니 이 싸움이 중흥하는 전공(戰功)의 제일이요, 여종의 공은 또 부하 여러 장수 가운데 제일이러라.(송여종 비명碑銘)

이영남(李英男)은 조방장으로 이순신을 좇아 매양 싸움에 이를 갈며 몸을 돌아보지 않더라.(진천현지鎭川縣志)

황세득(黃世得)은 이순신의 처종형(妻從兄)이라. 강개하고 기절(氣節)이 있더니, 명량전투에 힘써 싸워 죽은데, 이순신 가로되 "나랏일에 죽었으니 그 죽음이 영화롭다" 하더라.(직산현지稷山縣志와 이충무 실기實記)

김완(金浣)은 군량 조달한 공도 있고 왜를 벰도 극히 많도다.(영천군지永川郡志)

오득린(吳得麟)은 지략이 사람에 지나더니 이순신이 뽑아 막부(幕府)[6]에 두다.(나주목지羅州牧志)

진무성(陳武晟)은 진주 포위되었을 때에 이순신이 신식(信息)[7]을 통하고자 한데 무성이 왜복을 바꿔 입고 낮에는 엎드리고 밤에는 움직여 사기(事機)[8]를 끝내 전달하고, 그 뒤 싸움에

---

6   군사 지휘하던 곳.
7   안부 편지.

좇아 기이한 공을 여러 번 세우다.(흥양현지興陽縣志)

　제만춘(諸萬春)은 경상우수영 군교(軍校)로 발신하여 용력과 활쏘는 재주로 유명하더니, 임진 9월에 우수영 원균의 장령(將令)을 받아 작은 배를 타고 노젓는 졸병 10명을 거느리고 웅천 적세를 가 엿보더니 돌아서 영등포에 이르러 왜선 6소를 만난지라. 배에 같이 탄 사람과 일시에 포박되어 일본 대판(大阪)으로 잡혀간 바이 되었더니, 계사 7월 24일 야반에 성석동(成石同) 박검손(朴檢孫) 등 12인과 공모하여 왜선을 훔쳐 타고 육기도(六岐島)⁹에 이르러 동래 수영 아래에 배를 대고 8월 15일에 삼도 네 수사가 진을 합한 곳에 와 뵈니, 때에 이순신이 만춘의 욕을 보고 죽지 않음을 노하여 베고자 하다가 그 만 번 죽음을 무릅쓰고 돌아 달아나 귀국함을 기특하고 불쌍히 여겨 장계사를 따라 서울에 올라가 왜정(倭情)을 알리게 하더니 조정이 그 죄를 놓고 이순신의 군중으로 다시 보낸지라. 이때에 남중(南中)¹⁰이 군사를 쓴 지 2년에 오히려 또 왜노(倭奴)의 정상 및 왜인 기계의 이로움과 해로움을 알지 못하던 차 만춘을 얻으매 이순신이 그 기쁨을 이기지 못하여 즉시 자벽(自辟)¹¹하여 대솔군관(帶率軍官)의 직을 주더니, 만춘도 또한 감분하여 찬획(贊畫)¹²한 바이 많고 매양 싸움에 사격이 백 번 쏴 백 번 맞히어 적

8　일이 되어 가는 가장 중요한 기틀.
9　아마도 부산의 오륙도(五六島)를 가리키는 듯함.
10　남도. 경기도 이남을 통틀어 이르는 말.
11　관아의 우두머리가 스스로 천거하여 벼슬을 내림.
12　계획을 도움.

병이 모두 두려워 겁먹더라.(제만춘전傳)

마하수(馬河秀)는 선공(繕工) 주부(主簿)¹³ 벼슬을 하다가 갈리어 향리에 물러나더니, 정유에 온 집안이 한 배를 타고 바다 가운데에서 피란하다가 이순신의 통제 재임함을 듣고 기뻐 가로되 "우리들이 무슨 근심하리오" 하고 드디어 가 절하더니, 명량 싸움에 미쳐 이순신이 도적에게 포위됨을 바라보고 칼을 빼 가로되 "장부 한번 죽을 곳이라" 하고 칼을 두르며 적진에 돌입하더니 한참 힘써 싸움에 총알을 맞아 죽고, 그 아들 성룡(成龍) 위룡(爲龍)이 또한 칼을 잡고 돌진하다가 이윽고 도적이 패하여 달아나매 아비의 시신을 받들고 고향에 돌아가니라.(마씨가장馬氏家狀)

현(縣) 동남 20리에 방화산(芳華山)이 있고 산 아래에 백암촌(白巖村)이 있고 그 촌에 이충무 옛집이 아직 있다 한데, 집 옆에 한 쌍의 은행나무가 서 높은 가지는 구름에 솟고 그늘이 몇 이랑에 미쳤으니 이는 이충무 젊을 때에 말달리며 기사(騎射)를 익히던 곳이라.(아산현지牙山縣志)

부(府)에 용사(龍沙)가 있는데, 이충무가 일찍 이 땅에서 쇠를 채취하여 도검(刀劍)을 주조하매 매우 강하고 날카롭더라.(거제부지巨濟府志)

삼천포(三千浦) 앞에 한 해구(海口)가 있는데 이충무가 일찍 왜를 쫓아 항구에 들이고 그 입구를 막으매 왜적이 세가 크게

---

13 선공감(繕工監: 조선 시대에 건축물의 신축, 수리 및 토목에 관한 일을 맡아 보던 관아)의 문서와 부적(符籍)을 주관하던 종6품 관직.

궁하여 산을 뚫어 길을 통하고 밤을 타 도망갈새, 서로 짓밟고 죽여 시체가 산같이 쌓이고 칼과 창과 기계(器械)를 수없이 버린지라, 후인이 그 땅을 굴량(堀梁)이라 칭하더라.(상동上仝)

좌수영 앞바다 무슬항(無膝港)은 이충무의 대첩한 터라. 밭 가는 농부가 왕왕 그 터에서 왜칼 왜창 총알 등속을 얻더라.(호남기문湖南記聞)

고금도의 전면은 해남도(海南島)요 후면은 우장곶(佑將串)이라. 이충무가 이 섬을 진무(鎭撫)할새 기를 우장곶에 벌여 세워서 군용(軍容)을 허장성세하며 풀을 해남도[14]에 쌓아 치량둔군(峙粮屯軍)[15]의 모양을 짓더니, 도적이 바깥 바다에서 바라보고 이를 엄습하기를 꾀할새 급히 몰아 크게 나아가다가 암초의 험(險)에 배가 걸려 진퇴 낭패의 세를 이룬지라. 아군이 맞아 쳐 이를 크게 깨니라.(강진현지康津縣志)

명량은 우수영에서 3리 되는 곳에 있는데, 양편에 돌산이 빽빽이 서 있고 항구가 매우 좁아 물의 형세가 사납거늘 이충무가 쇠줄로 그 어구를 몰래 끊더니 적선이 이에 도착하여 뒤집혀 엎어진 것이 그 수를 알지 못하더라. 양쪽 언덕 바위 위에 못구멍이 지금까지 완연한데 주민이 이를 이충무가 줄을 설치해 왜를 죽인 곳이라 서로 전하더라.(해남현지海南縣志)

한산도에 한 항구가 있는데, 이충무가 도적을 크게 무찔러 이 항구에 들이매 도적이 크게 패해 궁축(窮蹙)하여 육지로 달

---

14 원문의 法南島를 해남도로 교감함.
15 쌓은 군량과 둔친 군대.

려 오르는 양이 개미의 붙음과 같은지라, 후인이 이를 개미목이라 인하여 이름하니라.(거제부지)

이충무가 일찍 야반에 도적과 진을 마주할새, 풀뗏목을 많이 만들어 머리가 세 개인 횃불을 벌여 꽂고 곧바로 엄격(掩擊)[16]할 모양을 보이니, 도적이 전선으로 알고 극력 활을 쏘고 총을 놓거늘 그 화살과 총알이 이미 다한 후를 기다려 이를 나아가 쳐 크게 깨니라.(호남기문)

(이 아래 세 단은 황당한 이야기에 가까우나, 선유先儒의 문집에 왕왕 실려 있는 바인 고로 이에 굳이 기록하노라.)

이충무가 배 안에 있을새, 홀연 한 궤짝이 바다에 떠내려오거늘 군중(軍中)이 가져온즉 금자물쇠로 잠갔는데 칠(漆)빛이 눈부시게 환하더라. 여러 장수가 열어 보기를 청하거늘 공이 좋지 않고 즉시 톱쟁이를 불러 궤짝을 톱질하여 끊는데, 궤짝 속에서 요동하며 고통스럽게 부르짖는 소리가 나며 피가 방방(滂滂)히 나오더니, 그 궤짝이 다 쪼개진 연후에 본즉 한 자객이 비수를 품고 허리가 끊어져 죽어 넘어진지라. 여러 장수가 일제히 놀라 탄복하더라.(상동)

달빛이 배다락에 가득한데 홀연 섬 오른쪽 숲 두둑에서 오리떼가 놀라 날거늘, 이충무가 배 안에서 자다가 베개를 밀고 곧 일어나 군중에 영을 내려 물에 대고 포를 어지러이 놓더니, 밝은 날 보니 허다한 왜의 시체가 물에 떠내려오는지라. 여러 장수가 놀라 그 까닭을 물은데 충무가 당(唐)나라 사람 시에 이른 "달

16 불시에 침.

은 검고 기러기 높이 나니, 선우[17]가 밤에 몰래 도망하도다"(月
黑雁飛高 單于夜遁逃)[18]의 구를 읊으며 가로되 "한밤에 편히 자
는 오리떼가 어찌 까닭없이 놀라 날 리가 있으리오. 이는 반드시
왜병이 헤엄 잘 치는 자를 보내 우리 배를 격침코자 함인 줄을
알고 이를 포격함이라" 하더라.(해이서解頤書)

　김대인(金大仁)은 촌백성이라 용력(勇力)이 절륜하나 그 담
이 매우 약하여 북소리만 들으면 먼저 전율하여 한 걸음을 나아
가지 못하는지라. 이순신이 이를 휘하에 거느려 두다가 홀연 캄
캄한 밤을 타 대인을 불러 가로되 "너는 내 뒤를 따르라" 하고
다만 두 사람이 하나는 앞서고 하나는 뒤에 서 산기슭 수풀 덤불
속으로 가만히 가더니, 언뜻 나무 사이로 불빛이 새어 나거늘 그
불빛을 쫓아 그곳에 이른즉 두어 길쯤 떨어진 산판(山阪)[19] 아래
한 평지에서 왜 유병(遊兵)[20] 수십 명이 쉬며 밥을 짓거늘, 이순
신이 산판 위에 서 대인의 손을 잡고 이를 내려다보며 귀에 대고
은밀히 가로되 "네가 용기를 한번 고동하여 이를 쳐 없앰이 어
떠냐." 대인이 벌벌 떨며 답해 가로되 "불능, 불능이노라." 이순
신이 노하여 가로되 "네가 이를 할 수 없거든 죽음이 가하다" 하
고, 즉시 그 등을 발로 차 산판 아래에 추락하니 왜병이 놀라 일
어나 에워싸는지라. 김대인이 이 지경에 이미 이르매 도망갈 길
은 없고 죽을 길은 다가오는지라. 담용(膽勇)이 돌연 크게 생겨

17　흉노의 우두머리.
18　당나라 시인 노륜(盧綸)의 시 「새하곡」(塞下曲)의 한 구절.
19　나무나 풀을 함부로 베지 못하게 하여 가꾸는 산.
20　떠돌이 병사.

맹렬히 주먹을 들어 한 왜를 때려 쓰러트리고 그 칼을 빼앗더니 도약하며 크게 호통치며 좌우로 시살(厮殺)[21]하는데, 그 칼은 번개같이 뒤집히며 그 소리는 산골짜기를 찢어 순식간에 뭇 왜가 낭자히 다 죽고 김대인이 온몸 핏덩이로 독립하였더라. 이순신이 곧 달려 내려가 손을 잡아 웃으며 가로되 "그대가 이로부터 그 가히 쓸 만할진저" 하고 영중(營中)으로 데리고 돌아가더니, 이 뒤로 김대인이 도적을 보면 바람이 일어 매양 싸움에 용기를 떨쳐 먼저 나아가고 기이한 공을 많이 세우므로 가덕 첨사를 뛰어 배(拜)하더라.(호남지湖南志 및 떠도는 시골 이야기)

위 일장(壹章)에 기록한 바는 비록 동린서조(東鱗西爪)[22]로 찾아 채록함이 정밀하지 않고 또 유적(遺跡) 이하는 하나하나가 모두 참인지 알기 어려울지나 그렇다고 또한 거리에 떠도는 무뢰(無賴)의 말이라 말살함은 불가한 것이라. 고로 이에 부록(附錄)하는 바이어니와,

비록 그러하나 이충무의 성공한 원인이 이들 인재를 망라함에 오로지 말미암음인가? 아니면 이들 기이한 꾀를 품은 까닭인가? 가로되 아니라. 이충무의 성공한 지결(旨訣)[23]을 물음에 다만 한 구절로 가히 답할지니, 한 구절은 무엇을 이름이오? 곧 이충무가 왜 총알과 왜 화살이 비처럼 모이는 곳에 서서 부액(扶腋)[24]하며 피하라고 청하는 장수와 병졸을 꾸짖어 물리며 푸른

21 전투에서 마구 침.
22 용을 그릴 때, 동쪽으로 용비늘 한 조각만 그리고, 서쪽으로는 발톱 한 개만 내놓아 용의 전신이 보이지 않는 것을 말하는데, 완전하지 않다는 뜻.
23 비결.

하늘을 가리켜 가로되,

　　"내 명(命)이 저기에 있다."

운운하던 한 구절의 말이 그것이라. 명(命)의 생사(生死)를 하늘에 맡기므로 하얀 칼날도 밟으며 물과 불에도 들며 호랑이굴도 찾으며 여주(驪珠)[25]도 들추어냄이니, 만일 이 한 관문(즉 생사의 관문)을 벗어나지 못하면 비록 신묘한 도략(韜略)[26]이 있을지라도 그 담이 약하여 이를 운용할 수 없을지며 잘 훈련된 군대가 있을지라도 그 기가 굶주려 이를 지휘키 불감(不堪)할지라. 한 가시덤불과 한 바위너설에도 오히려 전전긍긍하려든 하물며 비처럼 붓는 포환임에랴. 한 발길질과 한 주먹질에도 오히려 포복(葡匐)하려든 하물며 구름처럼 모이는 큰 도적임에랴. 오호라, 위인을 배우는 자 불가불 이 관문을 먼저 벗어날지니라.

24　겨드랑이를 껴 붙들음.
25　검은 용의 턱 밑에 있는 귀중한 구슬. 출전은 『장자』 외편 「열어구」(列禦寇)의 "무릇 천금의 구슬이 구중의 못에 있으니 검은 용의 턱 밑이라."(夫千金之珠 必在九重之淵 而驪龍頷下)
26　병법.

결론

신사(新史)씨[1] 가로되 내가 이순신전을 읽다가 책상을 치고 크게 소리지름을 불각(不覺)호라. 오호라, 우리 민족의 외경력(外競力)이 이처럼 감퇴한 시대에 공이 이에 있었으니 어찌 가히 놀랄 바 아니며, 우리 조가(朝家)의 정치가 이처럼 부패한 시대에 공이 이에 있었으니 어찌 가히 경악할 바 아니며, 인민이 전쟁을 몰라 북소리를 들으면 놀라 숨는 시대에 공이 이에 있었으니 어찌 가히 기이한 바 아니며, 뭇신하들의 당쟁이 심하여 사삿 싸움은 용감하나 공적 전쟁을 겁내는 시대에 공이 이에 있었으니 어찌 가히 이상한 바 아니며, 대가가 서천(西遷)하여 인심이 와해한 나머지에 공이 이에 있었으니 어찌 가히 흠모할 바 아니며, 일본이 바야흐로 강해서 우리의 약함을 틈탈새 그 교만하고 모짊이 비할 수 없을 제에 공이 이에 있었으니 어찌 가히 기뻐할 바 아니리오. 이왕 삼국 사이에 우리 국민의 세력이 팽창하던 날에 공이 있었거나, 본조 태종 세종의 치화(治化)가 바야흐로 펼쳐진 날에 공이 있었거나, 인민은 부유하고 나라는 은성하고 우

---

1   단재 신채호.

리는 강하고 적은 약한 날에 공이 있었으면 이런 일이 오히려 마땅히 그러하리라 하려니와, 이제 이처럼 악착한 시대에 공이 있었으니 어찌 가히 놀라고 가히 경악하고 가히 기이하고 가히 기뻐할 일이 아니리오. 앞도 아니고 뒤도 아니게 이 시대에 와서 우리 민족을 살리며 우리 역사를 빛냈으니, 위대하도다 공이여, 성대하도다 공이여.

내가 일찍 내외 고금의 인물을 들어 공과 시험삼아 비교컨대, 강감찬(姜邯贊)이 판탕(板蕩)²에서 일어나 큰 난리를 평정함이 공과 같으나 그 적은 군사로 대군을 친 신묘한 책략이 공에 손색이 있으며, 정지가 해전에 용감하여 왜구를 소탕함이 공과 같으나 그 나라를 위해 헌신한 열성이 공에 손색이 있으며, 제갈량(諸葛亮)의 국궁진췌(鞠躬盡瘁)³하는 곧은 충성이 공과 같으나 수십 년 한(漢)나라의 재상으로 정권 군권을 모두 쥐고도 옛 도읍을 수복하지 못하였으니 그 성공이 공에 손색이 있으며, 한니발이 싸워서 이기고 공격해 취한 웅대한 재주가 공과 같으나 말로에 나랏사람의 용납하지 못한 바 되어 이역에 도망쳐 죽었으니 그 사람 얻음이 공에 손색이 있도다. 그런즉 이충무는 필경 어떤 사람과 비슷한가.

근년에 선비들이 혹 영국 수군 제독 넬슨⁴을 들어 이충무에

---

2 정사가 문란해 나라가 어지러움.
3 노력과 정성을 다하여 나랏일에 힘씀.
4 호레이쇼 넬슨(Horatio Nelson, 1758~1805). 나폴레옹의 프랑스-스페인 연합 함대와 격돌한 트라팔가르 해전을 승리로 이끌고 순국한 영국의 해군 제독.

짝하여 가로되 "고금 수군계에 동서 두 위인이라" 일컫나니, 그 그런가 혹 그렇지 않은가. 그 과연 우열이 있는가 혹 우열이 없는가. 내가 비교하여 한번 평론코자 하노라.

대개 이충무의 역사가 넬슨과 매우 닮은 점이 많으니 단지 그 해전의 생애만 같을 뿐 아니라 심지어 쇄쇄세세(瑣瑣細細)한 역사까지 같은 바 많도다. 초년에 있어서 이름을 아는 자가 없음도 같고, 구구한 미관(微官)⁵으로 허다한 긴 세월 사이에 침체함이 같으며, 다른 날 수군 명장으로 우뚝하되 성공은 육전으로 시작함이 같으며, 일차 육전한 뒤에는 수전으로 그 활극을 끝내 재차 육지에 오르지 않음도 같으며, 여름날 원정에 더위병에 걸려 위험을 거침이 같으며, 탄환에 여러 번 맞고도 죽지 않음도 같으며, 마침내 적함을 격침한 뒤 양양(洋洋)한 개선가 속에 탄환에 맞아 목숨을 다함도 같으며, 임금을 사랑하고 나라를 사랑하는 혈성(血誠)도 같으며, 적과 더불어 함께 살지 않겠다는 열분(熱憤)도 같으며, 그 대항하는 적병(프랑스와 일본)의 사납고 독함도 같으며, 그 전쟁이 마무리되는 단계의 지리함도 같으니, 이충무와 넬슨을 함께 의론함이 과연 가한저.

비록 그렇다 하더라도 당시 영국의 국세가 우리나라 임진년 때와 어떠하며, 당시 영국의 병력이 우리나라 임진년 때와 어떠하며, 당시 영국 병사를 거느린 자의 권리가 우리나라 임진년 때와 어떠하며, 당시 영국의 전쟁과 수비 능력이 우리나라 임진년 때와 어떠한가.

5   미관말직.

저희가 몇 백 년을 열강과 경쟁한 결과로 이에 힘써 담금질하며 이에 갈고 닦아 인민의 적개 정신이 넉넉할뿐더러 그 모은 정예가 벌써 많고 빙자(憑藉)[6]가 벌써 두터워 영웅의 용무지가 넓고 넓은지라. 중앙 금고에는 몇 억만 원 재화를 쌓아 둬 장군의 군비로 쓰며, 기계 공창에는 몇 천백 문의 대포를 제조하여 장군의 군용을 기다리며, 각 부대의 누십만 명 되는 군졸은 편안한 죽음을 달게 여기지 않아 장군의 일전을 기원하며, 각 항구의 누백천 톤 되는 거함은 값은 못 받아도 장군의 한번 시험을 기다리며, 조정의 재집(宰執)[7]은 통통촉촉(洞洞燭燭)[8]히 마음과 힘을 다하여 장군의 징구(徵求)를 공급하며, 전국 인민은 경경동동(耿耿憧憧)[9]히 잠도 자지 않고 식사도 잊고 장군의 승리를 기도하니, 그런즉 넬슨은 하등에 심모원려(深謀遠慮)가 없고 단지 함정 머리에 우뚝 서 긴 파람만 짓더래도 오히려 넬슨이 되려니와, 이충무가 이충무됨에 이르러는 이와 같지 아니하니, 군저(軍儲)[10]가 이처럼 탕갈(蕩竭)한데 우리가 군저를 헤아리지 않으면 그 누가 헤아리며, 기계가 이처럼 둔폐(鈍弊)한데 우리가 기계를 만들지 않으면 그 누가 만들며, 병사의 머릿수가 이처럼 조잔(凋殘)한데 우리가 병사를 모집하지 않으면 그 누가 모집하며, 선제(船制)가 이처럼 지둔한데 우리가 배를 개량하지 않으

---

6   의지할 데.
7   2품 이상의 벼슬아치.
8   윗사람이 아랫사람의 형편을 깊이 헤아려 살핌.
9   안절부절함.
10 군량.

면 그 누가 개량하리오.

이 때문에 전쟁하는 일변에 둔전을 설비하며 양식을 사들이며 쇠를 캐 무기를 단련하며 배를 만들기에 급급해 겨를이 없는데, 하물며 일변으로는 동료에 원균 같은 자의 시기와 질투를 만나며, 또 일변으로는 조정 대신에 이이첨(李爾瞻) 같은 자의 참소를 당하니, 나는 가만히 생각건대, 넬슨으로 하여금 적병이 나라를 이미 파한 때를 맞아 이들 번뇌를 받으면 그 공을 능히 이룰까. 이는 오히려 빨리 판단치 못할 문제라 하려니와, 끝내는 원균이 큰일을 낭패하여 6~7년 초초히 애쓰고 바쁘게 일해 기른 강한 장수 용맹한 군졸이며 군향(軍餉)¹¹ 선척을 잿더미에 모두 부친 뒤에 초라한 10여 척 남은 배와 일백육십 인의 새로 모집한 군졸로 휘원(輝元)¹²·수가(秀家)¹³·행장·청정 등과 마주쳐 하늘 가득 바다를 덮어 오는 수천 적함과 겨룰새, 개연히 조정에 사(謝)하여 가로되 "내가 있으면 적선이 수가 많으나 우리나라를 바로 넘보지 못한다" 하고, 바다를 향하여 한번 소리지르매 고기와 용이 위엄을 도우며 하늘과 해가 빛을 잃어 참담한 적의 피로 큰 바다를 붉게 함은 오직 우리 이충무의 있는 바이며, 오직 우리 이충무의 있는 바이라. 이충무를 버리고는 고금 허다 명장을 모두 열역(閱歷)해도 이 일을 능히 주관할 자가 실로 드물다 하노니, 오호라, 저 넬슨이 비록 영무(英武)하나 만일 20세기

---

11 군량.

12 모리 테루모토(毛利輝元, 1553~1625). 조슈번(長州藩 : 지금의 야마구치 현)의 영주.

13 우키다 히데이에(宇喜多秀家).

금일에 이충무와 나란히 살아 해상 풍운에 무장하고 서로 보면 필경 그 아손(兒孫)[14]에 불과할진저.

그러나 지금에 보라. 세계 수군 위인을 말하매 넬슨에게 첫 손가락을 꼽지 않음이 없어, 영웅을 숭배하는 자 반드시 넬슨 초상 한 본을 가리키며, 역사를 열람하는 자 반드시 넬슨전 한 권을 말하고, 하물며 군인계에 출신하여 군인 자격을 양성코자 하는 자 반드시 넬슨의 이름을 이에 외우며, 넬슨의 자취를 이에 사모하며, 넬슨의 말씀을 이에 주으며, 넬슨의 수염과 눈썹[15]을 이에 꿈꿔, 생전 영길리(英吉利)[16] 일국의 넬슨이 사후 만국의 넬슨을 지으며, 생전 구라파 일주(壹洲)의 넬슨이 사후 육주(六洲)의 넬슨을 짓는데, 우리 이충무에 이르러는 가까운즉 지나 역사(명나라)에 그 전투의 양상을 간략히 기록할 뿐이며, 먼즉 일본 아이가 그 웅장한 이름에 놀라 넘어질 뿐이며, 그 나머진즉 본국 나무하는 아이와 소 치는 더벅머리의 가요에 오를 뿐이요, 세계에 유포한 역사는 철갑선 처음 만든 일절에 지나지 않으니, 오호라, 영웅의 명예가 항상 그 나라의 영광을 따라 오르나린 바 아닌가. 대저 수군의 제일 위인을 지니고 철갑선 창조에 비조가 된 우리나라로서 금일에 이르러 저 제해권이 가장 큰 나라와 비교하기는 고사하고 마침내 국가란 명사도 있는 듯 없는 듯한 비경(悲境)에 빠졌으니, 내가 저 몇 백 년래에 인민의 기운을 꺾으

---

14 자기의 아들과 손자를 아울러 이르는 말.
15 수염과 눈썹은 남자의 대칭(代稱).
16 영국.

며 인민의 지식을 틀어막고 문약 사상을 준 비열한 정객의 끼친 독을 돌이켜 생각하매 한이 바닷물결과 함께 깊어지도다.

이에 이순신전을 지어 고통에 빠진 우리 국민에게 양식으로 보내노니, 무릇 우리 착한 남자와 미쁜 여자는 이를 모범하며 이를 보추(步趨)¹⁷하여 형극(荊棘)의 천지를 답평(踏平)¹⁸하며 고해(苦海)의 난관을 넘어갈지어다. 하늘이 20세기의 태평양을 장엄하고 제2의 이순신을 기다리나니라.(完)

---

17 빠른 걸음으로 달림.
18 가시나무 천지인 곳을 평지같이 다님.

水軍第一偉人 李舜臣

錦頰山人 저

최원식 교주

일러두기

1. 이 교주본은 금협산인(錦頰山人)이란 필명으로 단재 신채호가 국한문 혼용판 『대한매일신보』 '위인유적'란에 연재한 「水軍第一偉人 李舜臣」(1908. 5. 2.~8. 18.)을 바탕으로 한 것이다. 이 작품은 연재 후 단행본으로 출간되지 못한 연유로 그리고 연재본을 직접 확인하기 쉽지 않아 정본을 확정하는 작업이 어려웠다. 다행히 단재신채호전집편찬위원회 편찬, 『단재신채호전집』 제4권(독립기념관 한국독립운동사연구소, 2007)에 이 신문 연재본이 영인 수록되었다. 이 전집에는 한글판 『대한매일신보』 '쇼셜'란에 패셔싱 번역으로 연재된 번역본 「슈군뎨일 거룩흔 인물 리슌신젼」(1908. 6. 11.~10. 24.)도 함께 수록한바, 국한문 혼용본을 최대한 원본에 가깝게 교감하는 데 크게 도움이 되었다. 더욱이 국립중앙도서관 고신문 디지털 아카이브로 원문을 확인할 수 있게 돼 작업의 완벽을 기할 수 있었다. 아울러 내가 참고한 새 활자본 두 종은 첫 번째 단재전집에 실린 「李舜臣傳」(『단재신채호전집 중권』, 형설출판사, 1987)과 가장 최근에 출판된 방대한 독립기념관 전집 4권에 수록된 활자본 「水軍第一偉人 李舜臣」이다. 이 두 활자본의 성과를 바탕으로 오류들을 바로잡아 정본을 만들 수 있게 된 점 고맙다.

2. 신문 연재본에는 구두점이 없이 붙여 썼으나 교감자가 적절히 띄고 구두점을 넣었다.

3. 되도록 원문의 단락을 존중했으나 맥락상 부적절한 데만 수정했다.

4. 한자 단어 중 일부만 한글로 표기된 것에는 한글 뒤에 각괄호〔 〕를 하고 한자를 표시하는 것을 원칙으로 했다.

5. 오자는 바로잡고 탈자는 보충했다.

6. 문장 부호는 현대어 표기법에 맞춰서 바꾸었다. 예: 〔 〕→ ' ' / 「 」→ " "

第一章 緖論

嗚呼라, 嶋國殊種이 代代韓國의 血敵이 되야 一葦相望에 視線이
毒注ᄒ고 九世必報에 骨怨을 深刻ᄒ야, 韓國 四千載 歷史에 外國
來侵者를 歷數ᄒ면 倭寇 二字가 幾乎 拾之八九에 居ᄒ야 변〔邊〕
烽의 警과 海氛의 惡으로 百年高枕ᄒᆯ 時節이 罕ᄒ되, 來則駁竄ᄒ
며 去則嬉戲ᄒ야 淡淡手腕으로 扼후〔喉〕與鬪ᄒᆫ 者ᄂᆫ 無ᄒ고 壹時
姑息으로 長策을 作ᄒ민, 沿海ᄆ地에 血腥의 臭가 不絕ᄒ얏스니
檀君子孫의 遺恥가 極ᄒ도다.

今에 往昔 日本과 對抗홈에 足히 我民族의 名譽를 代表홀 만
ᄒ 偉人을 求ᄒ건되, 上世에 兩偉人이니 (一) 高句麗 廣開土王
(二) 新羅 太宗王이오. 近世에 三偉人이니 (一) 金方慶 (二) 鄭地
(三) 李舜臣이니, 凡 五人에 止ᄒ얏도다. 然이나 其 時代가 近ᄒ
고 其 遺蹟이 備ᄒ야 後人의 模範되기 最好ᄒ 者ᄂᆫ 惟我 리舜臣
이 是며, 惟我 리舜臣이 是로다. 著者의 劣弱ᄒ 筆力으로 리公의
精神 萬分壹을 寫혼다 ᄒ기 難ᄒ나 汗漫소〔疏〕漏ᄒ 舊傳記에 比
ᄒ면 其장〔長〕이 差有ᄒ리니, 嗚乎 讀者여, 眼을 着ᄒ야 我 리舜
臣傳을 讀홀지어다.

壬辰之事를 尙可忍言가. 黨論이 朝野에 熾ᄒ며 上下가 私意
에 泪ᄒ야 排擠比附에 汲汲혼 小人들이 墻닉〔內〕에 干戈로 殺戮
을 日惹ᄒ민, 奚暇에 政務를 是問이며, 奚暇에 國危를 是慮며, 奚
暇에 外交를 是講이며, 奚暇에[1] 軍備를 是修리오. 曰公 曰卿 曰將
曰相이 不過是 一修羅場에 立ᄒ야 各其 自家私鬪事로 瞋目嫉視

ᄒ며 扼腕大叫ᄒᄂ 時라. 是以로 彼 平秀吉 者가 無名之師를 壹
擧ᄒ야 我境을 壹侵ᄒᄆᆡ, 將士가 瓦解ᄒ고 人民이 獸竄ᄒ야 彼가
出兵ᄒᆫ 지 不過 十數日間에 京셩[城]을 奄迫ᄒ야 無人之境ᄀᆺ치
驅入ᄒ얏스니, 嗚乎라, 禍亂의 作을 其又誰咎아.

　　腥塵이 八域에 漲하고 惡氛이 東海에 蔽ᄒ야 兵火가 七八年
을 至ᄒ니 如此 腐敗ᄒᆫ 國政과 如此 환[渙]散ᄒᆫ 人心에 何를 藉ᄒ
야 國家를 興復ᄒ얏ᄂᆫ가. ᄯ라, 我 리舜臣의 功烈을 于此에 可想
이로다.

第二章 리舜臣의 幼年과 及 其 少時

天蒼蒼兮在上ᄒ고 地隤隤兮在下ᄒᆫᄃᆡ, 兩間에 居住ᄒᄂ 人類ᄂ
壹大殺伐性으로 化生ᄒᆫ 者라. 故로 閉關自守로 國是를 作ᄒ야 老
子의 言과 ᄀᆺ치 隣國이 老死不相往來ᄒ던 時代에도 此民族이 彼
民族과 壹番接觸ᄒᄂ 境遇이면 骨飛血灑ᄒ고 天慘地黑ᄒ야 生滅
存亡이 瞬息呼吸에 決ᄒ거던, 況 世變이 愈大ᄒ고 競爭이 愈烈ᄒ
야 鐵血을 神聖이라 ᄒᄂ 近世乎아. 彼 長袖緩步ᄒ며 幾百年 修
齊治平을 講ᄒ던 者ᄂ 皆是夢中에 譫語ᄒ던 人物이 아니던가.

　　累累衆生이 空手來空手去ᄒ야, 丙寅年 江華砲聲만 耳邊에

1　탈자로 짐작되어 보충함.

偶墮ᄒ면 各各 男負女戴ᄒ고 草根石窟을 爭尋ᄒ야 一命을 苟保ᄒ다가 畢竟에는 生無益ᄒ며 死無損ᄒ야 荒山[山]枯骨이 艸木과 同腐ᄒ는데, 嗚乎라, 海天을 遙倚ᄒ야 三百年前을 回想컨대, 一身으로 滄茫波濤上에 立하야 干戈를 仗ᄒ고 諸將을 指揮ᄒᆯ 際, 敵船이 蟻集ᄒ며 砲丸이 雨下ᄒ야도 尙且 屹立不動ᄒ며 上天에 祈禱ᄒ야 曰 "此讐를 若滅인ᄃᆡᆫ 雖死나 無憾이라"ᄒ고, 其身을 犧牲ᄒ야 全國을 拯濟ᄒ던 者ㅣ 今日 三尺童子ᄭᅡ지 傳誦ᄒ는 我 水軍三道統制使 忠武公 李舜臣이 아닌가.

豊臣悍兒가 卒伍間(秀吉은 初是 織田信長 部下卒)에 奮起하야 三島를 統合ᄒ고 關伯位에 奄據ᄒᆫ 後 東韓을 睥睨ᄒᆫ 지 久矣라. 東萊 釜산[山]에 殺氣가 日逼하ᄆᆡ 檀祖神靈이 靑邱의 無人을 悲歎ᄒ사 대[大]敵 對抗ᄒᆯ 干셩[城]良材를 下送ᄒ시니, 實로 仁廟朝[2] 乙巳三月 初八日 子時에 漢셩[城] 乾川동[洞]에셔 呱呱聲을 報ᄒ니라.

父의 名은 貞이오 母의 씨는 卞이오. 其祖 曰 生員 百祿이니, 리舜臣의 將産ᄒᆯ 際 其祖가 現夢ᄒ고 此名을 贈ᄒ얏다 ᄒ나니라.

葱을 吹ᄒ며 竹을 騎ᄒ고 籬墻間에서 逐逐往來ᄒ는 것을 兒輩의 嬉戲라고 尋常히 看치 말지어다. 往往 英雄의 頭角을 此中에셔 驗出ᄒᆯ지니, 盖 리舜臣 幼時에는 群兒와 嬉戲ᄒᄆᆡ 戰陣을 布列ᄒ야 元帥라 自稱ᄒ고 木을 削ᄒ야 弓矢를 自作하고 동[洞]中人에 不合意者가 有ᄒ면 弓을 挽ᄒ야 其目을 射코ᄌ ᄒ더라.

悲夫라, 時代의 結習이 恒時 好男兒를 束縛ᄒ야 齷齪範圍內

---

2   원문의 '선'(宣)을 '인'(仁)으로 교감함.

에셔 坐腐ᄒ나니, 리舜臣의 出現ᄒᆫ 時代는 儒衣가 滿國ᄒ고 淸談이 盛行ᄒᆯ 쑨더러 又是 自家 父祖가 世世 儒者門庭中人物이니, 公이 비록 天授ᄒᆫ 軍人 資格이나 安能容易自拔ᄒ리오. 是以로 伯仲二兄을 從ᄒ야 儒業을 受ᄒ야 二十年 光陰을 送ᄒ얏도다. 雖然이나 將來에 海上壹片舟로 敵후[喉]를 扼ᄒ고 湖념[南]을 障蔽ᄒ야 全國 大司命을 作ᄒᆯ 人物이 엇지 此中에셔 長終ᄒᆯ가. 慨然히 筆을 擲ᄒ고 武藝를 學習ᄒ니 時年이 二十二러라.

二十八에 訓鍊院 別科에 赴ᄒ야 馳馬를 試ᄒ다가 馬上에셔 落下ᄒ야 左脚이 折骨되고 良久를 昏倒ᄒᄆᆡ 見者가 皆曰 "리舜臣이 已死라"ᄒᄂᆫ대, 리舜臣이 忽然 一足으로 起立ᄒ야 柳枝를 折ᄒ더니 其皮를 剝ᄒ야 傷處에 과[裹]ᄒ고 踊躍上馬ᄒ니 滿場이 喝采라. 嗚呼라, 此 雖小事나 大奮鬪 大忍耐ᄒᄂᆫ 英雄의 人格을 可想ᄒᆯ지니, 彼指底에 壹棘刺만 入ᄒ야도 終夜苦痛ᄒ야 口味를 全失하는 겁[怯]劣輩들이야 何事를 能做ᄒ리오.

大舞臺에 活動ᄒᄂᆫ 人物은 智略만 是貴ᄒᆯ 쑨 아니라 體力도 不可不觀이니라. 리슌臣이 일즉 先塋을 往省ᄒ니 將軍石이 仆倒ᄒ얏ᄂᆫᄃᆡ, 下輩 數十人이 此를 扶起ᄒ다가 其力이 不勝ᄒ야 息聲이 喘喘ᄒ거늘, 리슌臣이 一聲[3] 喝退ᄒ고 靑袍를 着ᄒᆫ 치 背上에 負ᄒ야 舊地에 立ᄒ니 觀者가 大驚ᄒ더라.

旣長에 兒時 踣揚發越ᄒᆫ 態度는 斂縮ᄒ고 性格을 涵養ᄒ니 同遊武夫가 終日慢言으로 相戲하면셔 리슌臣에게는 不敢ᄒ얏스

---

3 기왕에는 '으로'로 풀었으나 원문에는 한 자 빈 칸이다. '으로'보다는 그대로 두는 게 낫겠다.

며, 비록 洛中에 生長ㅎ나 門을 杜ㅎ고 出入이 罕ㅎ야 武藝를 獨
究ㅎ얏스니, 嗚呼라, 英雄을 학[學]ㅎᄂ 者ㅣ 不可不 其素養을 先
학[學]홀지니라.

第三章 리슌臣의 出身과 其後 困蹇

伯樂을 不遇ㅎ야 驥蹄가 鹽板에셔 空穿ㅎᄂᄃᆡ, 無情ㅎ 歲月은 丈
夫의 頭髮만 催白ㅎ야, 리슌臣의 年齡이 居然⁴ 二毛之年이 되얏
도다.

是歲에 一科를 纏中ㅎ야 武及弟 出身이 되니, 文貴武賤에 上
典이 何多며 산[山]疊水複에 活動이 何地오. 其冬에 함[咸]鏡道
董仇非堡權管이 되며, 翌四年 三十五歲에 訓鍊院奉事로 內遷ㅎ
얏다가, 又 其冬에 忠淸兵使의 軍官이 되며, 三十六歲에 鉢浦水
軍萬戶가 되얏다가, 翌年에 坐事罷職ㅎ고, 其秋에 訓鍊院奉事를
復任ㅎ더니, 翌三年에 咸鏡남[南]道 兵使營軍官이 되얏다가, 其
秋에 乾原堡權管이 되니, 리슌臣의 年齡이 一歲만 添ㅎ면 便是 四
拾歲러라.

當時 赫赫宦族의 乳臭兒들은 一藝가 初無ㅎ야도, 今日 承旨
明日 參判에 乘馬衣구[裘]ㅎ고 東西橫馳ㅎ며, 곤곤[閫閫]權門의

---

4 슬그머니. 어느덧.

吮癰5輩들은 一能이 都乏ᄒ야도, 今日 節度使 明日 統制使에 持梁齧肥ᄒ고 左右顧眄ᄒ며, 甚至於 二家村裡에 都都平丈의 盲학[學]究가 數年만 跪膝ᄒ야도 白衣 吏曹判書로 乘일[馹]上來ᄒ는 디, 乃者 絶代6偉人 리슌臣 ᄯ흔 이는 出身後 七八年에 一資를 未陞ᄒ고 奉事 權管 等 微職으로 拘칩[蟄]ᄒ야 窮途에서 悲鳴케 ᄒ는도다.

萬壹 地位를 早得ᄒ야 才略을 快展ᄒ얏더면, 慘淡흔 風雲을 吹噓ᄒ야 吉林 奉天의 舊壤을 恢復ᄒ야 高句麗 廣開土王의 紀功碑를 重建흠도 可ᄒ며, 大阪 薩摩의 諸島를 進逼ᄒ야 新羅 太宗大王의 白馬塚을 再築흠도 可ᄒ거늘, 卑劣의 奴輩가 朝廷에 充斥흠으로 東征西伐홀 桓桓대[大]將軍을 窄窄江山에 久囚ᄒ얏도다.

嗚呼라, 남[南]怡將軍이 白頭山에 登ᄒ야 支那 日本 女眞 韎갈[鞨] 等 각[各]國을 睥睨ᄒ며 我國의 微弱을 回顧ᄒ고 少年銳氣를 不勝ᄒ야 壹詩를 題ᄒ여,

白頭산[山]石磨刀盡, 豆滿江波飮馬無, 男兒二十未平賊, 後世誰稱大丈夫

라 云ᄒ고, 此로 畢竟 其身이 慘死ᄒ얏스니, 人民의 外競思想을 如此摧折ᄒ던 時節이니 英雄의 困蹇이 固宜ᄒ도다.

然이나 李舜臣은 窮達은 專忘ᄒ고 正義로 自持ᄒ야 威武에

5   연옹. 종기를 빨음.
6   원문의 '벌'(伐)을 '대'(代)로 교감함.

不屈ᄒ며 權貴에 不附ᄒ니, 此가 古人의 云ᄒᆫ 바 '豪傑而聖賢'이
로다. 訓練奉事로 在ᄒᆞᆯ 時에 兵判 金貴榮이 一庶女가 有ᄒᆞ더니
妾으로 與코ᄌ ᄒᆞ거늘 曰 "吾가 仕路에 初出하야 엇지 權문[門]에
托跡ᄒ리오"ᄒ고 媒人을 立謝ᄒ며, 볼포[鉢浦]万戶로 在ᄒᆞᆯ 時에
左水使 成박[鏄][7]이 人을 遣ᄒᆞ야 客舍庭中에 桐木을 琴材로 斫去
랴 하거늘 曰 "此ᄂᆞᆫ 官家物이라 多年栽培ᄒᆞᆫ 者를 壹朝에 伐흠은
何故오"ᄒ고 取去를 不許ᄒ며, 宰相 柳뎐[㙫]이 良好ᄒᆞᆫ 箭筒을
請求ᄒ거늘 曰 "他人이 聞ᄒᆞ면 公의 受와 我의 納이 皆何如라 ᄒᆞᆯ
고"ᄒ고 不許ᄒ며, 栗谷 리珥ㅣ 吏曹에 쟝[掌]ᄒᆞᆯ 시 西厓[8] 柳成龍
을 因ᄒᆞ야 請[9]見ᄒ거늘 曰 "同姓이니 可見이로ᄃᆡ 銓相時엔 不可見
이라"ᄒᆞ야 不聽ᄒ니, 剛直과 謹愼으로 自守흠이 리舜臣의 平生主
旨러라.

乾原堡權管으로 在任ᄒᆞᆯ 時에 蕃胡 鬱只乃가 邊患을 作ᄒᆞ거늘
奇計로 擒捕ᄒ더니, 兵使 金禹瑞가 其功을 忌ᄒᆞ야 不稟主將, 擅
擧大事 八字로 狀啓ᄒᆞ야 賞典이 竟無ᄒ니라. 東遷西轉ᄒᆞᆫ 지 八年
에 訓練參軍 壹階를 陞ᄒᆞ더니 父喪을 遭ᄒᆞ야 去官ᄒ고, 服闋[10]에
司僕寺主簿를 任ᄒ니 年이 四十二歲러라.

7　원문에 '뎐'이나 이분(李芬)의 『이충무공행록』(박태원 역, 을유문화사,
1948, 16면)에 의거해 '박'(鏄)으로 교감함.
8　원문 '애'(崖)를 '애'(厓)로 교감함.
9　원문엔 '제'(諸)나 '청'(請)으로 교감함.
10　끝날 결

第四章　防胡의 小役과 朝廷의 求材

宣廟 丙戌에 胡亂이 方殷홈으로, 朝廷이 公을 擧ㅎ야 造山〔山〕万
戶를 任ㅎ고, 翌年 丁亥에 鹿屯島 屯田官을 兼任ㅎ더니, 리舜臣
이 該島地形을 詳察ㅎ고 兵使 리鎰에게 累報ㅎ야 曰 "島가 孤遠
ㅎ고 防守軍이 單寡ㅎ니 胡來면 將奈何오"흔대 리鎰이 不從ㅎ며
曰 "太平時代에 增兵何爲오"ㅎ더라. 未久에 蕃胡가 果然 兵을 大
擧ㅎ야 島를 圍ㅎ는대, 리舜臣이 其 渠帥 數人을 射倒ㅎ고 리雲龍
等과 追擊ㅎ야 被擄軍 六拾餘人을 奪還홀싀, 戰酣에 胡矢가 左股
를 傷하얏스되 衆을 驚홀가 念慮ㅎ야 潛自拔去ㅎ얏더라. 此雖 小
戰이나 其 先見과 毅力을 可想이니 亦是 리舜臣 歷史에 小小紀念
이로다.

　魚龍이 泥塗에 在ㅎ야 누〔螻〕蟻에 見困홈은 常然흔 事라. 리
鎰도 又一 金禹瑞의 化身이던지 賞公홀 意가 初無홀 쑨더러 自己
가 其 增兵 不許홈을 愧ㅎ야 리舜臣을 殺코즈 ㅎ더라.

　리舜臣이 리鎰에 令을 聞ㅎ고 將入홀싀, 友人 宣居怡가 執手
流涕ㅎ며 酒를 勸ㅎ여 曰 "此를 醉ㅎ면 臨刑時에 苦痛을 忘ㅎ리
라." 李舜臣이 正色 曰 "死生이 有命ㅎ니 飮酒何爲오"ㅎ고 遂入
흔즉, 리鎰이 敗軍狀을 供ㅎ라고 脅喝ㅎ는지라. 리舜臣이 曰 "我
가 增兵을 累請ㅎ되 增兵을 不許흔 書目이 昭在ㅎ거늘 엇지 我를
罪ㅎ며, 且 我가 力戰退賊하야 被擄人을 追還ㅎ얏거날 엇지 敗軍
으로 論하리오"ㅎ고 聲色이 俱厲흔대, 리鎰이 辭塞ㅎ야 再詰을 不
能ㅎ얏스나 맛참닉 朝廷에 誣告ㅎ야 職을 奪ㅎ고 白衣로 從軍케

호니라.

有材호면 被猜호고 有功호면 得罪호니 時事를 可知로다. 然이나 문[文]忠公 柳成龍이 公의 材를 深服호고 武臣中 不次擢用홀 人材라고 累薦호더라.

宣廟 戊子에 井邑縣監을 除하야 泰인[仁]에 兼官호니 時에 泰인이 曠守已久라. 滯積호 簿書를 頃刻 盡決호니, 壹郡이 皆驚호고 御史에게 呈文호야 리舜臣으로 틴인을 任호라고 請호는 者가 紛紛호니, 嗚乎라. 矯矯 虎將이 吏治材도 兼優호도다.

庚寅에 高沙里僉使를 除호다가 臺諫이 守令遷動으로 沮호야 仍任호며, 未旣에 滿浦僉使로 除호다가 臺諫이 又驟陞으로 沮하야 仍任호더니,

翌年 辛卯에 倭寇의 信息이 日大호미, 於是乎. 將材를 始求호니 리舜臣의 成功홀 日이 漸至라. 珍島郡守를 拜호더니 赴任前에 加里浦鎭 水軍節制使를 拜호고, 又 赴任前에 全羅左道 水軍節度使를 拜호니, 年이 四十七이더라.

此는 리슌臣이 海上에 블[發]跡호 始初라. 英雄이 用武地를 纔得호얏도다.

第五章 **리舜臣의 戰役 準備**

是時를 當호야, 豊臣秀吉이 該國內 각藩을 壹鞭으로 統合호고 勃

勃호 野心으로 西雲를 睥睨ᄒ며, 使臣을 遣ᄒ야 我國의 내〔內〕情을 窺ᄒ고 國書로 侮辱을 頻加ᄒ니 兩國의 兵機가 眉睫에 迫ᄒ얏거늘, 無謀호 朝廷臣隣들은 蚩蚩安坐ᄒ야 倭不來를 主唱ᄒ며, 倭寇將動이라고 言ᄒᄂ 者도 不過是 淸談의 資柄을 作하야, 彼의 信使나 斬ᄒᄌ ᄒ며 明朝에나 聞ᄒ자 ᄒ고, 自守自立을 求ᄒᄂ 者ㅣ絶無ᄒ되, 默默히 一隅에 坐ᄒ야 寢을 忘ᄒ며 食을 廢ᄒ고 日後 大戰役을 豫備ᄒᄂ 者ᄂ 惟 全羅左道 水軍節度使 리舜臣 一人쑨이로다.

本營 及 屬鎭을 指揮하야 粮餉을 儲ᄒ며 戰具를 修ᄒ며 軍卒을 練ᄒ고 海路를 詳察ᄒ야 行軍往來의 地步를 默定ᄒ니, 嗚呼라, 리舜臣의 此職에 莅호 지 一年 만에 倭寇가 作ᄒ얏ᄂ대, 如此 短日月間의 收拾으로 大功을 成ᄒ얏스며, 又 奇智를 運ᄒ야 大船을 創ᄒ니, 前에 龍頭口를 設하고 背에 鐵尖을 植하고, 船內에셔ᄂ 外를 窺ᄒ나 船外에셔ᄂ 니〔內〕를 窺치 못ᄒ야 數百 賊船中에도 往來無恙케 製造ᄒ얏ᄂ대, 其狀이 龜形과 彷佛호 故로 龜船이라 名하니, 此로 寇賊을 討平ᄒ야 壹時 大功을 成홀 쑨 아니라, 卽 世界 鐵甲船의 鼻祖가 되야 西國 海軍記에 往往 其名을 記ᄒ니라.

銳師를 率ᄒ야 鳥嶺의 險을 不守ᄒ고 彈琴臺에셔 覆沒ᄒ던 申將軍 립〔砬〕이 陸戰에만 專意ᄒ고 舟師를 廢ᄒᄌ고 啓辭ᄒ야 朝廷이 許코ᄌ ᄒ거날, 李舜臣이 馳啓ᄒ야 曰 "海寇를 遮遏홈은 舟師가 第壹이니 水陸兩戰에 何者를 偏廢ᄒ리오" 하야 舟師가 不廢ᄒ니라. 雖然이나 朝廷이 水軍 一事ᄂ 묘〔藐〕視가 尤甚ᄒ야 恒常 有亦可 無亦可로 知하ᄂ 故로 리舜臣이 體察使에게 上호 書에 曰

"我國備禦가 處處 齟齬홀 쑨더러 倭奴 所畏者가 舟師인되, 方

2부 ─ 단재와 구보의 이순신

伯에게 移文ᄒ야도 一個水卒을 檢送치 아니하며, 軍粮의 艱窘이
尤甚ᄒ야 舟師一事ᄂ 勢將罷撤이니, 國事를 將奈何오"ᄒ얏스며,
又 倭變後 狀啓에 曰

"釜山 東萊 沿海諸將이 舟楫을 盛理ᄒ야 海口에 列兵ᄒ고 威
武를 大揚ᄒ며 勢力을 度ᄒ야 進退有方이러면, 賊이 엇지 陸路 壹
步地를 出ᄒ얏스리오. 此를 念及ᄒ오매 感憤을 不勝흔다"云云ᄒ
얏스니,

當時 朝廷이 水師에 無意흠을 可見이오. 李舜臣이 修備拮拒
에 獨勞흠은 尤可見이로다.

第六章 釜山海 赴援

時에 陸軍을 觀ᄒ건딘 申립 리鎰 等 數三童子(日月錄에 曰 "數三
童子 分爲統帥 不待賊至而 其敗可知也"云)가 分統ᄒ며, 水軍을 觀
ᄒ건딘 元均 裵楔 等 狂夫가 主張ᄒ니, 所謂 備禦가 實可寒心인
딘, 當時 湖嶺以南에 萬里성을 作ᄒ야 中興基本을 作흠이 惟壹
리舜臣을 是仗이로다. 然而 리舜臣의 地位가 一水使에 不過ᄒ니
其位가 極卑ᄒ고, 職權이 全羅左道에 不出ᄒ니 其權이 極狹이라.
萬一 水陸軍 大提督을 任ᄒ얏거나, 否則 三道水軍統制의 除授만
差早ᄒ얏더면, 百 豐臣秀吉이 來ᄒ더라도 海底魚腹에 葬흘 쓴이
니라.

萊釜 海口에 愁雲이 黯淡ᄒ고 畿嶺 各地에 烽火가 경[驚]絶
ᄒ딕, 封疆之臣이 身不能自擅ᄒ야 終夜不寐ᄒ고 撫劍咄嗟ᄒ니
怒膽만 輪困ᄒ도다. 壬辰 四月 十五日에 慶尙右道 水軍節度使
元均의 關문[文]이 來到하얏ᄂᆞᆫ대, "倭船 九十隻이 左道 축[丑]伊
島를 經過ᄒ야 釜山浦로 連續出來ᄒᆫ다"ᄒ며, 四月 十六日 辰時
에 慶尙道 觀察使 김슈[金睟]의 關文이 來到ᄒ얏ᄂᆞᆫ대, "倭船 四百
餘艘가 釜山浦 越邊에 來泊ᄒ얏다"ᄒ더니, 同日 亥時의 元均의
關文을 又接ᄒᆫ즉 釜山巨鎭이 已爲陷沒ᄒᆫ지라. 卽時 營下諸將을
召ᄒ야 進討를 議ᄒ니 皆曰 "本道舟師ᄂᆞᆫ 本道나 守ᄒᆯ지니 嶺南之
賊이 於我何關가"ᄒ며 規避者가 甚多ᄒᆫ대, 光陽縣監 魚泳潭, 鹿
島萬戶 鄭運 及 軍官 宋希立 等이 奮然 曰 "嶺남도 國土이오 嶺
남의 倭도 國賊이니, 今日에 嶺南이 陷ᄒ면 明日에 全羅ᄂᆞᆫ 能保ᄒᆯ
가"ᄒ거늘, 리舜臣이 拍案 曰 "唯"라 ᄒ고 各浦 戰船을 招集ᄒ며
人馬를 分統ᄒ고 二十九日에 本營 前洋에 約束을 申明ᄒ다.

戒船欲發ᄒ어니, 差送人 順天 水軍 李彦浩가 奔還進告ᄒ되,
南海縣의 縣令 及 첨[僉]使가 賊의 聲信을 聞ᄒ고 倉黃逃避ᄒ야
蹤跡을 杳不知이오며, 公廨閭舍가 擧皆壹空ᄒ야 烟火가 蕭然ᄒ
고, 官倉穀物은 四處頹散ᄒ고, 武庫兵器ᄂᆞᆫ 滿地狼藉ᄒᆫ딕, 惟獨
軍器廊外에 跛者 壹人이 坐泣ᄒ더라고 來報ᄒ니, 嗚乎라, 此是
李舜臣의 一大 驚痛處로다.

大抵 남海ᄂᆞᆫ 左[11]水營과 距離가 不遠ᄒ야 鼓角이 相聞ᄒ고
坐立人形도 歷歷可數인대, 該縣이 旣已 空虛ᄒ얏슨즉 本營도 賊

---

11 원문의 右를 左로 교감함.

患이 迫眉ㅎ얏도다. 然이나 本營을 坐守코자 ㅎ즉 四面賊勢는 憑陵[12]日大ㅎ야 八道 人民의 悲呼가 動地ㅎ는대, 將臣의 名義로 坐視不救ㅎ면 不인[仁]이라 不可爲也며, 各地를 盡救코즈 ㅎ則 釜山援兵도 單弱이 莫甚ㅎ야 前途勝筭이 杳無把握인딘 若復分兵ㅎ면 何以爲戰이리오. 不智라 不可爲也로다. 中夜遶床에 灑涕彷徨[徨]ㅎ다가 翌日에 狀啓를 上ㅎ고 釜山海에 赴ㅎ야 元均을 救ㅎ더라.

船數가 敵艦 百分의 壹이 못 되며, 兵額이 賊軍 千分의 一이 못 되며, 器械도 賊又치 精利치 못ㅎ며, 聲勢도 賊又치 壯大치 못ㅎ며, 慣戰도 賊만 못ㅎ며, 習水도 賊만 못ㅎ건만, 只是 義 一字로 軍心을 激勵ㅎ야 箇箇 與賊不俱生之心으로 戰途에 登ㅎ니, 板屋船이 二十四隻이오, 挾船이 拾五隻이오, 鮑作船이 四十六隻이더라.

五月 四日 鷄壹鳴에 불[發]船急行하더니, 往往 所經沿路에 雙轎一馬로 妻前夫後ㅎ야 凄涼啓行ㅎ는 者가 道途 相繼ㅎ얏스니, 彼 皆何人고. 皆平時 厚祿에 飽食暖衣ㅎ고 金圈玉貫으로 稱太守 稱營將ㅎ는 人物들의 避亂行次이더라.

12　세력을 믿고 남을 침범함.

第七章　李舜臣의 第壹戰(玉浦)

是日에 慶尙道 所非浦 洋中에 結陣夜宿ᄒ고, 翌 五日 六日 兩日 에 慶尙 全羅 兩道 諸將이 追後續至ᄒᄂ 者ㅣ 多ᄒ거늘, 一處에 招集ᄒ야 約束을 再三 申明ᄒ 後 巨濟島 松未浦 洋中에 日沒經 夜ᄒ고, 七日 曉頭에 발船ᄒ야 敵船留泊處로 向ᄒ식 午時에 玉浦 前洋에 至ᄒ니, 斥候將 金浣 等이 神機銃을 放ᄒ야 前面有倭를 報ᄒ거늘, 리舜臣이 諸將을 申飭ᄒ야 靜重如山 切勿妄動事로 軍 中에 傳令ᄒ고 整列齊進ᄒ즉 倭船 五拾艘가 分泊ᄒ얏ᄂ대, 其船 四面에 畵采雜文의 帳幕으로 匝圍ᄒ고, 帳邊에ᄂ 紅白小旗가 亂 懸ᄒ야 風前에 飄轉ᄒ니 人眼이 眩擾러라.

我軍 將士 等이 一齊奮발ᄒ야 抵死爲限ᄒ고 東西衝抱ᄒ니, 賊徒가 蒼黃罔措ᄒ야 逢丸着箭에 流血 淋漓ᄒ며 舟中載物을 紛 紛投水ᄒ고 壹時潰散ᄒ야, 沈溺死者를 不可勝數며 登陸走者도 前後相繼라. 我軍이 益益奮戰ᄒ야 倭船 數十隻을 撞破焚滅ᄒ니, 壹海大洋에 烟焰이 漲天ᄒ더라.

登山賊을 搜捕ᄒ랴다가 山形이 險巇하고 樹木이 鬱茂ᄒ야 容 足ᄒᆯ 地가 無ᄒᆯ 쑨더러 日勢가 又暮ᄒᆷ으로, 不得已 永登浦 前양 〔洋〕에 退駐ᄒ야 經夜ᄒ기를 計圖ᄒ더니, 申時量에 倭大船 五隻 이 突來ᄒ야 距里 不遠處에셔 飄蕩ᄒ거늘, 即時 金浦 前양에 追 擊大破ᄒ 後 昌原地[13] 藍浦 前양에셔 經夜ᄒ고, 初八日 早朝에 鎮

13　원문 '해'(海)를 국문 번역본의 "창원쌍"(『대한매일신보』 1908. 7. 1.)에 따

海 古里梁에셔 倭船이 留泊ᄒᆞᆫ다ᄂᆞᆫ 報道가 來ᄒᆞ거늘, 卽時 發船ᄒᆞ야 固城 赤珍浦에셔 倭船 拾三隻을 불見하야 羣艦이 突掩ᄒᆞ며 千砲가 齊發ᄒᆞ야 大勝利를 又獲ᄒᆞ니라.

士卒이 朝食次로 休憩ᄒᆞᄂᆞᆫ대, 赤珍浦 近處居民 李信同이라 ᄒᆞᄂᆞᆫ 者가 山上에셔 我國旗를 望見ᄒᆞ더니 背에 幼兒를 負ᄒᆞ고 顚倒呼泣ᄒᆞ며 浦濱으로 進ᄒᆞ거늘 小舟로 載來ᄒᆞ야 賊徒의 蹤跡을 問ᄒᆞᆫ즉, 其言에 曰 "倭賊 等이 昨日에 此浦에 到ᄒᆞ야 人命을 殺害ᄒᆞ며 婦女를 劫奪ᄒᆞ고 財物은 牛馬로 馱ᄒᆞ야 其船에 載ᄒᆞ더니, 夜初更에 中流泛舟ᄒᆞ고 屠牛飮酒ᄒᆞ며 歌聲笛聲이 達曙토록 不止ᄒᆞ다가 今日 早朝에 固城 等地로 向ᄒᆞ더이다"ᄒᆞ며, 又曰 "民은 老母妻子를 亂中에 相失ᄒᆞ야 罔知所向이로소이다"ᄒᆞ고 慘淚가 如注ᄒᆞ거늘, 李公이 惻隱之心을 不勝ᄒᆞ야 陣中에 率置ᄒᆞ랴 ᄒᆞᆫ즉, 其母其妻 尋見ᄒᆞᆯ 意로 不肯ᄒᆞ더라.

李舜臣 等 一行將士가 此言을 聞ᄒᆞ매 益益心膽이 憤裂ᄒᆞ야 日人과 不俱生ᄒᆞ기로 自誓ᄒᆞ고 賊陣 留泊處로 向ᄒᆞ더라.

是役에 倭賊 死傷은 數千에 過ᄒᆞ고, 我兵은 오즉 順天代將 李先枝가 左臂를 丸傷ᄒᆞ얏더라.

라 '지'(地)로 교감함.

第八章 李舜臣의 第二戰(唐浦)

銳氣가 方盛ᄒᆞ듸 慘信이 突來로다. 五月 八日에 固성(城) 月明浦에 至ᄒᆞ야 結陣休兵ᄒᆞ며 諸將과 破賊方策을 商議ᄒᆞᄂᆞ 中, 本道都事 崔鐵[14]堅이 牒文으로 來報하기를 "賊兵이 京城을 已陷ᄒᆞ고 大駕가 平壤에 播遷ᄒᆞ얏다" ᄒᆞᄂᆞ지라. 李舜臣이 悲淚를 不禁ᄒᆞ고 怒膽이 欲裂ᄒᆞ야, 翩然 一旗로 닉(內)地에 馳赴ᄒᆞ야 賊黨을 掃蕩ᄒᆞ고 國恥를 快雪코자 ᄒᆞ나, 戰馬와 粮餉이 不足ᄒᆞᆯ 뿐더러 舟師를 一撤ᄒᆞ면 三南의 障蔽ᄂᆞ 又將奈何오.

　慷慨多血이 元來 英雄의 本色이나, 輕躁狂妄이 又是 將家의 切戒라. 於時에 李舜臣이 悲憤을 强抑ᄒᆞ고 本營에 還師ᄒᆞ야, 右水軍 節度使 리億祺에게 釜山賊을 勦滅ᄒᆞᄌᆞ고 移文ᄒᆞ야 六月 三日로 同會破賊하기로 定約ᄒᆞ고 屈指待日ᄒᆞ더니, 約前 數三日에 賊船 拾數艘를 露梁에서 發現ᄒᆞᆫ지라. 彼 厚集ᄒᆞ기 前에 破滅ᄒᆞᆯ 計劃으로 戰船 卄三隻을 獨領ᄒᆞ고 露梁 洋中에 直到하야 倭船 十隻을 攻捕ᄒᆞᆫ 後 泗川船滄으로 進向한즉, 물 七八里許되ᄂᆞ 一山上에서 倭賊 四百餘名이 紅白旗를 亂揷ᄒᆞ고 장(長)蛇又치 結陣ᄒᆞ얏ᄂᆞ대, 其 最高山巓에 帳幕을 別設ᄒᆞ고 岸下에ᄂᆞ 倭船 拾二隻이 列泊ᄒᆞ야 群賊이 揮劍俯視하며 意氣揚揚ᄒᆞ더라.

　發射코저 한즉[15] 距離가 稍遠하야 砲力이 不及하고, 進衝코자

14　원문 銕을 鐵로 교감함.
15　이하 세 단락은 『대한매일신보』 1908년 5월 13일 치가 누락되어 『단재신

한즉 潮水가 已退하야 船力이 不疾홀 쑨더러 彼高我低하야 地勢가 不好하며 西日을 回顧ᄒ니 奄奄欲沉이라. 李舜臣이 乃 諸將에게 令하되, "彼賊의 侮慢한 狀態가 太甚하니 中流에 引出하야 合擊함이 良策이라"하고 卽時回船하니, 果然 倭賊 數百名이 乘船馳出하거날 龜船을 蹤하야 放砲突擊하며 冒死直前하야 數隻船을 擊沉하니 彼가 戰慄盡退하고 影子가 閃藏하난지라.

翌 六月 一日에 下陸窮探ᄒ다가 二日 辰時에 唐浦에 到한즉 賊大船 九隻 小中船 竝十二隻이 分泊하얏난대, 其中 一大船上에 層樓가 屢起하얏난대 高가 三四丈쯤 되며 外面은 紅羅帳으로 環垂하고 倭將 一人이 儼然 前立하얏거날, 龜船으로 其前에 直進하야 中衛將 權俊이 該賊將을 射倒하니 賊軍이 或 丸을 中하며 或 箭을 逢하야 狼狽奔走하거날, 下陸窮追코저 할 際에 又 "倭大船 二十餘隻이 小船 幾百隻을 率하고 巨濟에 來泊하얏다"고 探望船이 來告하거날, 櫓를 促하야 海面에 出한즉 賊이 聲威에 震慄하야 相距 五里許에셔 朝鮮全羅道 左水軍節度使 李舜臣의 旗影을 望하고 一時遁走하더라.

連戰累捷에 兵威난 已震하얏으나 賊兵은 日添ᄒ고 士氣난 日疲하야 一陣 將士가 噫歔를 不堪하더니, 是日에 唐浦 前洋에 到하니 角聲이 雲霄에 淸徹하며 帆影이 碧空에 消暎하니, 是난 右水

채호전집』(독립기념관 한국독립운동사연구소, 2007) 제4권에 수록된 「水軍第一偉人李舜臣」(국한문혼용 연재본을 독해하여 새로 출판한 본)에서 해당되는 단락들(502~503면)을 가져와 오자를 바로잡고 구두점도 수정하여 올린 것이다. 『단재신채호전집 中卷』(형설출판사, 1987)에 실린 「李舜臣傳」의 해당면 (370~371면)도 참고했다.

使 李億祺가 戰船 二十五隻으로 來會함이라. 一軍이 欣喜踴躍하며 舜臣이 億祺의 手를 握하며, 曰 "倭賊이 鴟張하야 國家存亡이 呼吸에 迫한데 令公의 來가 何遲오"하더라.

五日에 海霧가 天에 塞ᄒ야 咫尺을 不辨이더니 至晚에 稍捲ᄒ거늘, 리億祺와 遁賊을 追討ᄒ기로 相議ᄒ고 懸帆出海ᄒᆫ즉, 巨濟居民 七八人이 小艇을 騎ᄒ고 愀然來迎 曰 "民等이 將軍을 待ᄒᆷ이 久矣로라. 將軍이 아니면 民等의 父母가 賊鋒에 魚肉되며 民等의 妻子가 賊丸에 慘鬼되야 全羅 壹道가 大血腥 世界를 作ᄒ얏슬지어늘, 幸히 彼蒼上帝가 將軍을 下送ᄒ셧도다. 將軍 將軍이여, 民等을 生ᄒ 者ᄂᆫ 父母어니와, 民等을 活ᄒ 者ᄂᆫ 將軍이니 將軍도 我父母시이다. 唐浦에셔 被逐ᄒ 賊이 唐項浦에 潛泊ᄒ얏나이다. 將軍은 早早히 神威를 奮ᄒ야 民等을 活ᄒ소셔"ᄒ거늘, 仍히 唐項浦 形勢를 問ᄒ니 "遠可拾餘里오 廣可容舟라"ᄒᄂᆫ지라. 몬져 二三探望船을 發ᄒ야 地理를 往審ᄒᆯ식, 賊若追逐ᄒ거던 佯退引出ᄒ라고 嚴飭以送ᄒ고 舟師大隊가 其後에 潛隨ᄒ더니, 探望船이 海口에 纔出ᄒ며 神機砲를 放ᄒ야 報變ᄒ거늘, 戰船 四隻은 浦口에 潛伏ᄒ고 大隊가 擁入ᄒᆫ즉, 彼가 挾江 貳拾餘里 兩邊 山麓 內에 在ᄒᆫ대 其間 地形이 不甚狹窄ᄒ야 戰船을 容納ᄒᆯ 만ᄒ더라.

諸船이 魚貫齊進ᄒ야 召所江 西岸에 至ᄒᆫ즉 板屋만치 大ᄒ 黑質 倭船 九隻과 中船 四隻과 小船 拾三隻이 泊ᄒ얏ᄂᆫ듸, 其中 最大 一船頭에 三層板閣을 別設하야 粉壁丹靑이 佛殿과 恰似ᄒ며 閣下에 黑染絹帳을 垂ᄒ고 帳面에ᄂᆫ 白花紋을 大畵ᄒ얏ᄂᆫ대 帳內에 無數倭人이 列立하얏고, 旣而오 又 倭大船 數隻이 內浦에셔 出ᄒ야 一處에 聚하니 각船에 皆 黑旗를 揷하고 각幡에 皆 南

無妙法蓮花經 七字를 書ㅎ얏더라.

我師를 見ㅎ더니 銃丸을 爭放ㅎ거늘, 諸船이 圍立ㅎ고 龜船이 當先突入하야 良久接戰에 勝負未分이더니,

李舜臣 曰"彼가 萬壹 勢窮하야 棄船登陸ㅎ면 盡殲키 難하니, 我가 退兵狀을 佯作ㅎ야 解圍却陣하다가, 彼 移舟의 隙을 乘ㅎ야 左右尾擊홈이 可ㅎ다"ㅎ고

壹面을 開ㅎ니, 賊船이 果然 開路로 出ㅎ거늘 船을 督ㅎ야 四面匝圍ㅎ고 龜船으로 其層閣下에 直衝ㅎ며 砲丸을 放ㅎ니,

船閣上에 巍坐하얏던 賊將이 一聲叫哀하며 水에 墜ㅎ고 餘船은 皆 蒼黃四散ㅎ얏는대, 後에 降倭의 口招를 據ㅎ즉 此戰에 死흔 者는 秀吉의 愛將 羽柴筑前守라 云ㅎ더라.

戰益勵ㅎ야 倭船을 全數焚滅하고 一船만 故放ㅎ야 歸路를 開ㅎ니, 可生可殺이 無非將軍의 神威로다.

六日 曉頭에 防踏僉使 리純信을 召ㅎ여, 曰"昨日에 故放흔 壹船의 餘賊이 唐項浦 登山賊과 合勢ㅎ야 乘曉潛犯ㅎ리니 君이 此를 邀擊盡捕허라."

李純信이 去未幾에 飛報가 來ㅎ얏는대, 果然 海口를 纔出 흔즉 倭人 數百名이 壹船을 乘ㅎ고 其中 倭將은 年貌가 大綱 二十四五歲 假量이오. 容顏이 健偉하고 服飾이 華麗흔대 杖劍獨立ㅎ야 其黨을 指揮ㅎ고 畏怯[怯]色이 少無ㅎ거늘, 리純信이 累次 射中ㅎ니 逢箭 凡十餘度에 失聲墜水ㅎ고 其餘는 皆水中에 投死라 ㅎ니, 리舜臣의 料賊이 盖如是하더라.

該船中에 凉房을 別作ㅎ고 房닉에 帳幕이 皆 極奢侈흔듸 文書藏置흔 一小櫃가 有ㅎ거늘, 取見흔즉 該船 倭將 分軍記인듸 凡

三千四百名이오. 名下에 各各 삽[歃]血着盟ᄒ얏더라.

是日에 雨注雲暝ᄒ야 海程을 分辨홀 슈 업슴으로 唐項 前洋에 移屯ᄒ야 戰士를 休撫ᄒ고, 翌日에 永登浦 前洋에 至ᄒ미 敗遁ᄒᄂᆫ 倭船 七隻과 相値하야 全數焚滅ᄒ니, 此後로 賊兵이 리舜臣을 遇ᄒ면 大戰慄을 抱ᄒ야 望見에 輒走ᄒ며 險阻를 據ᄒ고 不出ᄒ더라.

是時에 我國兵家가 尙且 支那六國 秦代의 上首功法을 效ᄒ야 首級의 多少로 功勞의 優劣을 分ᄒ더니, 리舜臣 曰 "斬首홀 時間을 利用ᄒ야 射擊을 多行홈이 可하다"ᄒ고 遂改定하니라.

是役에 倭船覆沒者가 八十二隻이니 倭屍가 海에 蔽ᄒ얏ᄂᆫ디, 我兵은 死者가 十八人이오 傷者가 三十人이더라.

第九章 李舜臣의 第三戰(見乃梁)

彼가 海를 據ᄒ야 縱橫出入ᄒ며 我兵을 奔命에 疲케ᄒ고 我民은 運輸에 勞케 혼 後 徐徐히 其殘을 乘ᄒ야 襲取ᄒ랴ᄂᆫ 慘計劃이더니, 卒然 李舜臣을 遇하야 戰必敗ᄒ며 攻必仆ᄒ미 彼의 懷抱가 畵餠에 全歸하ᄂᆫ지라.

豊臣秀吉이 此를 大切齒ᄒ야 麾下諸將을 畢集ᄒ고 리舜臣의 敵手를 問흔대, 宇喜多秀家란 者ㅣ 臂를 攘ᄒ고 自當ᄒ기를 請ᄒ거늘, 秀吉이 許諾ᄒ고 水軍總大將을 拜ᄒ야 薩摩兵 十三萬을 率

ᄒ고 海를 渡ᄒ야 西來ᄒ니, 秀家는 元來 秀吉의 各藩 征戰홈에 累從하야 奇功을 多立혼 名將이라더라.

리舜臣이 賊警을 接ᄒ고 諸將을 約束ᄒ야 壹時 發船홀식, 南海地 露梁에 至ᄒ니 慶尙右水使가 戰船 七隻으로 來會ᄒ더라.

七日에 固城地 唐浦에 至ᄒ니, 巖々혼 山頂上에서 亂髮垂垂혼 一牧童이 我國船을 望見ᄒ고 惶惶下來ᄒ여 曰 "余는 避亂人 金千孫이로소이다"ᄒ며, "當日 未時量에 賊船 七十餘隻을 固城地 見乃梁에 불[發]見ᄒ얏나이다"ᄒ거늘,

諸將을 更飭ᄒ야 該地로 向ᄒ더니,

中洋에 未及ᄒ야 倭先鋒 二十餘船이 結陳ᄒ얏고 其後에는 無數輩船이 亂蔽ᄒ얏더라.

李舜臣이 地形을 良久觀覽하더니 諸將을 顧ᄒ며 曰 "海가 隘ᄒ고 港이 又淺ᄒ니 英雄의 用武之地됨이 不足ᄒ도다. 我가 將且 快闊혼 大海中으로 誘出ᄒ야 殲滅ᄒ리라"ᄒ고,

板屋船 五六隻을 揮ᄒ야 其 先鋒賊을 追逐ᄒ야 掩擊홀 狀을 詐示혼대, 各船 왜[倭]將이 壹時에 帆을 縣ᄒ고 突逐ᄒ거늘,

我船이 佯退ᄒ야 洋中으로 引出ᄒ니 勝敗의 機가 決ᄒ얏도다.

淘湧혼 海波는 壯士의 意氣를 鼓ᄒ며 寥廓혼 海天은 將軍의 懷抱를 助ᄒ는대, 巍巍 雙肩上에 四千載 國家의 運命을 擔ᄒ고 世仇公敵과 角勝을 試하니, 鳴乎라, 男兒到此에 雖死나 何恨ᄒ리오. 勝字銃(銃名) 壹放에 龜船이 突進ᄒ야 倭船 二三隻을 撞破ᄒ니,

諸倭는 魄奪ᄒ고 我師는 氣盈이라. 順天府使 權俊과 光陽縣監 魚泳潭이 冒死先登ᄒ야 倭將 二名과 倭頭 二拾二級을 斬ᄒ고 層閣倭船 二隻을 擊沉ᄒ며, 蛇渡僉使 金浣과 興陽縣監 裴興立이

賊將 壹名과 倭頭 二拾四級을 斬ᄒᆞ고, 李純信 리奇男 尹思恭 賈安策 申浩 鄭運 等 諸將 軍卒이 箇箇 奮勇爭先ᄒᆞ야 大射擊을 試ᄒᆞ니,

千舶이 飛舞ᄒᆞ고 萬銃이 轟發ᄒᆞ야 頃刻間 倭腥倭血로[16] 海水가 盡赤이라. 彼 七十三隻船에 隻櫓도 得完ᄒᆞᆫ 者가 無ᄒᆞ고, 但只 接戰時에 落後ᄒᆞ얏던 拾隻船이 焚船斬將ᄒᆞᄂᆞᆫ 光景을 望見ᄒᆞ고 櫓를 促ᄒᆞ야 脫去ᄒᆞ니라.

熊川人 諸末이 日本에 被虜ᄒᆞ얏슬 時에, 對馬島 移文을 閱ᄒᆞᆫ 즉 日兵死者가 七千人이라 云ᄒᆞ얏더라.

翌 九日에 倭船 四拾餘隻이 安骨浦에 留泊ᄒᆞ얏다고 探望軍이 來報ᄒᆞ거늘, 李舜臣이 卽時 軍氣를 再鼓ᄒᆞ야 本道(卽 全羅) 右水使와 慶尙右水使로 相議ᄒᆞ고 催船前進ᄒᆞ다가 日暮ᄒᆞ야 巨濟 溫川島에 經夜ᄒᆞ고, 翌 十日 曉頭에 安骨浦에 至ᄒᆞ야 其 運船 五十九隻을 誘致ᄒᆞ야 無遺焚滅ᄒᆞ고, 其 兵船에 向ᄒᆞ야 射擊을 又 試ᄒᆞᆫ즉 餘存ᄒᆞᆫ 倭賊 等이 一齊 陸地로 下走ᄒᆞ거늘, 李舜臣이 又 默量ᄒᆞ되 萬壹 其 船을 盡焚ᄒᆞ야 歸路를 絶ᄒᆞ면 彼가 內地의 窮寇되야 竄伏ᄒᆞᆫ 人民을 魚肉ᄒᆞ리라 ᄒᆞ고, 壹里許를 讓退ᄒᆞ야 其 走路를 開ᄒᆞ니, 嗚乎 인[仁]哉라, 國을 愛ᄒᆞᄂᆞᆫ 者ᄂᆞᆫ 民을 必愛ᄒᆞᄂᆞᆫ 도다.

翌朝에 倭賊 敗走處를 周覽ᄒᆞᆫ즉, 戰死ᄒᆞᆫ 倭屍를 凡十二處에 堆積ᄒᆞ고 焚燒를 加ᄒᆞ얏ᄂᆞᆫᄃᆡ, 蒼黃逃遁ᄒᆞᄂᆞᆫ 中에 沒燒치 못ᄒᆞ얏던지 隻手片脚이 地上에 狼藉ᄒᆞ야 人의 慘歎을 惹ᄒᆞ더라.

---

16 연재본에 탈자돼. '로'를 보충함.

其後에 我國人 被虜 生還者의 言을 據ᄒᆞᆫ즉, 倭賊將卒 等이 每樣 釰을 拔ᄒᆞ야 全羅道를 西指하며 齒를 戰戰磨ᄒᆞ더니, 彼가 何嘗壹日이나 敗走의 恥를 忘ᄒᆞ리오만은, 忠武公 李舜臣이 海上에 쟝[長]城을 作ᄒᆞᆫ 故로 彼가 心力만 徒勞ᄒᆞ니라.

自是로 公의 威名이 敵國의 兒啼를 止케 ᄒᆞ야 干戈所向에 不戰自克ᄒᆞᄂᆞᆫ 故로, 김[金]海城 內外에 留屯ᄒᆞᆫ 賊徒들은 壹夜에 遠浦漁火를 望見하고, 全羅左水使 리舜臣의 兵이 來ᄒᆞᆫ다고 訛驚ᄒᆞ야 幾乎崩隤ᄒᆞᆯ 地境에 至하얏더라.

第十章 李舜臣의 第四戰(釜山)

壬癸年間 各地 繁華都邑에 倭人들이 土를 築ᄒᆞ고 屋을 造ᄒᆞ야 或四五百家되ᄂᆞᆫ 處도 有ᄒᆞ며 或 二三百家 되ᄂᆞᆫ 處도 有ᄒᆞ야(以上은 忠武公 狀啓中 語를 撮錄), 堂堂 韓國을 渠家의 殖民地로 視ᄒᆞᆷ은 此乃 當日 豊臣氏의 野心이라. 隣誼를 不思ᄒᆞ고 無名之師를 興ᄒᆞ야 勃勃西犯ᄒᆞ다가, 我 絶代豪將 李舜臣을 遇ᄒᆞ야 一敗再敗로 三敗에 至ᄒᆞ야 十萬 勇士를 海波에 盡葬ᄒᆞ니, 彼가 아모리 强悍하다 ᄒᆞᆫ들 戰鬪를 安敢再戀ᄒᆞ리오. 不過是 三十六計의 上策만 思ᄒᆞᆯ 而已니,

壬辰史를 讀하ᄂᆞᆫ 者ㅣ 釜山戰役에 至ᄒᆞ야ᄂᆞᆫ 一大白[17]을 浮ᄒᆞ고 朝鮮萬歲, 朝鮮水軍萬歲, 朝鮮水軍統制使 李舜臣萬歲를 呼ᄒᆞᆯ

빈로다.

慶尙沿海에 倭仇의 影이 頓絶ᄒ고 ᄀ地에 彌滿ᄒ던 賊徒들이 晝伏夜行ᄒ야 逃去ᄒᆯ 思想으로 海濱에 集ᄒ니,

强弩의 末이 其勢가 猶壯ᄒ도다. 賊船이 五百餘艘오 賊軍이 拾數萬이라. 리舜臣이 慶尙右道巡察使 金슈의 關文을 接ᄒ고, 全羅左右道 戰船 合七十四隻을 整理ᄒ야 癸巳 二月 二十四日에 發船ᄒ야 二十七日에 熊川 ᄌ〔紫〕浦에 至ᄒ니, 固城〔城〕 鎭海 昌原 等地에 留屯ᄒᆫ 倭ᄂᆫ 全羅兵의 來勤ᄅᆯ 聞ᄒ고 遁去ᄒᆫ 지 已數日이라. 翌曉에 梁山 金海 兩江 前양으로 별〔發〕向ᄒ더니, 適其時 昌原人 丁末石이 被虜ᄒᆫ 지 三日 만에 乘夜逃還ᄒ야, 倭賊이 加德島 北邊西岸에 隱伏ᄒ얏다고 來告ᄒ거늘, 二拾九日 鷄鳴에 별船ᄒ야 加德島에 至ᄒᆫ즉 蹤跡이 젼〔全〕無ᄒ고, 長林浦에 至ᄒ니 倭大船 四隻 小船 二隻이 現ᄒᄂᆫ지라. 大船 一隻을 破滅ᄒ고 左右로 分兵ᄒ야 兩江으로 入코ᄌ ᄒᆫ즉 江口가 狹隘ᄒ야 容戰키 難ᄒᆷ으로 還軍ᄒ고, 九月 壹日에 沒雲臺에 過ᄒ니 東風에 波濤가 淘湧ᄒᄂᆫ대 倭大船 九隻을 擊破ᄒ고, 多大浦에 到하야 倭大船 八隻을 擊破ᄒ고, 西平浦에 到ᄒ야 倭大船 九隻을 擊破ᄒ고, 絶影島에 到ᄒ야 倭大船 二隻을 擊破ᄒ고,

釜山 前양에 到ᄒ야 賊船을 探審ᄒᆫ즉 大槪 五百餘隻의 多라. 船滄東邊에 列泊ᄒ고 先鋒大船 四隻이 草梁項에서 徘徊ᄒ거늘,

李舜臣이 元均 리億祺와 約束ᄒ여 曰 "我等의 兵威로 엇지 此를 不討ᄒ리오"ᄒ고 麾旗督戰ᄒ대,

17 대백은 큰 술잔.

右部將 鹿島萬戶 鄭運과 龜船突擊將 軍官 리彦良과 前部將 防踏僉使 리純信과 左部將 申浩 等이 先登直進ㅎ야 先鋒大船 四隻을 爲先 撞破ㅎ고 乘勝長驅ㅎ야 장蛇又치 突進ㅎ니, 鎭城 東 壹山 五里에 屯泊흔 賊이 我軍 威武를 望ㅎ고 敢出ㅎ는 者ㅣ 無ㅎ며, 我兵이 其前에 直衝흔즉 諸賊이 壹時에 山上으로 奔登하야 六處에 分陣ㅎ고 丸箭을 俯放ㅎ는대 雨雹갓치 下射ㅎ고 或 片箭으로 發射ㅎ야 我船을 多中ㅎ거늘,

我船 諸將이 憤氣 益增ㅎ야 冒死爭突홀식, 將軍箭 皮翎箭 長片箭 小鉄丸 大鐵丸이 壹時 齊ㅣ[發]ㅎ야, 交戰終日에 三道諸將이 並力ㅎ야 賊船 百餘隻을 破滅ㅎ니,

倭賊 等이 其 死屍를 焚燒ㅎ는대 腥臭가 數百步에 漲ㅎ더라.

西日이 奄沒ㅎ거늘 左右賊藪에 腹背受賊홀가 念慮ㅎ야 諸將과 回棹홀식, 三更에 加德島에 到ㅎ야 經夜ㅎ고, 翌日에 再計하야 其 巢穴을 盡蕩ㅎ랴 ㅎ나, 但 水敗ㅎ면 陸走ㅎ고 陸敗ㅎ면 水走홈은 賊等의 장[長]技라. 今에 賊船만 盡滅ㅎ면 彼가 又 陸地에 登ㅎ야 殺掠을 濫行ㅎ면 生民의 酷禍가 又 何如ㅎ리오. 리公이 此를 深戒ㅎ야 慶尙道 陸軍諸將과 水陸俱討ㅎ기로 決計ㅎ고 戰事를 暫停ㅎ니라.

是役은 비록 末路의 窮寇를 討平홈에 불과ㅎ나, 其 殺傷의 數는 閑山之捷에 不下ㅎ더라.

凱歌는 耳에 洋洋ㅎ고 萬口가 李將軍을 讚美ㅎ니 大丈夫의 光榮이 此에 極ㅎ도다만은, 此時 리舜臣의 胸中은 針이 刺하는 듯 箭이 攢ㅎ난 듯하야 兩行의 悲淚가 眼에 滂滂하니 此果何를 爲홈인가. 曰 鹿島萬戶 鄭雲의 戰死를 弔홈이로다. 鄭雲은 變生흔 以

來로 리舜臣과 同志同事한 人인대, 其 忠義가 金石에 貫호야 每戰에 勃勃先登호야 巨賊을 一口生呑치 못홈을 恨호며 壹身의 生死는 度外에 付호는 者러라. 此戰에 賊巢를 進突호다가 無道한 賊丸이 頭頂을 貫호야 遂死호니, 公이 文으로 以祭호고 其 哀痛한 意를 不勝호더라.

第十一章　第四[18]戰 後의 李舜臣

(一) 리舜臣의 陞任 三道統制
(二) 當時의 民情과 朝廷의 朋黨
(三) 李舜臣의 食少事煩

勃勃四[19]大戰의 雄鋒으로 强項悍敵을 斫倒호고 八域生靈을 奠安호니 英雄의 功烈이 果何如하뇨. 盖 至是에 리舜臣의 海上生涯가 凡 三年이니, 誓海魚龍動, 盟山艸木知(忠武公 詩)의 精忠을 抱호며, 此讐若滅 雖死何憾(忠武公 語)의 血誠을 仗호야, 晝不坐호며 夜不眠호며 食不甘호며 病不臥호고(亂中日記에셔 撮錄홈), 水國秋光에 白髮을 捫호니 丈夫의 爲國壯志를 粗酬호얏도다.

18　원문의 '五'를 '四'로 교감함.
19　위와 같음.

於是에 朝廷이 리舜臣의 功을 賞호실시 慶尙 全羅 忠淸 三道水軍統制使를 任호야 三道水使가 皆 其 管轄을 受케 호더라.

史를 讀호는 者ㅣ 此에 至호미 必也 距踊曲躍하야 曰 向者에는 리忠武가 全羅左道水使의 職權으로도 能히 功을 成호얏거던 況 今日 三道水軍統制로야 何를 征호야 不服하며, 向者에는 리忠武가 全羅左道水軍의 小數로도 能히 功을 成호얏거던 況 今日 三道水軍 全部로야 何를 戰호야 不破호며, 向者에는 리忠武가 閫權이 不專호고 軍令이 不一호 時로대 能히 功을 成호얏거던 況 今日은 閫權이 旣專호고 軍令이 如壹호 時니 何를 攻호야 不克하며, 向者에는 리忠武가 兵力이 未振호고 威聲이 未暢호 時로되 能히 功을 成호얏거던 況 今日은 累勝의 餘勢를 席호야 彼 殘賊을 壓호는 時니 何를 招호야 不降호리오 홀지나, 其 內容을 究하면 統制된 以後가 統制된 以前보다 難호고, 戰勝호 以後가 戰勝호기 以前보다 難호도다.

聽者가 不信호는가. 余가 此를 詳論하리라. 리舜臣 狀啓에 曰 "上年 六七月之間, 六萬軍馬, 盡喪於畿旬, 兵使所領四萬之軍, 亦盡於凍餒, 今巡察使又率精軍而北上, 五義兵將 相繼興師, 自是 壹境騷動, 公私蕩盡, 加之以召募使下來, 不分內地沿海, 軍數卜定督之"하얏스며, 又 曰 "沿海各鎭, 掃境下海, 左右舟師 四萬餘名, 皆是農民, 專廢耒耟 更無西成之望, 我國八方之中 唯此湖南粗完, 兵糧皆出此道, 道內丁壯, 盡赴水陸之戰, 老弱輸粮, 境無餘夫, 二春已過, 南畝寂然, 非但民生失業, 軍國之資, 亦無所賴"라 하얏스니 郡邑의 凋弊를 可想이오. 又 曰 "唐兵南下, 出入閭巷, 劫掠人財, 損傷野穀, 所過板蕩, 無知之民, 望風奔潰"라 호

얏스니 隣國援兵의 貽弊도 可見이오, 又 曰 "今年則 凶賊據險, 處處作窟, 畏不敢出, 以此海上飢羸之卒, 攻彼窟處之賊, 其勢誠難"이라 ᄒᆞ얏스니 其 剿賊方便의 困難도 可驗이니, 此時를 當ᄒᆞ야 壹國 上下臣民이 會稽의 膽을 愈嘗ᄒᆞ며 籌兵籌餉에 汲汲ᄒᆞ야 奮발〔發〕淬勵홀 秋어늘 朝廷狀態를 觀ᄒᆞ니 果何如혼가.

龍灣壹隅에 地維가 已盡ᄒᆞ니 予將何歸오 ᄒᆞ고 君臣이 相扶痛哭ᄒᆞ다가, 幸者 內地兵民의 血과 恩隣援助의 力으로 舊都에 還ᄒᆞ던 第二日인대, 昨日에ᄂᆞᆫ 何辱을 當하얏던지 今日에 且樂ᄒᆞ리라 ᄒᆞ며, 明日에ᄂᆞᆫ 何禍가 來ᄒᆞ던지 今日에 且睡ᄒᆞ리라 ᄒᆞ야, 兄弟의 干戈로 門ᄂᆡ에 閒是非를 理ᄒᆞ고 天地不共의 大讐를 忘ᄒᆞ니, 君子ㅣ 壬辰誌를 讀ᄒᆞ다가 書를 廢ᄒᆞ고 下涕치 아니홀 者ㅣ 有乎아.

然이나 掣肘를 因ᄒᆞ야 躊躇ᄒᆞᄂᆞᆫ 者ᄂᆞᆫ 男兒가 아니며, 逆境을 遇ᄒᆞ야 退沮ᄒᆞᄂᆞᆫ 者ᄂᆞᆫ 英雄이 아니니라. 看ᄒᆞ라, 忠武公 리舜臣씨의 數年間의 排布혼 것을 看ᄒᆞ라.

閒山島ᄂᆞᆫ 要地오 敵衝이라 ᄒᆞ야 此에 移陣ᄒᆞ고 晝夜로 軍卒을 其中에셔 訓練홀ᄉᆡ, 恒常 忠義 二字로 激勵ᄒᆞ며 朝廷에 奏請ᄒᆞ고 武科를 陣中에 設ᄒᆞ야 人才를 識拔ᄒᆞ며 軍心을 勸奬ᄒᆞ고,

民을 募ᄒᆞ야 鹽을 賣ᄒᆞ며 甕을 陶ᄒᆞ며 穀을 販儲ᄒᆞ고, 銅鐵을 採取 又 購集ᄒᆞ야 銃砲를 加製ᄒᆞ며, 焰硝와 火藥을 廣募 又 責用ᄒᆞ야 各營에 分給ᄒᆞ며, 降倭 善射者를 擇ᄒᆞ야 我軍으로 ᄒᆞ여금 其技를 학케 ᄒᆞ며, 彼의 軍械가 我보담 精好하다 ᄒᆞ야 倭銃 倭彈[20]을

---

20 원문에 '왜전'(倭箭)이나 국문본(『대한매일신보』 1908. 8. 25.)에 따라 '왜탄'으로 교감함.

模製케 하며,

　流民을 招集ᄒ야 突山 等地에 屯田 耕作케 ᄒ야, 壹邊은 其
生業을 安케 하며 壹邊은 其 軍資를 備케 ᄒ고, 義僧을 分送ᄒ야
要害를 把守케 ᄒ며, 水陸要害를 條陳ᄒ야 朝廷의 善擇을 俟ᄒ
며, 戰船을 加造ᄒ고 舟師를 益募ᄒ며, 沿海 軍粮 兵器의 他道로
遞移홈을 奏遏ᄒ야 海防의 聲勢를 壯케 하며, 哨探을 四列ᄒ야 倭
賊의 動靜을 察ᄒ더라.

　從此로 軍需가 裕ᄒ고 士氣가 飽ᄒ야 壹戰ᄒ기 足ᄒ니, 萬壹
後來 群小의 交搆가 아니러면 千艦百將으로 日本을 直擣ᄒ다 ᄒ
리忠武의 啓書가 實際에 見ᄒ얏슬진져.

第十二章　李舜臣의 拘拿

宣廟 丁酉 正月 二十六日에 朝鮮 忠淸 慶尙 全羅 三道水軍都統
制使 李舜臣 拿命이 下ᄒ야, 五六年 槍霜丸雨下에셔 拮据鳩集ᄒ
軍粮 幾萬石(史에 曰 陣中所有가 九千九百拾四石이오 在外諸將의
所有ᄂ 不論)과[21] 火약 幾萬斤과 銃筒 幾千柄과 軍艦 幾百隻을 庸
將 元均에게 付ᄒ고 二月 二十六日에 檻車로 就途홀식, 所過沿路

21　원문에 괄호 앞에 있던 '과'를 이곳으로 옮김.

에 人民 老幼[22] 男女가 其前을 遮ᄒᆞ며 號哭ᄒᆞ여 曰 "使道 使道아, 我輩를 捨ᄒᆞ고 何往ᄒᆞᄂᆞ가. 我輩를 捨ᄒᆞ고 何往ᄒᆞᄂᆞ가, 使道가 我輩를 捨ᄒᆞ시면 我輩의 前途ᄂᆞᆫ 死 壹字쑨이라"ᄒᆞ고 哭聲이 雲霄에 徹ᄒᆞ더라.

民心을 拂ᄒᆞ고 쟝城을 自壞ᄒᆞ야 敵軍의 眉喜를 動케 ᄒᆞ니 此果何人의 造孽인가. 或曰 行長의 反間也라 ᄒᆞ나, 物이 自腐ᄒᆞᆫ 然後에야 虫이 生ᄒᆞᄂᆞ니 我廷이 無間ᄒᆞ면 行長이 雖奸ᄒᆞ나 何隙을 乘ᄒᆞ리오. 故로 我ᄂᆞᆫ 曰 李忠武의 被拿를 行長의 咎라 흠이 不可라 ᄒᆞᄂᆞᆫ 비며, 或 又曰 元均의 構誣也라 ᄒᆞ나, 一人의 手로 萬人의 目은 掩키 難하나니 滿朝가 公明하면 元均이 雖猜ᄒᆞ나 何惡을 逞ᄒᆞ리오. 故로 我ᄂᆞᆫ 曰 李忠武의 被拿를 元均의 罪라 흠도 不可라 하노라.

리忠武의 被拿가 行장의 罪도 아니며 元均의 罪도 아니라 ᄒᆞ니, 然則 其誰의 罪인가. 余敢壹言으로 斷ᄒᆞ야 曰 此ᄂᆞᆫ 朝廷臣隣 私黨者의 罪라 ᄒᆞ노니,

宣廟 登極 年來로 朝臣의 黨派가 分ᄒᆞ야 公義ᄂᆞᆫ 排ᄒᆞ고 私見만 張ᄒᆞᆯ시, 此黨이 勢를 得ᄒᆞ면 彼黨의 所爲를 不問是非ᄒᆞ고 悉斥ᄒᆞ며, 彼黨이 勢를 得ᄒᆞ면 此黨의 所爲를 不問是非ᄒᆞ고 悉斥허ᄂᆞᆫ 故로, 倭寇動否의 問題가 何等 重大問題완대, 當初 金誠一[23] 黃允吉이 日本셔 使還ᄒᆞ던 日에, 允吉의 黨은 允吉을 附ᄒᆞ야 曰 必動이라 허며, 誠一의 黨은 誠一을 附ᄒᆞ야 曰 必不動이라 허니, 其

---

22 원문에 '환'(幻)이나 '유'(幼)로 교감함.
23 원문의 '일'(壹)을 '일'(一)로 교감함.

外만 見허면 必動이라 唱흔 者를 不動이라 唱ᄒᄂ 者에게 比ᄒ면 不可同日而語라 ᄒᆯ지나, 其內를 察ᄒ면 彼此 百步 五十步間에 不過ᄒ다 ᄒᆯ지니 何也오. 我가 意味가 有ᄒ야 必動이라 云흠도 아니며, 知見이 有ᄒ야 必不動이라 云흠도 아니며, 爲國爲民ᄒᄂ 心에 外敵의 迫頭憂患을 驚ᄒ야 必動이라 흠도 아니오, 不過是 彼ᄂ 彼黨을 從ᄒ고 我ᄂ 我黨을 從흠이니, 兩鳥가 俱聖에 雌雄을 誰辨이며 蚌鷸이 相爭에 禍福을 安知아. 今此 李忠武의 被拿도 朝廷의 壹私字에 出흔 비니, 嗚呼라, "亂非降自天이라 唯人所招라" 云흔 古語가 果然 我를 不欺ᄒᄂ도다.

雖然이나 昇平日月에 屋中의 閒鬪를 作흠은 猶可타 ᄒ려니와, 今에 巨賊이 未退ᄒ고 國脈이 未蘇ᄒ야 壹步를 或躓ᄒ면 死亡이 其踵를 隨ᄒᆯ 地頭인듸, 舊日惡習이 尙存ᄒ야 政府壹局에 鴻溝를 中分ᄒ고 一派ᄂ 東流ᄒ며 一派ᄂ 西流ᄒᄂ대, 彼 猜忌悍愎흔 元均이 此를 利用ᄒ야 李舜臣을 排擠ᄒ며, 彼 凶怪詭憝흔 加藤淸正 小西行長은 又 此를 利用ᄒ야 李舜臣을 謀陷ᄒᄂ도다.

豊臣씨가 我國에 入寇흔 以來로, 數百年 不習兵革흔 人民이 此를 猝當ᄒ믹, 倭色만 見ᄒ면 鼠匿ᄒ며 倭聲만 聞하면 鳥散흠으로, 郭再祐 김德齡 朴晉 정〔鄭〕起龍 諸公 又흔 絶世偉人이 作ᄒ야 此를 驅策하며 此를 獎勵ᄒ얏스ᄂ 數年 後에사 民氣가 纔振ᄒ얏으며, 民氣가 纔振하던 其時에 倭寇가 便退흔 故로, 其 東戰西伐흔 歷史가 遊寇ᄂ 襲擊ᄒ며 聲勢나 外張ᄒ야 倭寇로 ᄒ여곰 戰慄케 흠에 不過하고, 激烈흔 大戰을 起ᄒ야 海波를 淸晏케 흠은 不能ᄒ며, 權慄 幸州의 捷과 김時敏 晉州의 守에 數萬賊을 斬殺ᄒ야 淸正 行쟝의 膽을 落케 하얏스나, 亦 只是 麾下에 幾千名 鍊卒을

是藉홈이며, 亦 只是 戰守主客의 勢를 是憑이라 云홀 바어니와,

리忠武ᄂᆞᆫ 兵의 錬不錬도 不問ᄒᆞ며, 勢의 是戰是守를 不顧ᄒᆞ고, 壹劍을 提ᄒᆞ고 海上에 孤立ᄒᆞ야 弱少ᄒᆞᆫ 疲卒로 日加月增의 大敵을 抗홀시, 守홈에 必固ᄒᆞ며 進홈에 必摧ᄒᆞ야, 其靜에 山과 如ᄒᆞ며, 其閃에 電과 如ᄒᆞ며, 其擊에 鷹과 如ᄒᆞ며, 其壓에 萬斤의 重과 如ᄒᆞ야, 旌旗所指에 三島가 震慴ᄒᆞᄂᆞᆫ 中이라.

當時 豊臣氏 諸將卒이 '리統制' 三字를 對ᄒᆞ미, 敬ᄒᆞ야 其頭를 叩ᄒᆞ며, 恨ᄒᆞ야 其齒를 切ᄒᆞ며, 驚ᄒᆞ야 其膽을 碎ᄒᆞ며, 畏ᄒᆞ야 其辭를 卑ᄒᆞᄂᆞᆫ 故로, 每戰에 遙히 頂禮ᄒᆞ야 曰 "奇哉라, 將軍의 水戰이여" ᄒᆞ며, 每戰敗에 鎗劍을 遺하야 敬意를 表ᄒᆞ야 曰 "將軍은 殆天神이라" 하며, 諸賊將이 豊臣秀吉에게 上書ᄒᆞ야 曰 "朝鮮水軍은 天下無敵이라" 하며, 海陸各地에 留屯ᄒᆞᆫ 倭가 每每 劍을 拔하야 全羅道를 擬ᄒᆞ며 切齒下泣ᄒᆞ야 曰 "吾의 骨䰠가 彼에 在ᄒᆞ다" 云云ᄒᆞ얏스니, 彼其入寇 以後로 리統制를 或忘ᄒᆞᆫ 壹日이 有ᄒᆞᆫ가.

是故로 李統制의 胸에 向ᄒᆞᄂᆞᆫ 倭鎗이 幾拾萬部이지만은, 槍은 折ᄒᆞ되 리統制ᄂᆞᆫ 不死ᄒᆞ며, 리統制의 頸에 擬ᄒᆞᄂᆞᆫ 倭劍이 幾百萬柄이지만은, 劍은 碎ᄒᆞ대 리統制ᄂᆞᆫ 不死ᄒᆞ며, 李統制의 身에 注ᄒᆞᄂᆞᆫ 倭箭倭丸이 幾千萬個이지만은, 箭과 丸은 盡ᄒᆞ대 李統制ᄂᆞᆫ 不死ᄒᆞ야, 彼의 億千百方으로 李統制를 甘心ᄒᆞᄂᆞᆫ 毒計가 畵餠으로 盡歸ᄒᆞ미,

秀吉은 天만 仰ᄒᆞ며

行長은 心을 焦홀

而已러니, 今乃 朝鮮軍政界에 如此 間隙可乘홀 好消息이 漏聞되

는도다. 元均이 先進宿將으로 其位가 李舜臣의 下되미, 恒常 猜忌의 眼으로 睥睨ᄒ야 리舜臣의 行動을 誹謗ᄒ며 李舜臣의 陳策을 沮戲ᄒ고, 朝貴를 結ᄒ야 리舜臣을 傾ᄒᄂ대, 朝臣의 東西 兩派에 元均을 助ᄒᄂ 派ᄂ 其勢가 强ᄒ고 리舜臣을 助ᄒᄂ 派ᄂ 其勢가 弱ᄒᆫ지라.

如此 可乘ᄒᆯ 隙이 無하야도 彼가 且求ᄒ려던, 況可乘의 隙이 有ᄒᆫ디 彼가 不間ᄒᆯ 理ㅣ 有ᄒᆫ가. 豊臣秀吉이 卽時 袂를 揚ᄒ고 喜色이 顔에 形ᄒ야 曰 "吾讎를 可報라"ᄒ고, 於是에 小西行長에게 計를 授ᄒ더라.

小西行쟝 部下譯官 要時羅가 慶尙右兵使 金應瑞 營下에 來ᄒ야 輸誠通款을 願ᄒᄂ대, 我衣를 衣ᄒ며 我冠을 冠ᄒ니 儼然ᄒ 壹 我國人也라. 賊中의 消息을 一一傳報ᄒ며 且 行쟝의 求和코ᄌ ᄒᄂ 意를 來傳ᄒ며 應瑞와 壹次面會를 求ᄒ거늘, 應瑞가 元帥 權慄에게 報ᄒ더니 慄이 朝廷에 上聞하고 應瑞를 令ᄒ야 倭情을 往探ᄒ라 ᄒᄂ지라.

應瑞ᄂ 百餘卒을 率ᄒ며 行쟝은 數百卒을 率ᄒ고 會見ᄒᆯᄉᆡ, 行長 等 諸倭가 皆 我國 衣冠을 着ᄒ고 和議를 懇乞ᄒ며, 因曰 "前後 和議의 不成은 皆 淸正의 罪라. 我가 此人을 殺코ᄌ ᄒ 지 久矣로대 其隙이 無ᄒ더니, 今에 淸正이 日本으로부터 再來하나니 我가 來期를 的探ᄒ야 貴國에 指示ᄒ리니, 貴國이 統制使 리슌臣을 命ᄒ야 海中에셔 邀擊ᄒ면 舟師百勝의 餘威로 此를 擒斬ᄒ기 非難ᄒᆯ지니, 朝鮮의 讎를 可報오 行長의 心이 可快라"ᄒ고 勸懇不已ᄒ거늘, 權元帥ㅣ 此를 朝廷에 報ᄒᆫ대 朝廷이 此로 公에게 勅ᄒ더라.

公의 明見萬里의 澄眼이 엇지 此等奸謨에 陷ᄒ리오. 然이나 朝廷의 狀態를 觀ᄒ민, 明告하야 無益이라. 忿懷를 獨抱ᄒ고 海天에 坐嘯ᄒ더니,

未幾에 行장이 人을 遺ᄒ야 告ᄒ되, 淸正이 長門浦에 來泊ᄒ얏스니 此를 急擊擒斬ᄒ라고 促ᄒ더라.

리슌臣이 便宜를 守ᄒ고 持難不發하더니, 彼 全軀保妻子의 策이나 講究ᄒ고 帳內의 大言을 放하는 懦夫輩가 本來 其喙는 優ᄒ지라. 峻論을 發ᄒ야 縱賊으로 리슌臣을 罪코ᄌ ᄒ며, 又 湖南에 巡省ᄒ는 御史가 仇公者의 指囑을 受ᄒ야 上啓ᄒ야 曰 "淸正의 船이 七日을 嶼에 攔ᄒ야 運動치 못ᄒ는 것을 리슌臣이 直擊치 아니ᄒ 故로 逸去를 得ᄒ얏나이다" ᄒ대,

於是에 朝議가 峻發ᄒ야 拿命이 遂下ᄒ니 倭賊의 凶策이 竟 此 施行ᄒ는도다.

領議政 鄭琢이 疏救ᄒ야도 無益ᄒ며, 都體察使 리元翼이 啓救ᄒ야도 無補ᄒ고, 柳成龍은 又 主薦의 嫌으로 此를 救ᄒ다가 反히 貽害될가 恐하야 咄歎ᄒ ᄲᅮᆫ이러라. 三月 四日 夕에 圓門에 入ᄒ실 親戚이 或 來訣ᄒ야 曰 "事가 不測이니 將奈何오." 리舜臣이 徐曰 "死生은 命이니 死ᄒ면 死ᄒᆯ 而已라" 하더라.

禁獄에 在ᄒ 지 凡 二十六日에 赦令이 未下할 ᄲᅮᆫ더러,

天意가 且 何如ᄒ심ᄂᆞᆫ지 難知라. 五六年間을 公과 王事에 同死ᄒᆞ고 握手同誓ᄒ던 전羅右水使 리億祺가 奉書問候ᄒᆞᆯ식, 書佯을 送ᄒ며 曰 "舟師가 不久에 敗沒하리니 我輩가 死所를 不知ᄒ노라" ᄒ고, 淚가 潛潛히 襟에 漬ᄒ더라. 嗚乎라, 리忠武 壹人의 死는 豈但 리忠武 壹人의 死리오. 卽 리億祺 等 諸將의 死ᄒ이며,

亦豈但 리億祺 等 諸將의 死리오. 卽 三道水軍의 死홈이며, 亦豈 但 三道水軍의 死리오. 卽 젼國人民의 死홈이로다.

故로 南道軍民이 夜夜로,

上天에 告ᄒ야 리슌臣의 代로 其身의 死를 願ᄒᄂ 者] 甚衆 ᄒ더라.

第十三章 리舜臣의 入獄 出獄間에 家國의 悲運

竭忠於國而罪已至 欲孝於親而親亦亡이라 云云ᄒ 拾六字ᄂ 百 世下에 讀ᄒ야도 人의 悲淚를 尙惹ᄒᄂᄂ도다. 大抵 國家의 巨厄 을 遭ᄒ야 衆生救濟홀 壯懷로 斷裾의 慟을 不顧ᄒ고 毅然히 北堂 에 辭ᄒ니, 大丈夫 當行의 天職이 固然ᄒ지만은 아모리 兵馬倥傯 [倥傯]ᄒ 間일지라도 每樣 首를 回ᄒ야 太行의 白雲을 顧하면 엇 지 其骨이 不痛하리오. 是故로 李忠武 亂中日記에 每日마다 天只 (母)平安이라 不云ᄒ얏스면 天只有損節이라 云하얏스며, 否則 天 只安候久阻甚鬱이라 必云ᄒ얏스니, 他日 功成身退홀 後에 母子 가 手를 壹握ᄒ고 往事를 壹說홈이 李忠武의 血願이러니,

哀哉라, 天이 善人을 不佑홈인지, 리舜臣 拿囚의 報道를 接ᄒ 고 母夫人 卞氏가 卽時 憂悸를 不勝ᄒ야 疾을 得ᄒ더니,

四月 一日에 李舜臣이 圓문에 出ᄒ야 白衣로 元帥幕下에 立

功贖罪ᄒ란 令을 奉ᄒ고 海上에 赴ᄒ올시, 病親과 壹面ᄒᆯ 願이 豈無
ᄒ리오만은 朝法의 不許를 奈何오. 押去郞을 隨ᄒ야 四月 十三日
에 海路에 登ᄒ랴 ᄒ올시, 家僮 順花가 來ᄒ야 母夫人의 訃를 傳ᄒ
니 其喪이 已二日이러라.

押去郞에게 哀懇하야 령[靈]筵의 壹哭을 得ᄒ고 成服ᄒᆫ 後 三
日에 발정ᄒ니라.

리忠武의 日錄을 讀ᄒ다가 此에 至ᄒ야 淚不下ᄒᆯ 者ㅣ 有ᄒ
가. 支那 明末 袁崇煥이 일즉 人의게 語ᄒ야 曰 "余何人哉아. 余
何人哉아. 十餘年來로 父母ㅣ 不得以爲子ᄒ고, 兄弟ㅣ 不得以爲
手足ᄒ고, 妻ㅣ 不得以爲夫ᄒ고, 子ㅣ 不得以爲父ᄒ니, 余何人哉
아. 直名之曰 大明國裡 壹亡命之徒라 ᄒᆷ이 可也라" 云ᄒᆫ 바, 此言
이 字字血 語語淚라 可稱ᄒᆯ지나,[24] 李忠武의 境遇에 較ᄒ면 天上
人이 아닌가. 母死에[25] 不得訣ᄒ며 子死에 不得聞(見下)ᄒ고, 壹
身이 又 如此坎軻에 陷ᄒ니, 嗚乎라, 自古 救國救民ᄒᄂᆫ 大英雄
은 逆境이 何其多ᄒᆫ가. 仝月 二十七日에 都元帥 權慄의 陣에 赴
ᄒ니라.

向日 海上風雲에 統制使의 斧鉞을 杖ᄒ고 三道水軍을 指揮
ᄒ던 李舜臣이 今乃 他人營下에 壹卒伍가 되야 東西南北에 其命
을 聽ᄒ니 英雄의 懷抱가 當何如ᄒᆯ고.

雖然이나 리忠武ᄂᆫ 天送ᄒᆫ 神人이라 生死도 且度外에 付ᄒ거
니 況 壹時의 榮辱이야 엇지 其意에 介ᄒ리오만은,

---

24 원문의 '니'를 '나'로 교감함.
25 원문의 '이'를 '에'로 교감함.

但 流涕痛哭홀 事는 國의 悲運이 家의 悲運과 同時 突來하는 도다. 單人隻馬로 風雨를 冒ᄒ고 草溪에 行到ᄒ야, 陸軍 諸將卒 과 相周旋ᄒ며 水軍消息은 夢想만 徒勞ᄒ더니,

七月 十四日에 我船이 絶影島 前양에셔 倭船 壹千五百隻을 擊ᄒ다가 七隻이 去處업시 漂去ᄒ얏다 云ᄒ며,

翌十五日에 我船 二拾隻이 賊에게 又敗ᄒ얏다 云하며,

又 翌拾六日에 我師가 倭賊과 交鋒하다가, 大將 元均이 船을 棄ᄒ고 先遁홈으로 各舟 諸軍이 壹時潰亂하야 諸將殉節者ㅣ 甚 多ᄒ고, 리舜臣과 多年 同甘苦ᄒ던 全羅右水使 李億祺도 亦 此戰 에 死ᄒ얏다는 報道를 軍官 리德弼이 來傳ᄒ는지라.

憤涕를 灑ᄒ고 長劍을 獨擊ᄒ더니, 有頃에 元帥가 來ᄒ야 問 曰 "事가 此境에 至하얏스니 將奈何오." 리舜臣曰 "吾가 沿海 等 地에 往ᄒ야 賊勢를 壹察ᄒ 後에 方略을 定ᄒ리라"ᄒ딕 元帥 許 諾ᄒ거늘, 翌 拾九日에 丹城 東山山城에 登ᄒ야 形勢를 觀察ᄒ고, 二十日에 晋州 鼎盖山下 江亭에셔 留宿ᄒ고, 二十壹日에 早發ᄒ 야 昆陽郡에 到ᄒ니, 郡民이 此離亂中에도 實業에 勤ᄒ야 或 牟田 도 理ᄒ며 或 早穀도 收하거늘 리舜臣이 過ᄒ다가 再拜ᄒ니라.

午鼓를 罷ᄒ매 露梁에 到하니, 巨濟倅 安衛 等 十餘人이 來 ᄒ야 痛哭相見하거늘, 其 敗由를 問흔즉 皆曰 "大將이 見賊先奔 흔 所致니이다." 因ᄒ여 船上에 宿홀시 悲憤이 胸에 結하여 終夜 토록 目을 不交ᄒ고 眼싱〔眚〕을 得ᄒ니라.

二十六 二拾七 兩日에 雨를 冒ᄒ고 鼎城에 至ᄒ야 元帥의 派 送흔 軍隊를 閱ᄒ니, 槍砲도 無ᄒ고 弓矢도 無흔 空拳者 幾人쑨이 더라. 八月 五日에 玉果에 到ᄒ니 避亂人士가 道路에 彌滿ᄒ거늘

馬에 下ᄒ야 入縣安堵ᄒ라고 開諭ᄒ고, 六日에 軍官 宋大立을 遣ᄒ야 賊情을 探ᄒ고, 七日에 順天에 往하다가 敗還兵 壹人 馬 三 匹 弓箭 若干을 收ᄒ고 谷셩〔城〕江亭에 來宿ᄒ니라.

八日曉에 불〔發〕程ᄒ야 富有倉에 過ᄒ즉, 兵使 李福男이 賊 信에 喫겁〔怯〕ᄒ야 衝火逃走ᄒᆫ 故로, 眼前에 只是 灰燼만 餘ᄒ야 所見이 慘然ᄒ고, 順天에 到ᄒᆫ즉 郡의 官吏가 盡逃ᄒ야 셩〔城〕內 外에 人跡이 寂然ᄒᄂ 官舍 倉穀 軍器 等은 依舊ᄒ지라. 리舜臣 曰 "吾輩去後에 倭寇가 此를 掠奪ᄒ리니 露置가 不可라"하고, 一 切地中에 潛埋ᄒ며 堆쟝〔藏〕片箭 若干만 軍官이 帶持ᄒ고 此에 셔 留宿ᄒ니라.

九日에 樂安에 到ᄒ니 兵使ᄂ 遁ᄒ고 邑里ᄂ 燒하야 景狀이 悽慘ᄒ 中에 官吏 村氓들이 故將軍 李舜臣의 來ᄒᆷ을 聞ᄒ고, 苦 痛에 陷ᄒᆫ 者가 救主의 福音을 聞ᄒᆫ듯시, 無不艸間石竇에서 頭를 出하야 馬前에 來集ᄒ며 壺漿을 爭獻ᄒ거늘 不受ᄒ랴 ᄒᆫ즉 哭ᄒ 며 强進ᄒ더라.

十七日에 長興에 到ᄒ야 白沙汀에셔 馬을 먹이고[26] 軍營 龜尾 에 到ᄒ니 壹境이 盡遁ᄒ야 犬吠聲도 無ᄒ더라.

賊氛은 海天에 蔽ᄒ고 士氣와 民心은 土又치 崩ᄒ니 英雄 用 武之地가 何在ᄒᆫ가. 讀者ᄂ 眼을 着ᄒ야 再來ᄒᆫ 李統制의 手腕을 觀ᄒᆯ지어다.

---

26 원문엔 '말하고'이나 '먹이고'로 교감함.

第十四章 李舜臣의 再任統制使와 鳴梁의 大戰捷

八月 三日에 閑山島 敗報가 聞호매 朝野가 震駭호는지라. 上이 國務諸臣을 亟召호사 計의 所出을 問호신대 皆 惶惑莫對라. 慶林君 金命元이 從容 啓曰 "此는 元均의 罪이오니 今日 善後의 策은 李舜臣으로 統制를 再任홈에 在호니이다." 上이 此를 從호샤 李舜臣으로 忠淸 全羅 慶尙 三道水軍統制使을 拜호시고, 制曰

嗚乎라, 國家之所倚以爲保障者는 惟在於舟師어늘, 乃者天未悔禍에 凶鋒이 再熾하야 遂使三道水軍으로 仆於壹戰之下호니, 燒眉之急이 迫於朝夕이라. 目下之策은 惟當召聚散亡호고 收合船艦호야 急據要害然後에사, 流逋之衆이 知有所歸하고 方張之賊을 庶幾式遏인대, 而膺是任者ㅣ 非有威惠智幹之素 見服於닉〔內〕外면 曷能勝斯任哉야. 惟卿은 聲名이 早著於超授閫寄[27]之日호고 功業이 大著於壬辰大捷之後라. 邊上軍情이 恃爲장성〔長城〕之固어늘, 乃頃者에 遞卿之職호고 俾從戴罪之律타가, 人謀不臧 而致今日敗衄之辱也허니, 尙何言哉며 尙何言哉아. 今特起卿于墨衰[28]허고 拔卿于白衣호야 授以忠淸 全羅 慶尙 等 三道水軍統制使호노니, 卿其至之日에 先行

27 '곤기'는 장군의 임무.
28 '묵최'는 상복.

招撫ᄒ야 搜訪流散ᄒ고 團作海營ᄒ야 進扼形勢ᄒ라. 若卿忘
身殉國과 相機進退ᄂ 在於已試之能ᄒ니 予曷敢多誥이리오.

ᄒ셧더라.

八月 十九日에 리舜臣이 諸將을 召ᄒ야 勅書를 讀ᄒ고 肅拜
ᄒ 後 會寧浦에 到ᄒ니, 散軍이 리舜臣의 統制使 再任ᄒᆷ을 聞ᄒ
고 稍稍來集ᄒ야 兵 壹百二十人과 戰船 十隻을 得ᄒ지라. 全羅右
水使 金億秋를 令ᄒ야 兵船을 收拾하며 諸將을 分付하야 龜船을
假粧하야 軍勢를 助케 ᄒ고, 約曰 "吾等이 國家를 報ᄒᆷ에 壹死를
何惜ᄒ리오"ᄒ니 諸將이 皆 感泣ᄒ더라.

二十四日에 蘭浦에 進ᄒ더니, 二十八日에 敵船 八隻이 暗來
ᄒ야 不意에 襲코즈 ᄒ거늘, 리舜臣이 角을 鳴ᄒ며 旗를 揮ᄒ야 彼
를 直突ᄒ니 賊이 乃退ᄒ고, 九月 七日에 賊船 十三隻이 又來ᄒ
다가 公이 迎擊ᄒ미 卽走ᄒ고, 是夜二更에 又來하야 砲를 放ᄒ거
늘 公이 軍卒로 砲를 應ᄒ디 又 退走ᄒ니, 此ᄂ 賊이 리舜臣의 兵
少를 欺ᄒ야 是로 嘗試ᄒᆷ이러라.

時ᄂ 季秋라. 海天[29]이 頗寒ᄒ야 士卒이 無衣를 歎ᄒᄂᆫ대, 適
許多 避亂船이 海岸에 來泊ᄒ 者ㅣ 幾百隻이 되거늘, 리슌臣이 問
曰 "巨賊이 海를 蔽ᄒᄂᆫ디, 君等이 此에 留ᄒᆷ은 何事를 爲코자 ᄒᆷ
인가." 皆 對曰 "我等은 使道를 恃ᄒ고 此에 留ᄒ노라." 리슌臣이
又曰 "君等이 我言을 從ᄒ면 生路가 有하려니와 不然이면 皆死ᄒ
지로다." 皆曰 "惟 公命을 是從이라"ᄒ거늘, 리슌臣 曰 "將士가 飢

---

29 원문에 '大'이나 '天'으로 교감함.

且寒ᄒ야 盡死홀 地境이니 況 禦賊홀 道가 有乎아. 君等이 萬壹 餘흔 바 衣粮으로 軍卒을 救ᄒ면 此賊을 可滅이오 汝死를 可免ᄒ리라"ᄒ대.

衆이 皆此를 從ᄒ거늘, 於是에 粮米를 分ᄒ야 諸船에 載ᄒ니 軍卒이 起色이 纔有ᄒ더라.

然이나 衆寡가 縣殊흠으로 諸將 人人이 皆曰 "舟를 捨ᄒ고 陸에 登흠이 可ᄒ다"ᄒ거늘 리舜臣이 不聽ᄒ며, 又 朝廷이 舟師가 甚單하야 賊을 禦ᄒ기 難ᄒ니 陸戰하라 命ᄒ거늘, 리舜臣이 又 啓曰 "壬辰으로부터 至今 五六年間에 賊이 兩湖를 直突치 못흠은 舟師가 其路를 扼흔 故라. 今에 臣이 戰船 拾二가 有ᄒ니 死力을 出ᄒ야 拒戰ᄒ면 尙可爲也어늘, 今에 萬壹 舟師를 全廢ᄒ면 賊이 必然 湖右로 由ᄒ야 漢水에 達ᄒ리니 此가 엇지 可憂홀 비 아니리오. 戰船이 雖寡ᄒ나 微臣이 不死ᄒ면 賊이 我를 輕侮치 못ᄒ다"云ᄒ고, 右營 前洋에 出ᄒ야 諸將을 會集ᄒ고 約束을 申明ᄒ야 曰 "一夫當逕에 足懼千夫ᄒ나니 今 我의 現陣흔 地가 如是흔즉 諸將은 勿憂ᄒ고 但 不畏死 三字만 常佩ᄒ면 可戰ᄒ리라"ᄒ더라.

九月[30] 拾六日 早朝에 賊이 蔽天塞海의 勢로 鳴梁에서 來ᄒ야 我陣을 向ᄒ거늘 리舜臣이 諸將을 率ᄒ고 出禦홀ᄉ, 賊船 三拾 餘隻이 悍然 前進ᄒ며 我船을 擁圍코ᄌ 하거늘 리舜臣이 櫓를 促ᄒ야 突前ᄒ며 各軍을 促ᄒ야 銃丸을 乱放ᄒ니 賊兵이 直犯치는 못ᄒ야 乍進乍退ᄒᄂ 模樣이더라.

是時에 衆寡의 勢만 不敵흘 쑨더러 賊船이 我船을 十數匝이

30　원문에 없으나 달이 넘어가므로 보충함.

나 包圍ᄒ고 長蛇의 勢로 前衝하미 其勢가 甚히 不測ᄒ지라. 各船 諸將이 相顧失色ᄒ거늘 李舜臣이 笑謂 曰 "彼賊이 비록 萬隻船으로 來하더리도 我船의 擒ᄒᄂ 비 되리니 妄動치 勿ᄒ고 砲射에나 盡[31]力ᄒ라."

此數言이 何等快闊이며 何等自信고. 將卒人人이 感躍ᄒ야 招搖旗를 壹翻ᄒ미 諸船이 爭進ᄒ더라.

海中에ᄂ 兩國兵의 戰聲이오 山上에ᄂ 觀戰人의 光景이라. 李統制만 再起ᄒ면 倭讐를 快復ᄒᆯ 쥴로 信ᄒ고 遠近人民이 男負女戴ᄒ고 百里 或 千里에셔 來ᄒ야 巍巍ᄒ 高峰을 據ᄒ야 리統制의 戰況을 觀ᄒ더니,

我船 十二隻이 海面에 飄요[搖]ᄒᄂ대 忽然 數千隻 賊船이 壹時圍匝ᄒ야 黑雲이 聚하며 亂霧가 合ᄒᄂ 듯ᄒ 中에 我船은 何處에 埋葬ᄒ 지 不知ᄒ깃고, 但 空際에 白刃의 光이 閃飜ᄒ며 天畔에 巨砲의 聲이 轟震ᄒᄂ지라. 觀戰人이 相扶痛哭 曰 "我等의 來가 統制만 恃홈이더니 今에 若此ᄒ니, 嗚乎 吾輩여, 誰와 共生ᄒ리오"ᄒ고 哭聲이 狼藉ᄒ다가, 猛然히 河岳이 崩潰하ᄂ 듯ᄒ 壹巨聲이 作ᄒ며 賊船 三十餘隻이 粉碎ᄒ고 朝鮮 三道水軍統制使라 大書ᄒ 旗号가 翩翩ᄒ며 我船이 矯矯ᄒ 遊龍ᄀ치 其後로 繞出ᄒ니,

天歟아 神歟아, 是何信也오. 壹切 觀戰人이 莫不其手로 額을 拍ᄒ며 朝鮮萬歲를 呼ᄒ더라.

於是에 數千隻 賊船이 或破 或走 或被擒ᄒᄂ대 我船 十二隻

---

31 원문의 '監'을 '盡'으로 교감함.

이 往來奔突ᄒ며 威武를 耀ᄒ니, 壯哉라, 茫茫海波上에 逐倭如逐獐의 奇觀을 呈ᄒ얏도다.

是戰也에 我船이 水中天險을 先占ᄒ얏슬 뿐더러 戰纔壹合에 賊의 先鋒船을 撞破하고 其無雙驍將 馬多時를 鉤斬ᄒ야 賊氣가 先挫ᄒ 故로 十二船 寡弱의 兵으로 數千隻 敵艦을 剿滅흠이라. 李忠武가 亦嘗自稱ᄒ여 曰 "吾의 鳴梁壹捷은 新募未練의 卒과 不滿十數의 船으로 數千隻 賊船 數萬名 賊軍을 克制ᄒ얏스니, 此는 上天의 助오 國家의 威靈이라. 偶然 夢寐間에 想及ᄒ야도 壹大叫快을 不已ᄒ노라"云ᄒ더라.

拾七日에 船을 引ᄒ야 外島에 出ᄒ니 避亂人民이 其 熱誠을 盡ᄒ야 歌舞抃蹈ᄒ며 牛酒를 爭獻ᄒ더라.

賊이 遂遠遁ᄒ거늘 於是에 李舜臣이 日로 褊裨를 遣ᄒ야 各地에 循行ᄒ며 流民을 曉喩ᄒ고 散兵을 招集ᄒ니 數月之內에 將士가 雲集ᄒ야 軍聲이 大振ᄒ더라.

雖然이나 李統制의 神籌이 壹國을 能保ᄒ면셔 其家는 不能保ᄒ며, 壹國之民은 能救ᄒ면셔 其子는 不能救하니, 哀哉라, 彼 秀家 行長 淸正 等이 元均의 舌을 借ᄒ야 리統制를 殺害ᄒ고 其 野心을 逞ᄒ랴 ᄒ다가, 幾死흔 리統制가 更生ᄒ야 其區區 拾二隻의 殘船으로 數萬 倭兵을 覆滅ᄒ믹, 彼가 憤極 愧極 痛極의 心을 不勝ᄒ나 리統制의 慧眼所照에 報復을 售흘 餘地가 無흔 故로, 鳴梁 敗後에 即日 輕騎를 發ᄒ야 리統制 本鄕 牙山 錦城村 壹洞을 焚蕩ᄒ고 殺戮을 肆行ᄒ는대, 리統制의 第三子 葂이 拾數歲 不過흔 童子로 家에 在ᄒ야 騎射를 習ᄒ다가 倭兵의 攔入흠을 見ᄒ고 即時 小砲를 放ᄒ야 三賊을 射殺ᄒ고 往來馳擊ᄒ더니, 嗟乎라, 壹稚

虎의 獨躍이 羣老狼의 爭噬을 不敵ᄒ야 中途 伏刃에 死ᄒ니라.

膽畧이 有ᄒ고 騎射를 善ᄒ야 將來 自己의 遺躅을 繼ᄒ며 國家의 長城을 作ᄒ리라고 認定ᄒ던 第壹愛子의 凶音을 接ᄒᄆᆡ, 多情英雄의 心事가 果何如ᄒᆯ고. 訃書를 抱ᄒ고 哭曰 "哀我小子, 棄我何歸, 英氣脫凡, 天不留世耶, 今我在世, 竟將何依오" ᄒ고 (日記 中 所載), 夜를 年又치 度ᄒ니, 哀哉라, 此又 母喪을 遭ᄒᆫ 後 壹大 哀痛ᄒᆫ 淚러라.

第十五章 倭寇의 末路

(壹) 豊臣秀吉의 死와 宇喜多秀家의 走

(二) 行長과 淸正의 生路哀乞

(三) 明兵의 來援

(四) 李舜臣의 隣將交際

(五) 李舜臣의 與賊俱碎의 決心

豊臣秀吉이 壹超直入大明國의 快言을 發ᄒ야 假途滅虢[32]의 計로 我國을 誘ᄒ다가 不成ᄒᄆᆡ, 卽時 宇喜多秀家 加藤淸正 小西行쟝 等 諸將을 遣ᄒ야 三十萬兵을 率ᄒ고 三路로 入寇ᄒᆯᄉᆡ, 其

---

32 원문에 '號'이나 '虢'으로 교감함.

勃勃호 野心이 八域을 洞呑홀 듯호더니 居然 慶尙 全羅의 海口에 壹大天降 名將의 扼호 빈 되야, 諸 倭將은 轅駒ᄀ치 局促ᄒ며 諸 倭兵은 魚腹에 盡葬ᄒ고 其憤腦가 欲裂ᄒ야 七³³年兵革을 繼續ᄒ되 累度敗衄만 遭혼지라. 於是에 恨血을 嘔ᄒ고 死倒ᄒ니 兩國間 戰禍가 稍稍 消滅될 機가 到ᄒ얏더라.

水軍勝利를 大言自擔ᄒ던 宇喜多秀家가 此에 至ᄒ미 其 敗兆를 先察ᄒ고 師를 棄ᄒ야 遠遁ᄒᄂ대, 彼無厭의 行長 淸正은 我 內地에 深入ᄒ얏다가 陸에 登혼즉 義兵이 環匝ᄒ고 水로 向혼즉 三道水軍이 阻遏ᄒ야 進退維谷의 境遇를 當하얏ᄂ되,

行長은 順天에 屯ᄒ며 淸正은 蔚山에 屯ᄒ야 困獸猶鬪의 志를 抱ᄒ고 各地에 轉戰ᄒ랴 ᄒ다가, 淸正은 都元帥 權慄과 李德馨에게 見圍하야 島山城中에 勺水를 不得ᄒ고 累日을 飢困ᄒ며, 行長은 全羅道 海陸 兩交線 中間에서 徘徊홀식 其勢의 不敵홈을 自知ᄒ고 累累히 行人을 遣ᄒ야 和親을 請ᄒ더라.

倭賊과 不共戴天ᄒ기로 自誓혼 리舜臣이 엇지 此를 肯許ᄒ리오. 來使를 却ᄒ고 益益히 軍을 進ᄒ야 賊노〔路〕를 扼홀식,

宣廟 戊戌 六月 二十七日에 古今島에 移陣ᄒ니 此ᄂ 全羅海口의 第壹要害處러라.

義僧을 募ᄒ야 各地를 屯守ᄒ며, 農民을 集ᄒ야 島中에셔 耕作케 ᄒ고, 精騎를 分ᄒ야 四處로 出ᄒ야 遊寇를 剿滅케 ᄒ고, 行長 淸正은 天塹內에 囚ᄒ야 其兵을 老케 혼 然後에 掃除ᄒ기로 計劃을 定ᄒ더니,

---

33 원문에 '八'이나 '七'로 교감함.

七月 拾六日에 明國 水軍都督 陳璘이 水軍 五千名을 率ᄒ고 海에 下ᄒ야 我軍과 合ᄒ니 水軍의 形勢가 壹層 頓壯ᄒ더라.

然이나 陳璘은 元來 粗猛善怒로 聞ᄒᄂᆫ 者라. 其國에 同列諸將과 相善ᄒᄂᆫ 者도 無하거던 況 言語不通ᄒ고 俗習不同ᄒ 他國 將軍과 終始無忤ᄒ기를 엇지 可望ᄒ리오. 兩將이 壹忤ᄒ면 兩國 兵이 必決裂이오. 兩國兵이 壹決裂ᄒ면 倭賊討平하기ᄂᆫ 姑舍하고 反히 其乖陷ᄒᄂᆫ 비 되기도 易ᄒ지라.

故로 朝廷이 此를 憂ᄒ야 主上이 陳璘을 厚待ᄒ라고 旨諭를 下ᄒ시며 領相이 陳璘을 善交ᄒ라고 親簡을 致ᄒ더라.

雖然이나 李統制 心中에ᄂᆫ 早已壹良箸을 定ᄒ야 恢恢遊刃의 手段[34]으로 陳린을 待ᄒ더라.

陳린의 軍이 始至ᄒᄆᆡ 리舜臣이 卽時 牛를 殺ᄒ며 酒를 辦ᄒ야 陳營 諸將을 大慰悅케 ᄒ더니, 旣而오 彼軍이 四出ᄒ야 我民의 財를 掠奪ᄒᄂᆫ지라.

李舜臣이 軍民에게 令을 下ᄒ야 大小廬舍를 同時 毁撤케 ᄒ며 自己의 衣衾寢具도 船中에 搬運케 ᄒ더니, 陳린이 處處毁家ᄒᄂᆫ 光景을 觀ᄒ고 心에 甚怪ᄒ야 人을 遣하야 來問ᄒ거늘, 李舜臣이 曰 "貴麾下가 暴掠만 專務ᄒ야 人民이 不堪ᄒᄂᆫ 故로 各각 撤家遠徙ᄒᄂᆫᄃᆡ 我가 大將이 되야 何面目으로 此에 獨留ᄒ리오. 我도 從此 陳都督을 永辭ᄒ고 浮浪遠遁ᄒ려 ᄒ노라." 陳璘이 此를 聞ᄒ더니 大驚馳到ᄒ야 리舜臣의 手를 挽執하야 曰 "公이 若去ᄒ면 린이 誰와 賊을 禦ᄒ리오"ᄒ며 懇詰不已ᄒ거늘, 리舜臣이 乃

34 원문에 '叚'나 '段'으로 교감함.

2부 − 단재와 구보의 이순신

慷慨流涕 言 曰 "敝邦이 倭賊의 禍를 被흔 지 今且 七³⁵年이라. 我의 성읍을 焚毀ᄒ며 我의 人民을 殺害ᄒ며 我의 墳墓를 발掘ᄒ며 我의 財産을 掠奪ᄒ야, 父母된 者ᄂ 其 子孫을 哭ᄒ며 夫人된 者ᄂ 其 丈夫를 哭ᄒ며 家屋이 有흔 者ᄂ 其 家屋을 失ᄒ며 젼財가 有흔 者ᄂ 其 錢財를 失ᄒ야,

今 八域人民이 倭寇 二字를 提及ᄒ민 莫不 其 心骨이 寒痛ᄒ나니, 舜臣이 雖 蠢蠢武夫에 不過하나 亦是 彝性을 賦ᄒ야 國恥民辱을 粗知ᄒᄂ 者로셔, 今에 將軍이 敝邦을 爲ᄒ야 千里赴援ᄒ얏ᄂ대 舜臣이 將軍을 결〔訣〕ᄒ고 獨遁코ᄌ ᄒ니, 엇지 如此 不近人道흔 思想을 忍做ᄒ리오만은, 雖然이나 即今 貴麾下의 暴掠을 觀ᄒ건대 堂堂義師로 無賴蠻行을 敢作ᄒ니, 嗟, 我生령이 엇지 此苦를 重堪ᄒ리오. 舜臣이 此를 忍見흘 슈 無ᄒ야 如此 徑去코ᄌ ᄒ노라."

陳린³⁶이 此를 聞ᄒ더니 赧又 愀然의 色이 并作하야 曰 "璘이 從此로 麾下를 嚴束하야 秋毫를 不犯케 ᄒ리니 公은 少留ᄒ소셔." 리舜臣이 曰 "不可ᄒ다. 營門이 嚴슈ᄒ야 我民이 設或 冤憤을 入訴코자 ᄒ야도 其路가 甚難흘지니, 將軍이 雖明ᄒ나 엇지 貴麾下의 出外作擾를 壹壹照察ᄒ리오. 將軍이 萬壹 슌臣을 留코ᄌ 흘진댄 오즉 壹事가 有ᄒᄂ³⁷니 將軍이 此를 肯從흘ᄂ지." 陳린 曰 "惟公命을 是從ᄒ리니 公은 此를 第言하라."

35 원문에 '八'이나 '七'로 교감함.
36 원문에 '인'이나 '린'으로 교감함.
37 원문의 'ᄒ'를 'ᄂ'로 교감함.

李舜臣이 曰"貴麾下가 我國來援ᄒᆞᄂᆞᆫ 勢力을 恃ᄒᆞ고 忌憚이 都無ᄒᆞ야 如此 肆行홈이니, 將軍이 萬壹 我에게 便宜를 假하야 其罪를 治케 ᄒᆞ면 兩國 軍民이 相안홀가 ᄒᆞ노라." 陳린이 曰"諾다. 惟公命을 是從ᄒᆞ리라."

此後로 明兵이 犯홈비 有ᄒᆞ면 리슌臣이 此를 嚴治ᄒᆞ니 於是에 百姓이 安堵홈을 得하고 明兵이 리슌臣 畏愛ᄒᆞ기를 陳린에 過ᄒᆞ더라. 十八日에 賊船 百餘隻이 鹿島를 來犯ᄒᆞᆫ다고 偵探兵이 馳報ᄒᆞ거늘, 리統制 陳都督이 戰船을 ᄀᆞ領하고 金堂島에 至ᄒᆞᆫ즉, 但只 二賊船이 在ᄒᆞ다가 我船을 望見하고 遠遁ᄒᆞ거늘, 李統制ᄂᆞᆫ 八船을 發ᄒᆞ며 陳都督은 二十船을 發ᄒᆞ야 折爾島에 埋伏ᄒᆞ고 同還하더라.

二拾四日에 李舜臣이 酒를 運籌堂에 置하고 陳璘을 邀ᄒᆞ야 對飮하더니, 陳璘의 麾下 千總者가 來報하되 "曉에 賊船 六隻을 遇ᄒᆞ야 朝鮮舟師가 此를 盡捕하니이다" 하니 陳린이 大怒喝退ᄒᆞ거늘, 李舜臣이 其意를 解ᄒᆞ고 婉言으로 勸ᄒᆞ며 該 所獲船과 倭頭 六十九級을 付하며 曰 "將軍이 到陣ᄒᆞᆫ 지 數日이 不過ᄒᆞ야 卽時 膚功으로 貴朝에 奏하면 엇지 美事가 아닌가" ᄒᆞᆫ딕, 陳린이 大喜ᄒᆞ야 遂終日 醉飽ᄒᆞ고,

自後로 欽服을 尤加ᄒᆞ며, 且 自家의 船隻이 雖多나 禦賊에 不適홈을 自覺ᄒᆞᆫ지라 我 板屋船을 乘ᄒᆞ고 李舜臣의 節制를 願受ᄒᆞ며 恆常 李爺라 稱ᄒᆞ고 不名ᄒᆞ더라.

九月 十四五日 頃에 각處 賊將이 小西行長의 順天陣으로 並聚ᄒᆞ거늘, 리舜臣의 慧眼이 其 撤歸코ᄌ ᄒᆞᆷ을 早察하고 慨然 曰 "吾가 엇지 千古讐賊의 生還홈을 許하리오." 是日에 陳린과 共히

舟師를 率호고 拾九日에 左水營 前에 過호야 廿日에 順天 曳橋에 至호니 此는 卽 小西行長의 陣前이라.

兵을 四列호야 其 歸路를 塞호고 精騎를 遣호야 獐島를 襲호야 賊의 儲粮을 奪取호더라.

第十六章 陳璘의 中變과 露梁의 大戰

諺에 曰 "天下 不如意事가 拾常八九라" 호더니 果然이로다. 李忠武의 統制使 再任호 以後에는 朝廷의 信賴가 旣專호 中 又 外國의 援兵이 來호야 軍威를 助壯호니 此는 虎腋에 翼을 附홈이라 稱 홀 만호대, 況 彼國將卒이 李忠武에게 壹心誠服호야 李爺라 稱호며 天下名將으로 仰호며, 經天緯地의 才와 補天浴日의 手라 讚美 호야(陳璘이 宣廟朝에 上書호야 曰 "李舜臣은 經天緯地" 云云) 惟命을 是從호니, 此後 李忠武의 成功은 江河의 決下호듯시 蕩然無礙 홀 듯호더니, 嗚呼라, 리忠武 一生歷史는 艱苦로 始하야 艱苦로 終홈이 是乃 彼蒼의 故意인지, 今乃 將星將落호던 前日신지 一番 魔戲가 又來호는도다.

蓋 當時 支那援將 等이 其面에는 忠憤의 色을 帶호며 其口로 는 慷慨의 言을 發호나, 然이나 彼輩는 黃金幾片만 見호면 其 忠 憤 其 慷慨가 天外로 飛去호고 全身이 彼 黃金에 向호야 恭敬下 拜하는 者니, 如此竪者 等과 何事를 能成하리오. 故로 彼輩의 來

援이 李舜臣에게 尺害는 有호나 寸利는 無호도다.

리舜臣이 獐島에 據하야 賊의 歸路를 斷한 이래로, 行長이 粮盡勢竭할 쌘더러 리舜臣이 陳린과 日日進攻호야 連攻連勝호믹, 行長이 大窘蹙호야 明將 劉뎡[綎]에게 人을 陰遣허야 賂物을 厚遣호고 歸途假호을 乞호거늘, 뎡이 厚賂에 貪호야 陳린에게 告호여 曰 "行長이 將次 撤歸호랴 호니 此를 無阻호라" 호고, 行長이 十餘艘를 發호야 猫島에 出호거늘 리舜臣과 陳린의 軍이 此를 攻호야 盡殺호더니, 行長이 劉뎡의 無信을 責혼디 뎡 曰 "爾가 陳將軍에게 乞和호라." 行長이 於是에 銀貨와 寶劍으로 陳린에게 遣호며 乞曰 "兵이 不戰을 貴호나니 我途를 假호라" 호믹, 린도 貪夫라 此를 許호고 又 리舜臣다려 借途호라 勸호거늘 리舜臣 曰 "大將이 和親을 論홈이 不可하며 讐敵을 縱遣홈이 不可어늘 公이 何故로 此等 言을 出호느뇨." 린이 默然호더니 行長에게 告호야 曰 "爾가 李統制에게 乞和호라."

行長이 於是에 又 리統制에게 人을 遣호야 銃劍과 寶貨를 多遣호야 歸途를 乞하거늘, 리舜臣 曰 "壬辰 以來로 我가 倭寇에게 捕獲흔 銃劍 及 寶貨가 丘山과 可齊니, 汝의 所遣을 受호야도 用홀 處가 無호며 且 我國은 倭人의 頭를 寶貨로 認호노라" 호고 此를 退却호며, 행장의 出送흔 船 十餘隻을 剿殺허더니,

陳璘이 賊을 縱歸코즈 호는 心이 賊의 脫去코즈 호는 心보다 尤切호야 壹日은 리舜臣에게 告호야 曰 "我가 남海賊을 往討코즈 호노라." 리舜臣 曰 "놈海는 太半 是 被擄人民이니 將軍이 討賊의 任으로 來하야 賊은 不討호고 人民을 反討코즈 홈은 何意오." 璘 曰 "旣已附賊이니 賊과 壹般이니라."

李舜臣이 曰 "古人이 云 脅從을 罔治라 ᄒᆞ얏ᄂᆞᆫ듸, 今에 被擄者를 엇지 賊과 同律討滅허리오" ᄒᆞᆫ듸, 陳린이 愧屈허더니,

行쟝이 計旣窮에 又 猪와 酒를 린에게 厚饋허며 巨賂를 加贈하고, 仍請 曰 "各處 諸倭屯에게 人을 送하야 渡海의 約을 共定ᄒᆞ리니, 提督은 此를 俯許ᄒᆞ라" ᄒᆞ민, 陳린이 饋賂를 貪ᄒᆞ야 其言을 信ᄒᆞ고 船路를 潛開ᄒᆞ야 賊의 通信허ᄂᆞᆫ 一小船을 許出ᄒᆞ니라.

린의 麾下가 리슌臣을 誠心服事하난 者 壹人이 有ᄒᆞ더니 此信을 來報ᄒᆞ거늘, 리슌臣이 大驚歎을 不覺ᄒᆞ야 曰 "賊의 此去가 必也 各處 諸屯倭와 聲息을 相通ᄒᆞ야 壹處로 會集하고 期日을 刻ᄒᆞ야 我를 犯코ᄌ ᄒᆞᆷ이니, 我가 萬壹 此에서 接應ᄒᆞ다가 腹背로 敵을 受ᄒᆞ면 吾衆이 立盡ᄒᆞ리니, 大洋에 移兵하야 壹戰에 死를 決ᄒᆞᆷ이 可ᄒᆞ도다. 惜乎라, 陳氏여, 幾片黃金에 流涎ᄒᆞ야 大事를 誤하ᄂᆞᆫ도다" ᄒᆞ고, 於是에 柳珩 宋希立 等과 計를 定ᄒᆞ고 린에게 事機의 危迫ᄒᆞᆷ으로 告ᄒᆞ니, 린이 乃 驚悟ᄒᆞ야 自責不已ᄒᆞ거늘, 리슌臣이 曰 "往事ᄂᆞᆫ 雖悔나 無及이니 今日 計策은 惟但 大洋에 出ᄒᆞ야 彼를 邀擊ᄒᆞᆷ이 可ᄒᆞ다" ᄒᆞ고,

探望船을 遣ᄒᆞ야 賊情을 察ᄒᆞ더니, 십八日 酉時量에 昆陽 泗川 南海 各地 賊이 露梁으로 向ᄒᆞᆫ다 ᄒᆞ거늘, 李舜臣이 陳璘과 相約ᄒᆞ고 是夜二更에 同發ᄒᆞᆯᄉᆡ,

三更에 船上에 獨立ᄒᆞ야 盥手焚香ᄒᆞ고 上帝의 祝ᄒᆞ야 曰 "此讐를 可滅ᄒᆞᆯ진된 卽死라도 無憾이니이다."

四更에 露梁에 到하야 浦嶼間에 兵船을 伏ᄒᆞ고 以待ᄒᆞ더니,

俄而오 賊船 五百餘艘가 光陽[38]洋으로 自ᄒᆞ야 露梁의 至ᄒᆞ거늘,

左右兩軍이 突發ᄒ야 此를 砲擊ᄒ니 賊船이 驚散하다가 良久에 復合이라. 李舜臣 曰 "我等의 勝敗死活이 此戰에 在ᄒ다"ᄒ고, 포〔枹〕를 援ᄒ야 右手로 鼓ᄒ며 大呼 先登ᄒ니, 諸軍이 其後에 爭附ᄒ야 賊을 蹙ᄒᆯ식 賊이 不支ᄒ야 觀音浦에 退入ᄒ얏다가,

天明에 賊이 出路가 無ᄒᆷ을 知하고 兵을 還ᄒ야 死戰ᄒ거늘,

李舜臣과 陳린이 合力血戰ᄒ더니,

副摠兵 鄧子龍(亦 明將)의 船이 失火ᄒ야 壹軍이 驚擾ᄒ며 船이 傾ᄒᄂ딕, 賊이 此를 乘ᄒ야 子龍을 殺ᄒ고 其船을 焚ᄒ거늘, 我軍이 望見ᄒ고 互相指認ᄒ여 曰 "賊船이 又焚ᄒ다"하고 各各 歡呼ᄒ며 각각 奮進ᄒᄂ지라.

賊將 三人이 樓船上에 巍坐ᄒ야 戰을 督ᄒ거늘 리舜臣이 砲를 放ᄒ야 其 壹個를 射殺ᄒ고,

虎蹲砲를 連發ᄒ야 賊船을 碎하ᄂ 中에,

忽然 壹大鉄丸이 飛來ᄒ야 李舜臣의 左腋을 橫穿ᄒ지라.

釰을 握ᄒ고 仆ᄒ더니,

卽起ᄒ야 鼓를 鳴ᄒ며 徐徐히 船樓에 入ᄒ야 部將 柳형[39]을 招ᄒ야 腋을 擧ᄒ고 瘡痕을 示ᄒ여 曰 "我ᄂ 且死ᄒ리니 公은 努力ᄒ라"ᄒ며 防牌로 蔽ᄒ고 其 子姪 薈莞과 侍奴 金伊를 顧ᄒ여 曰 "戰事가 方亟ᄒ니 我死커던 哭聲을 勿發ᄒ라. 軍心이 驚動ᄒᆯ가 是恐ᄒ노라"하며, 言訖에 將瞑ᄒ다가 我軍의 叫呼聲을 聞ᄒ더니 喜氣가 眉間에 溢ᄒ며 悠然 遂逝ᄒᄂ지라.

---

38 원문의 光州를 광양으로 교감함.
39 원문에 '행'이나 '형'으로 교감함.

2부 – 단재와 구보의 이순신

麾下가 其遺言을 依하야 喪을 秘호고 旗를 麾하며 戰을 督호시,

柳형이 六次를 丸에 中호고 宋希立이 壹次를 丸에 中호야 船上에 昏倒라가 少頃에 復起호야 瘡을 裹하고 進戰호는대,

兩船이 互觸호며 長劍이 相拍호고 雨箭雷丸이 海面에 暴注호더니.

曉로 始호야 午에 至호미 賊氣가 大挫혼지라. 我軍이 益益 迫擊하야 賊船 二百艘를 擊沉호고 賊兵 數千名을 俘斬호니,

賊의 健將悍卒이 此戰에 盡亡호고 賊의 資財器械가 此戰에 盡蕩호얏는되, 天網이 恢恢호야 彼 行쟝을 尙漏호얏도다(行쟝은 隻船을 乘호고 猫島에 出하야 遁歸홈).

倭船이 盡陷호고 戰塵이 倏捲호미 三道水軍 將卒이 楫을 擊호며 洋洋히 凱歌를 唱호고 船을 回호는대, 慘澹혼 船樓上에셔 壹片 凄凉聲이 悲風의 響을 雜호야 出來호니, 李薈 李莞 等이 李統制의 喪을 發홈이더라.

嗚呼, 夢耶아. 公去何速고? 兩國將卒이 李舜臣의 戰歿홈을 始知호고, 我軍에 류형 以下 明軍에 陳璘 以下 數萬將卒이 箇箇 軍仗을 捨호고 相向悲哭호니 聲이 海天에 殷호더라.

第十七章 李舜臣의 喪還과 及 其 遺恨

戊戌 拾壹月 貳十日에 朝鮮効忠仗義迪毅恊力宣武功臣 全羅左[40]
道 水軍節度使 兼 忠淸 慶尙 全羅 三道 水軍都統制使 리슌臣의
柩가 古今島에셔 發ᄒ야 牙山으로 返ᄒᆯ식, 沿路 男女가 喪車를 挽
하며 哀哭不放ᄒ야 哭聲이 千里에 不絶ᄒ고 八域人民이 壹切 親
戚ᄀᆞ치 悲ᄒ더라.

嗚乎라, 壬辰으로 戊戌에 至ᄒ기 凡 首尾七年間 歷史를 考ᄒ
건대, 我大東民族의 恥辱과 苦痛이 果然 何如ᄒ얏던가. 老弱은
溝壑의 轉ᄒ며, 壯丁은 鋒刃에 罹ᄒ고, 飢ᄒ대 其食을 不得ᄒ며,
寒ᄒ대 其衣를 不得ᄒ고, 朝에 團聚ᄒ얏던 父母妻子가 夕에 相失
ᄒ며, 夕에 欣握ᄒ던 兄弟朋友가 朝에 相訣ᄒ야, 死者는 勿論ᄒ고
도 卽 壹般生者도 其死가 已久ᄒ 줄로 可認이더니,

多幸히 千古名將 李統制가 作ᄒ사, 其手로 我의 溺을 援ᄒ며,
其舌로 我의 甦를 叫ᄒ며, 血을 嘔ᄒ야 骨ᄒ 我를 肉ᄒ며, 心을 竭
ᄒ야 死ᄒ 我를 生ᄒ더니, 我가 再生ᄒᄂ 其日에 公의 死가 忽焉
ᄒ니 斯民이 李忠武에 對ᄒ야 可哭ᄒᆯ 者 (壹)이며,

我의 生存은 公의 賜ᄒ 빅며, 我의 安居는 公의 奠ᄒ 빅며, 我
의 絲身穀腹은 公의 與ᄒ 빅며, 我의 床琴閨瑟은 公의 賜ᄒ 빅라.
我의 壹起壹坐와 壹歌壹哭이 莫非 公의 恩澤인대, 我輩는 公의
恩澤을 壹毫도 報答지 못하고, 公의 七年塵間에 我輩를 爲ᄒ야 勞

---

40 원문에는 '右'이나 '左'로 교감.

苦ᄒᆞ던 歷史를 回顧ᄒᆞ니 엇지 悲愴치 아니리오. 斯民이 李忠武에 對ᄒᆞ야 可哭할 者 (二)오.

公이 七年 以前에 死ᄒᆞ얏슬지라도 我輩ᄂᆞᆫ 此亂에 盡死ᄒᆞᆯ지며, 公이 七年 以後에 生ᄒᆞ얏슬지라도 我輩ᄂᆞᆫ 此亂에 盡死ᄒᆞᆯ지며, 公이 七年戰爭의 第壹年에 死ᄒᆞ얏거나 第二年에 死ᄒᆞ얏거나 或 第三年 第四年 第五六年에 死ᄒᆞ얏슬지라도 此亂에 我輩의 死를 救ᄒᆞᆯ 者ㅣ 無ᄒᆞᆯ지어늘, 乃者 公이 不先不後히 此時에 生ᄒᆞ야 此七年을 經歷ᄒᆞᆯᄉᆡ, 其間에ᄂᆞᆫ 丸에 中ᄒᆞ야도 不死하며, 劍에 刺ᄒᆞ야도 不死ᄒᆞ며, 獄에 下ᄒᆞ야도 不死하며, 千槍萬砲가 爭來ᄒᆞ야도 不死ᄒᆞ고, 許多風霜 海上生涯를 七年戰爭 結局되던 露梁에 至ᄒᆞ야 畢了ᄒᆞ니, 公은 必是 上帝의 下送ᄒᆞ신 天使로 水軍營에 下ᄒᆞ샤 其 勞苦와 其 慘血로 我輩의 生命을 換ᄒᆞ고 倏然便去ᄒᆞ심이니, 斯民이 李忠武에 對ᄒᆞ야 可哭할 者ㅣ (三)이니,

斯民이 李忠武에 對하야ᄂᆞᆫ 此情이 無키 難ᄒᆞ도다만은 英雄의 心事ᄂᆞᆫ 元來 如此ᄒᆞᆫ 것이 아니라. 其 霜淸雪白ᄒᆞᆫ 胸中의, 富貴도 無ᄒᆞ며 貧賤도 無ᄒᆞ며, 安樂도 無ᄒᆞ며 憂苦도 無ᄒᆞ고, 只是 此國 此民에 對ᄒᆞᆫ 壹雙眼光이 閃爍無際ᄒᆞᆫ 故로, 我身을 殺ᄒᆞ야 國과 民에 有利ᄒᆞᆯ진댄 朝에 生ᄒᆞᆫ 我가 夕에 死ᄒᆞᆷ도 可ᄒᆞ며 夕에 生ᄒᆞᆫ 我가 朝에 死ᄒᆞᆷ도 可ᄒᆞ니, 天地가 有ᄒᆞᆫ 以來로 不死ᄒᆞᄂᆞᆫ 人이 必無ᄒᆞ고 旣死ᄒᆞᆫ 後에ᄂᆞᆫ 不朽ᄒᆞᄂᆞᆫ 骨이 必無ᄒᆞ야, 富貴ᄒᆞ던 者도 其終에ᄂᆞᆫ 壹후(朽)骨이며, 貧賤ᄒᆞ던 者도 其終에ᄂᆞᆫ 壹朽骨이며, 安樂ᄒᆞ던 者도 其終에ᄂᆞᆫ 壹후骨이며, 憂苦ᄒᆞ던 者도 其終에ᄂᆞᆫ 壹후骨이며,[41] 壽ᄒᆞᆫ 者도 其終에ᄂᆞᆫ 壹후骨이며, 夭ᄒᆞᆫ 者도 其終에ᄂᆞᆫ 壹후骨이라. 終乃 千萬古 不易之理로 壹후骨될 個我의 身을 殺ᄒᆞ야

未來 億萬世 長存홀 此國 此民에 利홀진된 엇지 此를 避호며 엇지 此를 不爲호리오.

設或 廣成子 又치 壽호며 石崇 又치 富호야, 口로 粱肉을 含하고 皤皤皓髮로 의⁴²然長存홀지도, 國恥民辱이 日로 甚호야 四邊에 殺聲 哭聲 怨聲 恨聲 呻吟聲이 來集호면 我의 獨生獨樂을 可忍홀가.

大抵 英雄의 眼光은 此點을 早早기⁴³破호는 故로 李忠武를 觀홀지라도 當時 吏銓文衡의 華職을 不羨호고 筆을 投호야 人皆賤視허는 武班에 登호야 大東武士的 精神을 發揮호기로 自任호며, 壹切 權臣勳⁴⁴戚를 草芥로 視호야 足跡을 其門에 不投호고 我의 操守를 勵호다가 及乎東南의 怪雲이 壹嘘호야 國事가 搶⁴⁵攘호민, 家도 不顧호며 身도 不顧호고 長劍을 揮호야 我의 公仇에 向호다가 其 目的이 旣遂하민 溘然長暝홈을 不辭허엿스니, 嗚乎라, 誰가 李忠武의 死를 哭호는가. 大丈夫ㅣ 忠義를 抱호고 國難에 赴호야 無雙의 大魔를 摧滅호며 萬億의 蒼生을 援救호고, 我身은 快闊壹丸에 死하야 巍巍의 銘旌을 妖氛快晴호 海天에 揮호며 煌煌의 靈車를 桑柘無恙호 鄕山에 返호야 全國八道 萬歲洋洋의 凱歌

---

41 "憂苦호던 者도 其終에는 壹朽骨이며"는 연재시 누락된 것을 국문본 "고생하던 쟈도 마즈막에는 필연 일편 썩은 뼈가 될 뿐이며"(『대한매일신보』 1908. 10. 7.)에 근거하여 보충했다.

42 연재본에 '귀'나, 번역본(1908. 10. 8)에 의거하여 '의'(依)로 교감함.

43 기존에 '看'으로 풀었으나 원문은 '기'다. 아마 '皆'일 것이다.

44 원문에 '薰'이나 '勳'으로 교감함.

45 원문의 '槍'을 '搶'으로 교감함.

聲裡에셔 喪禮를 擧行하니, 嗚乎 壯哉라. 誰가 李忠武의 死를 哭 ᄒᆞᄂᆞ가, 오즉 謳歌蹈舞ᄒᆞᆷ이 可ᄒᆞ니라.

雖然이나 後人이 李忠武를 爲ᄒᆞ야 壹哭홀 빈 有ᄒᆞ니, 蓋 李忠 武의 發身ᄒᆞ던 初에 許多黨私의 輩와 文弱의 徒가 英雄을 踧縮케 ᄒᆞ야 早用치 못ᄒᆞᆷ으로 其功이 僅此에 止ᄒᆞ얏스며, 中間에 又 幾個 讒妬의 臣이 魔才를 戲ᄒᆞ야 數年拮据의 戰備를 蕩盡홈으로 其功 이 又 僅此에 止ᄒᆞ얏스며, 天이 偉人을 生ᄒᆞ사 我國民의 武士的 精神을 如此皷發ᄒᆞ얏거늘, 又 彼民賊懦夫가 毒을 隨煽ᄒᆞ야 公死 後 數百年間에 國恥民辱의 至홈이 頻煩ᄒᆞ얏스니, 此가 後人의 李 忠武를 爲하야 壹哭홀 빈로다. 然이나 又 豈但 後人의 哭홀빈 될 而已리오, 抑亦 地下 李忠武의 目이 不瞑홀진져.

第十八章　李舜臣의 諸將과 李舜臣의 遺跡 及 其奇談

鄭運은 其 幼時부터 忠義로 自許ᄒᆞ며 貞忠輔國 四字로 劒에 銘ᄒᆞ 더니, 壬辰乱에 李舜臣을 從ᄒᆞ야 賊을 累破하고 每戰에 奮勇先登 ᄒᆞᄂᆞᆫ 故로 李舜臣이 信任ᄒᆞ며 敬歎ᄒᆞ더니, 釜山戰役에 賊丸을 中 ᄒᆞ야 竟死ᄒᆞ니 李舜臣이 大慟 曰 "國家가 右臂를 失하얏다" ᄒᆞ더 라.(宣廟中興志와 靈巖郡志)

魚泳潭은 光陽縣監을 被任ᄒᆞ더니 壬辰倭寇를 遭흔지라. 李舜

臣을 見ᄒᆞ고 釜山赴援ᄒᆞᆷ을 力贊ᄒᆞ고 李舜臣이 水路險夷를 不知
ᄒᆞᆷ으로 憂ᄒᆞᆫ듸 泳潭이 慨然히 先鋒됨을 自請ᄒᆞ거늘 此를 許諾ᄒᆞ
야 累次大功을 建ᄒᆞᄆᆡ, 李슌臣이 朝廷에 啓ᄒᆞ야 水戰守備에 能ᄒᆞᆷ
과 海路形勢에 熟ᄒᆞᆷ과 及其忘身爲國ᄒᆞᄂᆞᆫ 忠誠을 襃ᄒᆞ고 助防將
合음을 請ᄒᆞ니라.(朝野輯要와 李忠武 狀啓)

李億祺ᄂᆞᆫ 全羅右水使로 李슌臣을 從ᄒᆞ야 賊을 累破ᄒᆞ더니,
及 李슌臣이 被拿하ᄆᆡ 哭曰 "吾輩가 死所를 不知ᄒᆞ깃다" ᄒᆞ더니
元均이 敗走ᄒᆞᄆᆡ 戰에 竟殉ᄒᆞ니라.(李億祺 行狀)

宋大立 希立 兄弟ᄂᆞᆫ 俱是 忠勇義氣가 人에 過ᄒᆞ더니 大立은
尖山戰에 死節ᄒᆞ고, 希立은 獐島戰役에 丸을 中ᄒᆞᄆᆡ 力戰ᄒᆞ야 李
슌臣 死後에 能히 軍威를 振ᄒᆞ고 賊을 大破ᄒᆞ니라.

柳珩은 南海縣監으로 李舜臣을 從ᄒᆞ야 賊을 討ᄒᆞ더니, 右議
政 李德馨이 일즉 리슌臣에게 密問ᄒᆞ야 曰 "公의 手下諸將이 公의
後任을 繼ᄒᆞᆯ 者 有乎아" ᄒᆞᆫ즉, 答曰 "忠義膽略이 柳형의 右에 出
ᄒᆞᆯ 者ㅣ 無ᄒᆞ니 可히 大用ᄒᆞᆯ 人器니라" 云ᄒᆞ더니, 리슌臣이 旣卒
에 리德馨이 朝廷에 薦ᄒᆞ야 統制使를 拜ᄒᆞ니라.

리純信은 中衛將으로 리슌臣을 從ᄒᆞ야 倭乱初에 元均을 往救
ᄒᆞᆯᄉᆡ, 固城前洋에셔 賊을 三戰三勝ᄒᆞ고 其後에도 恒常 奮勇先登
ᄒᆞ야 리슌臣의 信任ᄒᆞᆫ 빅 되니라.(리純信 墓碣)

丁景達은 리슌臣의 從事官이 되야 奇功을 累建ᄒᆞ고, 後에 入
朝ᄒᆞ야 리슌臣의 爲國忠義와 禦賊才略을 極陳ᄒᆞ고 元均의 搆誣
를 力辨ᄒᆞ니라.(丁氏家乘)

宋汝悰[悰]은 리슌臣과 露梁에셔 會戰ᄒᆞᆯᄉᆡ 賊兵이 大敗ᄒᆞ야
海水가 盡赤ᄒᆞ니 此戰이 中興戰功의 第壹이오, 汝종의 功은 又

部下諸將 中의 第壹이러라.(宋汝悰碑銘)

리英男은 助防將으로 리슌臣을 從호실시 每戰에 齒를 嚼호며 身을 不顧호더라.(鎭川縣志)

黃世得은 리슌臣의 妻從兄이라. 慷慨호고 氣節이 有호더니, 鳴梁戰役에 力鬪호야 死호딕, 리슌臣 曰 "王事에 死호얏스니 其死가 榮호다" 호더라.(稷山縣志와 李忠武 實記)

金浣은 調餉호 功도 有호고 斬倭도 極多호다.(永川郡志)

吳得麟은 智略이 過人하더니 李슌臣이 幕府에 擢置하다.(羅州牧志)

陳武晟은 晋州 被圍時에 李슌臣이 信息을 通코즈 호딕 武晟이 倭服을 變着호고 晝伏夜行호야 事機를 竟達호고, 其後 從征에 奇功을 累立호다.(興陽縣志)

諸萬春은 慶尙右水營軍校로 블身호야 勇力과 射藝로 有名호더니, 壬辰 九月에 右水使 元均의 將令을 受호야 小船을 乘호고 櫓卒 拾名을 率호고 熊川賊勢를 往探호더니 永登浦에 還至하야 倭船 六艘를 遇흔지라. 同舟人과 壹時 被縛하야 日本 大阪으로 縶去흔 빅 되얏더니, 癸巳 七月 廿四日 夜半에 成石同 朴檢孫 等 拾二人과 同謀호야 倭船을 偸騎호고 六岐島에 到호야 東萊水營下에 舟를 泊호고 八月 十五日에 三道四水使 合陣處에 來謁호니, 時에 李슌臣이 萬春의 被辱不死홈을 怒호야 斬코자 호다가 其萬死를 冒하고 逃還歸國홈을 奇憐히 넉여 狀啓使를 隨호야 京師에 上호야 倭情을 報케 하더니 朝廷이 其罪를 釋호고 李슌臣의 軍中으로 復送호는지라. 是時에 南中이 用兵흔 지 二年에 尙且 倭奴의 情狀 及 倭人器械의 利害를 不知호든 次 萬春을 得호믹 리슌臣

이 其喜를 不勝ᄒ야 卽時 自辟하야 帶率軍官의 職를 授ᄒ니, 萬春도 亦感奮ᄒ야 贊畫ᄒᆫ 빈 多ᄒ고 每戰射에 百發百中ᄒ야 賊兵이 皆 畏겁ᄒ더라.(諸萬春傳)

馬河秀ᄂᆫ 繕工主簿을 官하다가 鄕里에 遞ᄒ더니, 丁酉에 全家가 壹船을 乘ᄒ고 海中에서 避亂ᄒ다가 리슌臣의 統制 再任ᄒᆷ을 聞ᄒ고 喜曰 "吾輩가 何憂리오"ᄒ고 遂 往拜ᄒ더니, 及 鳴梁戰役에 리슌臣의 賊에게 被圍ᄒᆷ을 望見ᄒ고 劒을 拔ᄒ여 曰 "丈夫 壹死ᄒᆯ 地라"ᄒ고 劒을 揮ᄒ며 賊陣에 突入ᄒ더니 力戰 良久에 丸을 中ᄒ야 死ᄒ고, 其子 成龍 爲龍이 亦 劒을 手ᄒ고 突進ᄒ다가 旣而오 賊이 敗走ᄒᄆ니 父屍를 扶ᄒ고 鄕에 還ᄒ니라.(馬氏家狀)

縣 東南 二十里에 芳華山이 有ᄒ고 山下에 白巖村이 有하고 其村에 李忠武 舊宅이 尙存ᄒ되, 宅傍에 雙杏樹가 立ᄒ야 喬柯ᄂᆫ 雲에 聳ᄒ고 蔭이 數畝에 及하얏스니 此ᄂᆫ 리忠武 少時에 馳走騎射를 習ᄒ던 處라.(牙山縣志)

府에 龍沙가 有ᄒ되, 리忠武가 일즉 此地에서 鐵을 採取하야 刀劒을 鑄ᄒᄆ니 甚히 剛利ᄒ더라.(巨濟府志)

三千浦 前에 壹海口가 有ᄒᆫ대 李忠武가 일즉 倭를 逐ᄒ야 港에 納ᄒ고 其口를 抗ᄒᄆ니 倭賊이 勢大窮ᄒ야 山을 鑿하야 道를 通ᄒ고 夜를 乘ᄒ야 遁去ᄒᆯᄉᆡ, 互相 踐踏殘殺ᄒ야 屍가 山ᄀᆺ치 積ᄒ고 刀槍器械를 無數히 棄ᄒ지라, 後人이 其地를 掘梁이라 稱ᄒ더라.(上全)

左水營 前洋 無膝港은 李忠武의 大捷ᄒᆫ 墟라. 耕夫가 往往 其墟에서 倭劒 倭槍 銃丸 等屬을 得ᄒ더라.(湖南記聞)

古今島의 前面은 海南島오 後面은 佑將串이라. 李忠武가 此

島를 鎮홀식 旗를 佑將串에 列ᄒᆞ야 軍容을 虛張ᄒᆞ며 草를 海[46]남〔南〕島에 積ᄒᆞ야 峙粮屯軍의 狀을 作ᄒᆞ더니, 賊이 外洋에셔 望見ᄒᆞ고 此를 謀襲홀식 長驅大進ᄒᆞ다가 隱礁의 險에 掛船되야 進退狼狽의 勢를 成ᄒᆞᆫ지라. 我軍이 邀擊ᄒᆞ야 此를 大破ᄒᆞ니라.(康津縣志)

鳴梁은 右水營 三里地에 在ᄒᆞ되, 兩邊에 石山이 족〔簇〕立ᄒᆞ고 港口가 甚狹ᄒᆞ야 水勢가 悍ᄒᆞ거늘 리忠武가 鐵索으로 其口를 暗截ᄒᆞ더니 賊船이 此에 到ᄒᆞ야 倒覆ᄒᆞᆫ 者ㅣ 不知其數러라. 兩崖巖上에 釘孔이 至今ᄭᅡ지 宛然ᄒᆞᆫ대 居人이 此를 李忠武 設索殺倭處라고 相傳ᄒᆞ더라.(海南縣志)

閑山島에 壹港이 有ᄒᆞᆫ대, 李忠武가 賊을 大鏖ᄒᆞ야 此港에 納ᄒᆞᆷ이 賊이 大敗窮蹙ᄒᆞ야 陸地로 走登ᄒᆞᄂᆞᆫ 樣이 蟻子의 附ᄒᆞᆷ과 如ᄒᆞᆫ지라, 後人이 此를 蟻項이라 因名하니라.(巨濟府志)

리忠武가 일즉 夜半에 賊과 對陣홀식, 草枿를 多作ᄒᆞ야 三頭炬를 列挿ᄒᆞ고 直前掩擊ᄒᆞᄂᆞᆫ 狀을 示ᄒᆞ니, 賊이 戰船으로 認ᄒᆞ고 極力 射放ᄒᆞ거늘 其矢丸의 已盡ᄒᆞᆫ 後를 待ᄒᆞ야 此를 進擊 大破ᄒᆞ니라.(湖南記聞)

(此下 三段은 荒談에 近ᄒᆞ나, 先儒文集 中에 往往載有ᄒᆞᆫ 바인 故로 此에 姑錄ᄒᆞ노라.)

李忠武가 舟中에 在홀식, 忽然 一櫃가 海에 浮下ᄒᆞ거늘 軍中이 取來ᄒᆞᆫ즉 金鑰으로 鎖ᄒᆞ얏ᄂᆞᆫ대 漆光이 爛然ᄒᆞ더라. 諸將이 開視하기를 請ᄒᆞ거늘 公이 不從ᄒᆞ고 卽時 鉅手를 招하야 櫃를 鉅斷ᄒᆞᄂᆞᆫ대, 櫃中에셔 搖動叫楚ᄒᆞᄂᆞᆫ 聲이 作ᄒᆞ며 血이 滂滂히 出하더

---

46 원문의 法을 海로 교감함.

니, 及 該櫃가 盡剖된 然後에 觀흔즉 壹刺客이 匕首를 懷흐고 腰가 中斷흐야 死倒흔지라. 諸將이 壹齊히 驚服흐더라.(上仝)

月色이 船樓에 滿흔대 忽然 島右林畔에셔 鵝鴨이 驚飛흐거늘, 李忠武가 舟中에셔 宿흐다가 枕을 推흐고 即起흐야 軍中에 令을 下흐야 水面에[47] 向흐야 砲을 乱放흐더니, 平明에 視흐니 許多倭屍가 水에 浮下흐눈지라. 諸將이 驚異흐야 其故를 問흔대 忠武가 唐人詩에 云흔 月黑雁飛高 單于夜遁逃의 句를 誦흐며 曰 "半夜에 穩睡흐눈 鵝鴨이 엇지 無故히 驚飛흘 理가 有흐리오. 此必倭兵이 善泅者를 發흐야 我船을 鑿沉코즈 흠인 줄을 발覺흐고 此를 砲擊흠이라" 흐더라.(解頤書)

金大仁은 村氓이라 勇力이 絶倫흐나 其膽이 甚겁하야 鼓聲만 聞흐면 爲先戰慄흐야 寸步를 不進흐눈지라. 李舜臣이 此를 麾下에 率置흐다가 忽然 黑夜를 乘흐야 大仁을 招흐여 曰 "爾가 我後를 隨흐라" 흐고 但只 兩人이 壹先壹後로 山麓林藪中으로 潛行흐더니, 驀然히 樹木間으로 火光이 漏現흐거늘 該 火光을 逐흐야 其處에 至흔즉 數丈쯤 斗落흔 山阪下 壹平地에셔 倭遊兵 數拾名이 憩息흐며 飯을 炊흐거늘, 李舜臣이 山阪上에 立흐야 大인의 手를 執흐고 此를 俯視흐며 附耳密語 曰 "爾가 勇을 壹鼓흐야 此를 討殲흠이 何如오." 大인이 戰戰 答曰 "不能 不能이노라." 리舜臣이 怒曰 "爾가 此를 不能흐거던 死흠이 可라" 흐고, 即時 其背를 蹴흐야 山阪下에 墜下흐니 倭兵이 驚起圍匝하눈지라. 金大인이 此境에 旣到흐매 走路눈 無흐고 死路가 迫흔지라. 膽勇이 突然 大生흐

---

47 원문의 '이'를 '에'로 교감함.

2부 – 단재와 구보의 이순신

야 猛拳을 擧ᄒᆞ야 壹倭를 打倒ᄒᆞ고 其劒을 奪ᄒᆞ더니 踊躍大呼하며 左右廝殺하ᄂᆞᆫ딕, 其劒은 電又치 翻ᄒᆞ며 其聲은 山谷을 裂ᄒᆞ야 須臾에 羣倭가 狼藉盡死하고 金大仁이 渾身血塊로 獨立ᄒᆞ얏더라. 리舜臣이 卽 趨下執手하며 笑曰 "汝가 自今으로 其可用乎ㄴ져" 하고 營中에 携歸ᄒᆞ더니, 自後로 金大人이 見賊風生ᄒᆞ야 每戰에 奮勇先登ᄒᆞ고 奇功을 多立ᄒᆞᆷ으로 加德僉使를 超拜ᄒᆞ니라.(湖南志 及 流行하ᄂᆞᆫ 俚談)

右壹章의 錄흔 바ᄂᆞᆫ[48] 비록 東鱗西爪[49]에 搜探가 未精하고 且 遺跡以下ᄂᆞᆫ 壹壹皆眞흔지 難知홀지나 抑亦 無賴의 巷言으로 抹殺홈은 不可흔 者라. 故로 此에 附錄하ᄂᆞᆫ 바어니와.

雖然이나 李忠武의 成功흔 原因이 此等 人才를 網羅홈에 專由홈인가. 抑 此等 奇計를 懷抱흔 所以인가. 曰 否라. 리忠武의 成功흔 旨訣을 問홈에 單히 壹句로 可答홀지니, 壹句ᄂᆞᆫ 云何오. 卽 李忠武가 倭丸倭矢의 雨集ᄒᆞᄂᆞᆫ 處에 立ᄒᆞ야 扶腋要避ᄒᆞ던 將士를 喝退ᄒᆞ며 蒼天을 指하여 曰

"我命이 彼에 在ᄒᆞ다"

云云ᄒᆞ던 壹句語가 是라. 命의 生死를 天에 聽홈으로 白刃도 蹈ᄒᆞ며 水火에도 入ᄒᆞ며 虎穴도 探ᄒᆞ며 驪珠도 摘홈이니, 萬壹 此壹關(卽 生死關)을 超過치 못ᄒᆞ면 비록 神妙흔 韜略이 有홀지라도 其膽이 겁ᄒᆞ야 此를 運用키 不能홀지며 精鍊흔 軍隊가 有홀지라도 其氣가 餒하야 此를 指揮키 不堪홀지라. 一棘叢 一石稜[50]에도 猶

---

48 연재는 세로쓰기라 '우일장'은 앞의 이야기들을 말함.
49 원문에 '과'(瓜)이나 '조'(爪)로 교감함.

戰兢ᄒ러던 況 雨注ᄒᄂᆫ 砲丸乎아. 壹角抵 壹拳毆에도 猶 匍匐ᄒ
러던 況 雲集ᄒᄂᆫ 大寇乎아. 嗚乎라, 偉人을 學ᄒᄂᆫ 者丨 不可不
此關을 先超過ᄒᆯ지니라.

第十九章　結論

新史氏 曰 余가 리舜臣傳을 讀ᄒ다가 案을 拍하고 大呌ᄒᆷ을 不覺
호라. 嗚乎라, 我民族의 外競力이 如此 減退ᄒᆫ 時代에 公이 乃有
하얏스니 엇지 可驚ᄒᆯ 빈 아니며, 我朝家의 政治가 如此 腐敗ᄒᆫ
時代에 公이 乃有ᄒ얏스니 엇지 可愕ᄒᆯ 빈 아니며, 人民이 兵革을
不知ᄒ야 鼓聲을 聞ᄒ면 駭竄ᄒᄂᆫ 時代에 公이 乃有ᄒ얏스니 엇
지 可奇ᄒᆯ 빈 아니며, 羣臣의 黨爭이 甚ᄒ야 私鬪ᄂᆫ 勇ᄒ나 公戰
을 怯ᄒᄂᆫ 時代에 公이 乃有ᄒ얏스니 엇지 可異ᄒᆯ 빈 아니며, 大駕
가 西遷ᄒ야 人心이 瓦解ᄒᆫ 餘에 公이 乃有ᄒ얏스니 엇지 可欽ᄒᆯ
빈 아니며, 日本이 方强ᄒ야 我弱을 乘ᄒᆯᄉᆡ 其 驕傲頑慢이 無比
ᄒᆫ 際에 公이 乃有ᄒ얏스니 엇지 可快ᄒᆯ 빈 아니리오. 已往 三國間
我國民의 勢力이 膨脹ᄒ던 日에 公이 有ᄒ얏거나, 本朝 太宗 世
宗 治化方張ᄒ던 日에 公이 有ᄒ얏거나, 民富國殷ᄒ고 我强敵弱
ᄒᆫ 日에 公이 有ᄒ얏스면 此猶固宜ᄒᆫ 事라 하려니와, 今乃 如此 齷

50　바위가 삐죽삐죽 내민 너설.

齷호 時代에 公이 有ᄒ얏스니 엇지 可驚 可愕 可奇 可快홀 빈 아
니리오. 不先 不後히 此時代에 作ᄒ야 我民族을 活하며 我歷史를
光ᄒ얏스니, 偉哉라 公이여, 盛哉라 公이여.

余가 일즉 內外 古今人物을 擧ᄒ야 公과 試較컨대, 姜邯贊이
板蕩에 起ᄒ야 大乱을 平홈이 公과 同ᄒ나 其 以少擊衆의 神畧이
公에 遜ᄒ며, 鄭地가 海戰에 勇ᄒ야 倭寇를 掃홈이 公과 同ᄒ나
其 爲國獻身의 熱誠이 公에 遜ᄒ며, 諸葛亮의 鞠躬盡瘁ᄒᄂ 貞忠
이 公과 同ᄒ나 數拾年 漢相으로 政權 軍權을 皆握ᄒ고도 舊都를
未復ᄒ얏스니 其 成功이 公에 遜ᄒ며, 漢尼拔이 戰勝功取홈 雄才
가 公과 同ᄒ나 末路에 國人의 不容홈 빈 되야 異域에 竄死ᄒ얏스
니 其得人이 公에 遜ᄒ도다. 然則 李忠武ᄂ 畢竟 何人과 似혼가.

近儒가 或 英國 水軍提督 乃利孫을 擧ᄒ야 李忠武에 配ᄒ여
曰 "古今 水軍界 東西 兩偉人이라" 云ᄒ나니, 其然가 抑不然가.
其果 優劣이 有혼가 抑 優劣이 無혼가. 余가 比較ᄒ야 壹評코ᄌ
ᄒ노라.

盖李忠武의 歷史가 乃利孫과 酷同혼 點이 多ᄒ니 但只 其 海
戰의 生涯만 同홀 쑨 아니라 甚至於 瑣瑣細細혼 歷史까지 同혼 빈
多ᄒ도다. 初年에 在ᄒ야 知名者가 無홈이 同ᄒ며, 區區微官으로
許多 長歲月間에 沉滯홈이 同ᄒ며, 他日 水軍名將으로 第壹着 成
功은 陸戰으로 始홈이 同ᄒ며, 壹次 陸戰혼 後에ᄂ 水戰으로 其
活劇을 終ᄒ야 再次 登陸이 無홈도 同ᄒ며, 夏月遠征에 暑장[瘴]
을 罹ᄒ야 危險을 經홈이 同ᄒ며, 戰丸에 累中ᄒ고도 不死홈이 同
ᄒ며, 末乃 敵艦을 擊沉혼 後 洋洋혼 凱歌聲裡에 中丸畢命홈도
同ᄒ며, 愛君憂國ᄒᄂ 血誠도 同ᄒ며, 誓與賊不俱生하ᄂ 熱憤도

同ᄒ며, 其 對抗ᄒᆫ 敵兵(法日)의 悍毒홈도 同ᄒ며, 其 戰爭結局의 支離홈도 同ᄒ니, 리忠武와 乃利孫을 倂論홈이 果可ᄒ뎌.

雖然이나 當時 英國의 國勢가 我國 壬辰時와 何如ᄒ며, 當時 英國의 兵力이 我國 壬辰時와 何如ᄒ며, 當時 英國 將兵者의 權利가 我國 壬辰時와 何如ᄒ며, 當時 英國 戰守의 能力이 我國 壬辰時와 何如ᄒ가.

彼가 幾百年을 列强과 競爭ᄒᆫ 結果로 此에셔 淬勵ᄒ며 此에셔 琢磨ᄒ야 人民의 敵愾精神이 富홀쑨더러 其 聚精이 已多ᄒ고 憑藉가 已厚ᄒ야 英雄의 用武地가 恢恢ᄒ지라. 中央金庫에ᄂ 幾億萬元 財貨를 積置ᄒ야 將軍의 軍費를 須하며, 器械工廠에ᄂ 幾千百門 大砲를 製造하야 將軍의 軍用을 待ᄒ며, 各隊의 累拾萬名 되ᄂ 軍卒은 閑死를 不堪ᄒ야 將軍의 壹戰을 祝하며, 各 海港의 累百千噸되ᄂ 巨艦은 價値을 未酬ᄒ야 將軍의 壹試를 待ᄒ며, 朝廷宰執은 洞洞燭燭히 盡心竭力ᄒ야 將軍의 徵求를 需應ᄒ며, 全國人民은 耿耿憧憧히 廢寢忘餐ᄒ야 將軍의 勝利를 祈禱ᄒ니,

然則 乃利孫은 何等 深謨遠慮가 無ᄒ고 但只 艦頭에 兀立ᄒ야 長嘯만 作ᄒ더릯도 尙且 乃利孫이 되려니와, 李忠武가 李忠武 됨에 至ᄒ야ᄂ 此와 不同ᄒ니, 軍儲가 如此 蕩竭흔듸 我가 軍儲를 不籌ᄒ면 其誰가 籌ᄒ며, 器械가 如此 鈍弊흔듸 我가 器械를 不造ᄒ면 其誰가 造ᄒ며, 兵額이 如此 凋殘흔듸 我가 兵을 不募集ᄒ면 其誰가 募集ᄒ며, 船制가 如此 遲鈍흔데 我가 船을 不改良ᄒ면 其誰가 改良ᄒ리오. 是故로 戰爭하ᄂ 壹邊에 田을 屯하며 粮을 購ᄒ며 鐵을 採하며 兵을 鍊ᄒ며 船을 造하기에 汲汲無暇흔듸, 尙且 壹邊으로ᄂ 同僚에 元均 又흔 者의 猜妬를 遭ᄒ며 又 壹邊으로

는 朝臣에 李爾瞻 갓흔 者의 讒搆를 被ᄒ니, 余는 竊想컨딕, 乃利
孫으로 ᄒ여금 敵兵이 國을 已破흔 時를 當ᄒ야 此等 煩惱를 受ᄒ
면 其功을 能成훌가. 此는 猶是快斷치 못훌 問題라 하려니와,

最末에 元均이 大事를 敗ᄒ야 六七年 焦勞拮据흔 驕將猛卒
과 軍餉船隻을 灰燼에 盡付흔 後에 草草 拾餘隻 殘船 壹百六拾
人의 新募卒로 輝元 秀家 行長 淸正 等과 遇ᄒ야 滔天蔽海의 數
千 賊艦과 角훌ᄉᆡ, 慨然히 朝廷에 謝ᄒ야 曰 "我가 在ᄒ면 賊船이
數多나 我國을 正覘치 못흔다" ᄒ고, 海에 向ᄒ야 壹叫하미 魚龍
이 威를 助ᄒ며 天日이 色을 失하야 참[慘]淡賊血로 大海를 赤케
훔은 惟我 리忠武의 有흔 비며, 惟我 리忠武의 有흔 비라. 리忠武
를 捨ᄒ고는 古今 許多 名將을 悉閱ᄒ야도 此事를 能辦훌 者ㅣ 實
로 罕ᄒ다 ᄒ노니,

嗚乎라, 彼 乃利孫이 雖武나 萬壹 二十世紀 今日에 리忠武와
竝生ᄒ야 海上風雲에 武裝으로 相見ᄒ면 畢竟 其兒孫에 不過훌
진져. 雖然이나 而今에 觀ᄒ라. 世界 水軍偉人을 說ᄒ미 莫不 乃
利孫에게 第壹指를 首屈ᄒ야, 英雄을 崇拜ᄒ는 者 必也 乃利孫像
壹本을 手ᄒ며, 歷史를 讀閱ᄒ는 者ㅣ 必也 乃利孫傳 壹卷을 口
ᄒ고, 尤況 軍人界에 出身ᄒ야 軍人資格을 養成코ᄌ ᄒ는 者는 必
也 乃利孫의 名을 是誦ᄒ며, 乃利孫의 跡을 是慕ᄒ며, 乃利孫의
咳唾를 是拾ᄒ며, 乃利孫의 鬚眉를 是夢하야, 生前 英吉利 壹國
의 乃利孫이 死後 萬國의 乃利孫을 作ᄒ며, 生前 歐羅巴 壹洲의
乃利孫이 死後 六洲에 乃利孫을 作ᄒ는대, 我 李忠武에 至ᄒ야는
近則 支那歷史(明史)에 其 戰狀을 畧記훌 而已며, 遠則 日本 小
兒가 其 雄名에 震倒훌 而已며, 其 餘則 本國樵童牧竪의 歌謠에

登호 而已오, 世界에 流佈혼 歷史는 鐵甲船 首創혼 壹節에 不過호니, 嗚乎라, 英雄의 名譽가 恆常 其國의 光靈을 隨호야 高下호는 빈 아닌가.

大抵 水軍의 第壹偉人을 有호고 鐵甲船 創造에 鼻祖된 我國으로 今日에 至호야 彼 海權最大혼 國과 比較호기는 姑捨하고 竟乃 國家란 名詞도 若存若亡의 悲境에 陷호얏스니, 余가 彼 幾百年來에 民氣를 摧折호며 民知를 杜塞호고 文弱思想을 與혼 卑劣政客의 遺毒을 回思하미 恨이 海波와 俱深호도다.

玆에 李舜臣傳을 撰하야 苦痛에 陷혼 我國民에게 餉호노니, 凡 我善男信女는 此를 模範호며 此를 步趨호야 荊天棘地를 踏平호며 苦海難關을 超過홀지어다. 上天이 二十世紀의 太平洋을 莊嚴호고 第二 李舜臣을 待호나니라.(完)

이충무공행록(李忠武公行錄)

이분(李芬) 원저(原著)

청향산방주인(聽香山房主人)[*] 역주(譯註)

최원식 교주(校註)

일러두기

1. 저자 이분의 원문은 빼고 번역자 구보 박태원의 번역문만 수록하였다.
2. 노출된 한자는 한글로 바꾸되 필요할 경우 처음 나온 곳에 한하여 병기하였다.
3. 문장 부호는 현대어 표기법에 맞추어 바꾸었다. 예: 「 」→ " "/『 』→ ‥
4. 구보의 번역문을 존중하되 바꿔도 무방할 경우에만 현대 표기법으로 고쳤다.
   (예: 일찌기 → 일찍이 / 반듯이 → 반드시) 띄어쓰기도 마찬가지다.
5. 구보가 작성한 원주는 그대로 두고 내가 교주를 추가하여, 원주를 보완하였다.
   교주는 각괄호〔 〕를 표시하였다.

* 청향산방주인: 구보(丘甫) 박태원(朴泰遠, 1909~1986)

서언(緒言)

본서는 『이충무공전서』(李忠武公全書) 권지구(卷之九)의 『부록 1
행록(行錄)』을 전역(全譯)하여 이에 주해(註解)를 가(加)한 것
이다.
서명(書名)을 『이충무공행록』이라 함은, 오로지 칭호의 편리를
도모하여서다.

저자 이분(李芬)은 충무공의 백씨(伯氏) 희신(羲臣)의 차자(次
子)로, 일찍이 문과(文科)하여 벼슬은 정랑(正郞), 학행(學行)
이 있던 이라고 한다.

번역은 되도록 원문에 충실하려 노력하였고, 주해는 아무쪼록
상세하기를 기약하였다.

을사년(乙巳年)¹ 3월 초8일 자시(子時)²에, 공(公)은 한성(漢城) 건천동(乾川洞)³ 댁에서 탄생하였다.

점(占)치는 자가 이르기를,

"이 아기가 행년(行年) 50에 북방에 장수가 되리라."

하였다.

공이 처음 낳을 때, 모부인(母夫人)⁴ 꿈에, 참판공(參判公)⁵이 와서 고하되,

"이 아이가 반드시 귀히 될 것이니, 이름을 순신(舜臣)이라 하여라."

한다.

모부인이 덕연군(德淵君)⁶에게 고하여, 마침내 그대로 이름

---

1 이조(李朝) 인종(仁宗) 원년(元年). 서기 1545년.
2 오후 11시부터 다음 날 오전 1시까지의 시각.
3 지금의 삼청동(三淸洞). 〔교주: 서울 중구 인현동(仁峴洞)〕
4 초계(草溪) 변씨(卞氏) 수림지녀(守琳之女).
5 충무공의 조부 백록(百祿).
6 충무공의 부(父) 정(貞). 증보조공신좌의정덕연부원군(贈補祚功臣左議政德淵府院君).

지었다.

———

어렸을 때 작란(作亂)하고 노는 것이, 매양, 여러 아이들과 진(陣) 치고 쌈 싸우는 시늉이었으며, 모든 아이들이 또 반드시 공을 대장으로 모셨다.

공이 처음에 백씨(伯氏)⁷와 중씨(仲氏),⁸ 두 형님을 따라 글을 배우매, 재기가 있어 가히 대성할 만하였으나, 공은 매양 투필(投筆)⁹할 뜻을 가지고 있었다.

———

병인년(丙寅年)¹⁰ 겨울에, 공은 비로소 무예를 배웠다. 여력(膂力)¹¹으로나, 기사(騎射)¹²로나, 당시에 같이 노던 자로, 능히 공을 따를 사람이 없었다.

공의 천성이 심히 고결하여, 같이 노는 무부(武夫)들이 저희끼리는 종일 실없은 수작하고 희학질하고 그래도, 공을 대하여서만은, 감히 너나들이 못하고, 항상 공경하기를 더 하였다.

7   희신(羲臣). 증참판(贈參判). 〔교주: 백씨는 남의 맏형을 높여 부르는 말.〕
8   요신(堯臣). 생원(生員). 〔교주: 중씨는 남의 둘째 형을 높여 부르는 말.〕
9   문필(文筆)에 종사하지 아니하는 것.
10   명종(明宗) 21년. 서기 1566년. 공의 나이 22세.
11   〔교주: 근육의 힘.〕
12   〔교주: 말 타고 활 쏨.〕

임신년(壬申年)[13] 가을에, 훈련원(訓鍊院)[14] 별과(別科)에 나갔다. 말을 타고 달리다가 떨어져, 왼편 다리가 부러졌다. 보고 있던 사람들은, 공이 꼭 죽은 줄만 여겼다.

그러나 공은 한 다리로 벌떡 일어서더니, 버들가지를 꺾어, 그 껍질을 벗겨 가지고 상처를 싸맨다.

그 안의 모든 사람이 이를 장히 여겼다.

—

병자년(丙子年)[15] 봄에, 공은 식년(式年) 병과(丙科)[16]에 뽑혔다.

무경(武經)[17]을 강(講)하여 모두 통(通)하고, 황석공(黃石公)[18]이란 대문[19]에 이르자 고관(考官)[20]이 묻는다.

"장량(張良)[21]이 적송자(赤松子)[22]를 쫓아서 놀았다 하였으

---

13 선조(宣祖) 5년. 서기 1572년. 공의 나이 28세.
14 병사(兵士)의 시재(試才)·무예(武藝)의 연습과 및 병서(兵書)의 강습 등을 맡아 보던 마을. 〔교주: 마을은 예전에, 관리나 벼슬아치가 모여 나랏일을 처리하는 관청을 이르던 말.〕
15 선조 9년. 서기 1576년. 공의 나이 32세.
16 식년은 자(子)·묘(卯)·오(午)·유(酉)의 해. 병과는 과거의 성적을 따라 나눈 등급의 하나. 식년과는 곧 식년에 행하던 문과(文科)·무과(武科)·생원진사과(生員進士科)·역과(譯科)·의과(醫科)·음양과(陰陽科)·율과(律科) 등 과거의 총칭.
17 〔교주: 군사나 병법에 관한 책.〕
18 〔교주: 장량에게 비서(祕書)를 전했다는 은사(隱士).〕
19 〔교주: 大文. 글의 한 토막이나 단락.〕
20 강경과(講經科) 및 무과에 임시로 임명시키던 주임 시험관(主任試驗官).

니, 그러면 양(良)이 과연 죽지 않았을까."

공은 대답하였다.

"생(生)이 있으면 반드시 사(死)가 있는 법이외다.『강목』(綱目)²³에 썼으되, 임자(壬子) 6년²⁴에 유후(留侯) 장량이 졸(卒)이라 하였은즉, 어찌 신선을 따라 죽지 않았을 리가 있으리까. 이는 특히 가탁하여서 한 말일 뿐이지요."

고관들은 서로 돌아다보고,

"무인이 어떻게 이러한 것까지 능히 아는고."

하며, 탄복하기를 마지않았다.

—

공이 처음으로 무과에 급제하여, 선영(先塋)²⁵에 소분(掃墳)²⁶하러 갔을 때 일이다.

장군석(將軍石)²⁷이 땅에 쓰러져 있는 것을 보고, 공은 종의 무리 수십 인에게 명하여, 일으켜 세우게 하였다. 그러나 돌이 무거워서 이기지들을 못한다.

21　〔교주: 한(漢)나라의 건국공신. 자(字)는 자방(子房), 유후(留侯)에 봉해짐. 건국 이후엔 은거함.〕

22　〔교주: 중국의 전설적인 신선.〕

23　〔교주: 송(宋)대의 사서인『자치통감강목』(資治通鑑綱目).〕

24　〔교주: BC.189. 전한(前漢) 혜제(惠帝) 6년.〕

25　선산. 조상의 무덤이 있는 곳.

26　〔교주: 경사스러운 일이 있을 때 조상의 산소를 찾아가 무덤을 깨끗이 하고 제사 지내는 일.〕

27　〔교주: 무덤 앞에 세우는 무관 형상으로 만든 돌.〕

공은 종의 무리를 꾸짖어 물리친 다음에, 청포(靑袍)를 벗도 않고, 등으로 돌을 졌다. 장군석이 어렵지 않게 일어선다. 보고 있던 자들이 말하였다.

"힘으로 될 일이 아니야."

—

천성이 분주(奔走)[28]하기를 좋아 아니하여, 그 까닭으로, 서울 장안(長安)에 자랐으면서도 아는 이가 별로 없었다.

홀로 서애(西厓) 유 상공(柳相公)[29]이 한 동리에 살아, 젊었을 때부터 벗하고 지내며, 매양 장수의 재국(才局)[30]이 있음을 알아주었다.

—

율곡(栗谷) 이 선생(李先生)[31]이 전상(銓相)[32]으로 있을 때다. 그는 공의 이름을 듣고, 동성(同姓)임을 알자, 서애를 사이에 두

---

28 분경(奔競). 엽관 운동(獵官運動)으로 분주 경쟁(奔走競爭)하는 것. 〔교주: 엽관은 관직을 얻으려고 갖은 방법으로 노력함을 말한다.〕

29 유성룡(柳成龍). 자는 이견(而見). 서애는 그의 호. 풍산인(豐山人). 관지 영의정(官至領議政). 봉풍원부원군(封豐原府院君). 시문충(諡文忠). 〔교주: 원문에 西崖이나 정확히는 西厓. 그리고 상공은 재상(宰相).〕

30 〔교주: 재주와 국량(局量)을 아울러 이르는 말.〕

31 이이(李珥). 자는 숙헌(叔獻). 율곡은 호. 덕수인(德水人). 관찬성(官贊成). 전문형(典文衡). 시문성(諡文成).

32 이조판서(吏曹判書). 〔교주: 문관의 임용, 공훈, 봉작, 인사 고과 등을 담당한 육조(六曹)의 으뜸 장관.〕

2부 — 단재와 구보의 이순신

고, 한번 만나기를 청(請)하였다.

서애는 가 보라 권하였으나, 공은,

"내가 율곡과 동성이니, 한번 만나 볼 만도 하오마는, 그가 이판(吏判)으로 있을 때 찾아보는 것은 옳지 않소."

하고, 마침내 가지 않았다.

———

이해 겨울에, 함경도(咸鏡道) 동구비(童仇非)[33] 권관(權管)[34]이 되었다.

때에, 청련(靑蓮) 이후백(李後白)[35]이 감사(監司)[36]로 열진 (列鎭)을 순행(巡行)하며 변장(邊將)[37]을 시사(試射)[38]하는데 변 장들로서 형장(刑杖)을 면하는 자가 드물었다. 그러나 본보(本 堡: 동구비보)에 이르러서만은, 일찍이 공의 이름을 들은 터이라 심히 관대(欵待)한다. 공은 종용(從容)히 감사에게 말하였다.

"사또(使道)[39] 형장이 너무나 엄하시어, 그래서야 어디 변장 들이 수족을 놀리겠습더이까."

33 〔교주: 함경도(咸鏡道) 삼수(三水) 고을의 동구비보(堡).〕
34 각진(各鎭)에 딸린 무관. 종9품 벼슬.
35 자는 계진(季眞). 청련은 호. 관지이조판서(官至吏曹判書). 시문청(諡文淸).
36 관찰사. 각도의 군정(軍政)·민정(民政)·재정(財政)·형정(刑政)을 통할 (統轄)하는 지방관의 어른. 종2품 벼슬.
37 첨사(僉使)·만호(萬戶)·권관(權管)의 총칭. 〔교주: 변경을 지키는 장수〕
38 활 잘 쏘는 사람을 시험보아 뽑는 것. 〔교주: 여기서는 '뽑기'보다 '시험 삼아 쏘 게 함'의 의미임.〕
39 주장(主將)에 대한 존칭.

감사는 웃고 대답이었다.

"그대 말씀이 옳으이. 그러나 낸들 어디 시비도 가리지 않고 그러는 겐가."

—

기묘년(己卯年)⁴⁰ 봄에 과만(瓜滿)⁴¹이 되어 훈련원으로 돌아왔다.

때에 병부랑(兵部郎)⁴²으로 있는 사람이, 자기와 친한 자를 단번에 참군(參軍)⁴³을 시키려 든다. 공은 색관(色官)⁴⁴으로서 이를 허락하지 않았다.

"아래 있는 자가 걸러 뛰어 벼슬이 오른즉슨, 당연히 오를 자가 못 오르게 되니 이는 공변된 일이 아닙니다. 더구나 정한 법도야 어떻게 고치리까."

병부랑은 저의 위세로 누르러 들었다. 그러나 공이 굳이 주장하여 듣지 않는다. 병부랑은 비록 노기가 등등하여 하였으나, 또한 감히 함부로 벼슬을 옮기지 못하였다.

원(院)에서 모두 말하기를,

"아무개는 병부랑이면서, 그래, 한낱 훈련원 봉사(奉事)⁴⁵에게 굽히고 마다니……"

---

40 선조 12년. 서기 1579년. 공의 나이 35세.
41 벼슬 임기가 찬 것.
42 병조정랑(兵曹正郎). 정5품 벼슬. 때의 병부랑은 서익(徐益)이란 사람.
43 정7품 벼슬.
44 색리(色吏). 그 사무를 맡은 이원(吏員).
45 종8품 벼슬.

하였다.

그 사람은 은근히 마음에 품었다.

—

공이 훈련원에 있을 때, 병조판서 김귀영(金貴榮)이, 자기 소실(小室)의 몸에서 낳은 딸이 있어 공에게 첩으로 주려 하였다.

공은,

"내 처음으로 환로(宦路)에 나온 터에, 권문(權門)[46]에 탁적(托跡)[47]하여서야 될 말이오."

하고, 그 자리에서 중매 드는 이에게 사절하였다.

—

이해 겨울에 공은 충청 병사(忠淸兵使)[48]의 군관(軍官)[49]이 되었다.

거처하는 방 안에는, 무엇 하나 둔 것이란 없고, 오직 의복과 금침(衾枕)뿐이다. 그리고 근친(覲親)하러 돌아갈 때면, 으레이, 먹고 남은 양식과 반찬을 내어, 주관하는 자에게 돌려보낸다.

병사는 듣고, 공을 심히 사랑하고 공경하였다.

---

46 권문세가. 권세 있는 집안.

47 〔교주: 한 몸을 의탁함.〕

48 병사(兵使): 병마절도사(兵馬節度使). 지방의 병마(兵馬)를 지휘하는 무관. 종2품 벼슬.

49 장교(將校). 군사(軍士)를 지휘하는 무관.

어느 날 저녁 때 일이다.

　병사가 취중에 공의 손을 잡고, 군관 모(某)의 방을 찾아가려 하였다. 그 사람인즉슨, 병사와 평소에 친한 터로, 따라와서 군관이 된 자다.

　공은 속으로,

　'대장 된 몸으로서 군관을 사사로이 찾아가 보는 것은 옳지 않지……'

하고, 거짓 취한 체, 병사의 손을 공손히 두 손으로 붙잡고,

　"사또께서는 어디로 가려 하시오니까?"

하였다.

　병사는 뉘우치고, 그 자리에 주저앉아,

　"내가 취했군. 내가 취했어."

하였다.

—

경진년(庚辰年)⁵⁰ 가을에, 발포 만호(鉢浦萬戶)⁵¹가 되었다.

　때에, 감사(監司) 손식(孫軾)이 참소(讒訴)하는 말을 듣고, 기어이 공을 죄주려 하여, 순찰(巡察)을 나서서 능성(綾城)에 이르자, 공을 마중 나오라 부르고, 명하여 진서(陣書)를 강(講)

50　선조 13년. 서기 1580년. 공의 나이 36세.
51　발포: 전라도(全羅道) 흥양현(興陽縣) 발포영(鉢浦營). 현(現) 고흥군(高興郡) 도화면(道化面) 내발리(內鉢里). 만호: 각도(各道) 제진(諸鎭)에 딸린 무관. 종4품 벼슬.

하게 하였다.

끝나자 진형(陣形)을 그려 보라 한다. 공은 붓을 잡고, 심히 정세(精細)하게 그려 놓았다.

감사는 몸을 구부리고 이윽히 들여다보다가,

"어쩌면 이리도 필법이 정밀할꼬."

하고, 인하여 그 조상을 물은 다음에,

"내 진작 몰랐던 것이 한이로고."

하고, 그 뒤로 대접이 정중하였다.

—

전라좌수사(全羅左水使)[52] 성박(成鏄)이 사람을 본포(本浦: 발포)로 보내서 객사(客舍) 뜰에 있는 오동나무를 베어다 거문고를 만들려 하였다.

공은 허락하지 않았다.

"이는 관가(官家)의 소유로 여러 해를 길러 온 터에, 일조(一朝)에 베다니 어찌 하시려는 게요."

수사(水使)는 크게 노하였다. 그러나 또한, 제 감히, 그래도 베어 간달 수는 없었다.

—

이용(李戱)이 수사가 되자, 공의 윗사람 섬기는 품이 고분고분하지 않은 것을 미워하여, 일로 얽어서 죄주려 하고, 곧 소속(所

52　수사(水使): 수군절도사(水軍節度使). 수군을 통솔하는 무관. 정3품 벼슬.

屬) 오포(五浦)[53]에 불시로 점군(點軍)[54]을 행하였다.

다른 네 곳에는 궐(闕)[55]이 심히 많고, 발포에는 단지 세 사람뿐이다.

그러하건만 수사는 다만 공의 이름만 들어서 위에 장계(狀啓)[56]하고 죄를 청하려 한다.

공은 이를 알고, 먼저 사포(四浦)의 소궐초본(所闕草本)을 얻어 두었다.

수영(水營)의 편장(褊將)·비장(裨將)[57] 이하가 수사 앞에 나가서 아뢰었다.

"발포가 가장 궐이 적사옵고, 또 이모(李某: 이순신)가 사포의 궐본(闕本)을 가지고 있으니 이제 만약 장계하셨다가는, 혹시 후회하실 일이 생기지나 않을는지오."

수사는 그러이 여기어, 급히 사람을 뒤쫓아 보내서, 도루 불러오게 하였다.

—

수사가 감사와 더불어 전최(殿最)[58]를 논하는 자리에, 기어코 공

---

53 사도(蛇渡)·방답(防踏)·여도(呂島)·녹도(鹿島)·발포(鉢浦).
54 〔교주: 군사를 점고함.〕
55 〔교주: 결원.〕
56 왕명을 띠고 지방에 나려간 관원이 서면으로 왕에게 보고하는 것.
57 감사·병사·수사들의 수종원(隨從員). 막료(幕僚).
58 성적을 고사(考査)하여 '상'(上)을 최(最)로 하고, '하'(下)를 전(殿)으로 한다.

을 하고(下考)⁵⁹에다 두려 한다.

때에 중봉(重峰) 조헌(趙憲)⁶⁰이 도사(都事)⁶¹로 있었는데,

"자세히 들으매, 이모(이순신)의 어중치군(御衆治軍)⁶²하는 법이 도내에서 으뜸이라 하오. 비록 열진(列鎭)은 모두 하지하(下之下)에다 두더라도, 이모만은 폄(貶)⁶³할 수 없소이다."
하고, 붓을 잡고 쓰려 아니하여, 이 일은 마침내 중지되었다.

그러나 임오년(壬午年)⁶⁴ 봄에, 군기(軍器)⁶⁵ 경차관(敬差官)⁶⁶이 본포(本浦)에 이르러, 군기(軍器)가 수비(修備)되지 않았다고 장계하여, 공의 관직을 파하였다.

사람들은, 공의 기계(器械)를 수비(修備)함이 그렇듯 정엄(精嚴)하면서도, 필경(畢竟)은 처벌을 당하고야 마니, 이는, 공이 전일(前日) 훈련원에서 자기주장을 굽히지 않음으로 하여 원혐(怨嫌)을 둔 까닭이라 말하였다.

---

59 하등(下等).

60 자는 여식(汝式). 중봉은 호. 백천인(白川人). 임진왜란에 순절(殉節). 시문열(諡文烈).

61 각 관찰부(各觀察府) 및 개성부(開城府)에 두어 규찰(糾察)을 맡아 보던 종5품 벼슬.

62 〔교주: 무리를 부리고 군대를 다스림.〕

63 폄척(貶斥). 치적(治績)이 좋지 않은 고을 원을 떨어뜨려 물리치는 것.

64 선조 15년. 서기 1582년. 공의 나이 38세.

65 〔교주: 군기시(軍器寺). 병기·기치(旗幟)·융장(戎裝)·집물 따위의 제조를 맡아보던 관아.〕

66 지방에 임시로 파견하던 관원.

—

그해 여름에 서명(叙命)[67]이 있어, 공은 다시 훈련원에 벼슬하였다.

정승(政丞) 유전(柳㙉)[68]이, 공에게 좋은 전통(箭筒)[69]이 있다는 말을 듣고, 공을 시사(試射)하는 기회에 불러들여서, 달라고 청하였다.

공은 엎드려 아뢰었다.

"전통을 드리기는 어렵지 않소이다. 그러나 다만 사람들이, 대감(大監)[70]께서 받으시는 것을 무엇이라 할 것이며, 소인이 바치는 것을 또한 무엇이라 할 것이리까. 한낱 전통으로 하여서, 대감과 소인이 다 함께 욕된 이름을 받게 되올 것이, 심히 미안한 일이오이다."

유 정승(柳政丞)은 말하였다.

"네 말이 옳다."

—

계미년(癸未年)[71] 가을에, 이용이 남병사(南兵使)[72]가 되자, 공을 주천(奏薦)하여 군관을 삼았다. 이는, 대개 전일에 공을 몰라보

67 관직을 내리는 군명(君命).
68 자는 극후(克厚). 호는 우복(愚伏). 문화인(文化人). 선조조(宣祖朝) 관지영의정(官至領議政).
69 〔교주: 화살통.〕
70 정2품 이상 관원에 대한 존칭.
71 선조 16년. 서기 1583년. 공의 나이 39세.
72 남병영(南兵營: 함경도 북청北靑)에 주재(駐在)하던 병마절도사(兵馬節度使).

았던 것을 깊이 뉘우치고, 이것을 인연 삼아 서로 사귀고 싶었기 때문이다.

그는 공을 보고 크게 기뻐하여, 친밀한 정이 남보다 갑절이며, 대소 군무(軍務)를 반드시 의논하여 하였다.

하루는, 병사(兵使)가 행군하여 북으로 나가는데, 공은 병방군관(兵房軍官)으로써, 군사를 서문(西門)으로부터 내었다.

병사(兵使)가 크게 노하여 말한다.

"나는 서문으로 나가고 싶지 않았는데, 네 구태여 서문으로 나간 것은 어인 까닭이냐."

공은 대답하였다.

"서(西)는 금방(金方)[73]이오. 지금, 철이 곧 가을이라, 가을은 숙살(肅殺)[74]을 주장하는 까닭으로 서문으로 나간 것이오이다."

병사가 크게 기뻐하였다.

―

이해 겨울에 건원(乾原)[75] 권관(權管)이 되었다.

때에, 오랑캐 울지내(鬱只乃)[76]가 크게 변환(邊患)[77]이 되어, 조정이 근심은 하면서도 잡지 못하고 있었다.

---

73 오행(五行)의 하나. 서(西)를 말함.
74 가을 기운이 초목을 말리고 상하는 것.
75 건원보(乾原堡). 함경도 경원도호부(慶源都護府) 남쪽 45리에 있다.
76 인명(人名). 『징비록』(懲毖錄)에는 '우을기내'(于乙其乃)라 하였다.
77 이웃 나라가 침범하는 근심.

공은 도입하자 계책(計策)을 베풀어 적을 꼬였다. 울지내가 수하 오랑캐들과 함께 이른다. 공은 군사를 매복하여 두었다가 이를 사로잡았다.

병사(兵使) 김우서(金禹瑞)는 공이 혼자서 큰 공을 이룬 것을 시기하여, 공이 주장(主將)에게 미리 품(稟)하지 않고 함부로 큰일을 하였다는 뜻으로 장계하였다.

조정에서는 바야흐로 큰 상을 내리려 하던 참에 주장의 장계로 하여, 그만두어 버렸다.

—

공이 건원에 있더니, 훈련원 사만(仕滿)[78]으로 참군(參軍)이 되었다.

공이 비록 명성은 자자하나, 다만 분경(奔競)[79]하기를 좋아 아니하여 벼슬이 뛰어오르지 못하니 논자(論者)가 애석하여 하였다.

—

그해 겨울 동짓달 보름날, 덕연군이 아산(牙山)[80]에서 세상을 떠났는데, 이듬해 정월에야 공은 비로소 부음을 받았다.

때에 정승 정언신(鄭彦信)[81]이 함경도에 순찰사(巡察使)[82]로

---

78 연한(年限)이 찬 것.
79 주28 분주(奔走)를 보라.
80 공의 향리.
81 자는 입부(立夫). 호는 나암(懶庵). 동래인(東萊人). 예조좌랑(禮曹佐郎)

나려왔다가 공이 분상(奔喪)⁸³함을 듣고, 행여나 공이 몸을 상할까 저어하여, 몇 번이나 사람을 보내서, 공에게 성복(成服)⁸⁴하고 떠나기를 청하였다. 그러나 공은, 다만 한시라고 지체할 수 없다 하여, 그대로 떠나, 집에 이르러서야 성복하였다.

이때, 조정에서는 바야흐로 공을 크게 쓰려 공론 중이던 터이라, 겨우 소상(小祥)⁸⁵이 지났을 무렵에, 결복(闋服)⁸⁶ 날이 언제냐고 공에게 묻기를 재삼(再三)이나 하였다.

―

병술년(丙戌年)⁸⁷ 정월에 종상(終喪)하자, 즉시 사복시(司僕寺) 주부(主簿)⁸⁸를 제수(除授)⁸⁹하였다.

행공(行公)⁹⁰한 지 겨우 열엿새 지나, 조산(造山)⁹¹ 만호가 궐(闕)이 있다.

진(振)의 자(子). 정해생(丁亥生). 관우상(官右相).

82　지방의 군무(軍務)를 순찰하는 임시 벼슬.

83　〔교주: 먼 곳에서 부모가 돌아가신 소식을 듣고 급히 집으로 돌아감.〕

84　〔교주: 초상(初喪)이 난 뒤에 상제(喪制)와 복인들이 처음으로 상복(喪服)을 입음.〕

85　〔교주: 사람이 죽은 지 한 돌 만에 지내는 제사.〕

86　종상(終喪). 탈상(脫喪).

87　선조 19년. 서기 1586년. 공의 나이 42세.

88　사복시: 여마구목(輿馬廐牧)에 관한 사무를 맡아 보는 정3품 아문(衙門). 주부: 종6품 벼슬.

89　제배(除拜). 추천(推薦)에 의하지 않고, 왕이 직접 관원을 임명하는 것.

90　공무(公務)를 집행(執行)하는 것.

91　함경도 경흥도호부(慶興都護府) 진관(鎭管) 무이보(撫夷堡)에 딸린 영(營). 부(府) 동편(東便) 35리에 있다.

조정에서는, 오랑캐들의 작란이 자못 심한 때요, 조산은 호지(胡地)와 바로 인접한 곳이라, 마땅히 사람을 가리어 보내야만 할 것이라 하고, 공을 천거하여 그곳 만호를 삼았다.

—

정해년(丁亥年)[92] 가을에 녹둔도(鹿屯島)[93] 둔전(屯田)하는 소임을 겸하였다.

　　이 섬은 멀리 따로 떨어져 있고, 또 방수(防守)하는 군사 적은 것이 염려라, 여러 차례나 병사(兵使) 이일(李鎰)[94]에게 보장(報狀)[95]을 띄워, 군사를 더 보내 달라 청하였으나, 이일은 들어주지 않았다.

　　8월에, 적이 과연 군사를 거느리고 와서, 공이 있는 곳 목책(木柵)[96]을 에우고, 홍전(紅氈)[97]을 입은 자 수인(數人)이 앞을 서서 지휘하며 들어온다.

　　공은 활을 다리어 연(連)하여 쏘아 맞추었다. 홍전 입은 자가 모두 땅에 쓰러지자, 적은 발길을 돌리어 달아난다. 공은 이운룡(李雲龍)[98]의 무리와 함께 뒤를 쫓아 쳐서, 사로잡혔던 우

92　선조 20년. 서기 1587년. 공의 나이 43세.
93　경흥도호부 남쪽 56리에 있는 섬. 농보(農堡).
94　자는 중경(重卿). 용인(龍仁) 사람. 선조조 명장. 증좌의정(贈左議政).
95　〔교주: 어떤 사실을 위 관원(官員)에게 알려 바치는 공문.〕
96　〔교주: 울짱. 말뚝 따위를 죽 잇따라 박아 만든 울타리.〕
97　〔교주: 붉은 빛의 융단.〕
98　임진시(壬辰時) 이순신 막하(幕下). 배충청수사(拜忠淸水使). 후피체재가(後被遞在家). 광해군(光海君) 2년 졸(卒). 〔교주: 충청 수사를 배(拜)하고 교체

리 군사 60여 명을 모두 찾아왔다.

이날, 공도 또한 적의 화살에 맞아, 왼편 넓적다리를 상하였으나, 무리들이 놀랄까 두려워, 가만히 자기 손으로 화살을 뽑아 버리고 말았다.

──

병사(兵使)는 공을 죽여서 멸구(滅口)[99]하여, 저의 죄를 면하려고, 공을 잡아다 형을 가하려 하였다.

공이 장차 들어가려 할 때 병사군관(兵使軍官) 선거이(宣居怡)[100]가, 평소에 공과 두터운 터이라, 손을 잡고 눈물을 흘리며,

"약주나 한 잔 자시고 들어가오."

하였다.

공은 정색하고 말하였다.

"죽고 사는 것이 명(命)이 있는 터에, 술은 마셔 무얼 하오."

선거이는,

"약주를 안 자시겠으면, 물이라도 좀 자시오."

하였으나, 공은,

"목마르지 않은데, 물은 무엇 하러 마시겠소."

하고, 그대로 들어갔다.

된 뒤 재가(在家)하다가 광해군 2년에 졸함.〕

99 〔교주: 실정을 아는 사람의 입을 막으려고 죽이거나 거두거나 쫓아냄.〕

100 자 사신(思愼). 호 친친재(親親齋). 보성인(寶城人). 명종(明宗) 경술생(庚戌生). 관(官) 전라병사겸부원수(全羅兵使兼副元帥).

이일이 패군(敗軍)한 공초(供招)[101]를 받으려 한다.

공은 이를 거절하고 말하였다.

"소인이 군사가 고단(孤單)하므로, 몇 번이나 첨군(添軍)하기를 청하였건만, 사또는 허락 안 하셨소. 서목(書目)이 여기 있는 터이니, 조정에서 만약 이를 아신다 하면, 죄는 소인에게 있지 않으오리다. 더구나, 소인이 힘써 싸워 적을 물리치고 우리 군사를 찾아 왔는데, 이것을 패군으로 논하여 마땅하오리까."

공이 조곰도 낯빛을 동하지 않으니, 이일은 오랜 동안 말이 없다가, 내어다 가두게 하였다.

이 일이 들리매, 위에서는, 이모(李某: 이순신)는 패군할 자가 아니라 하고, 백의종군(白衣從軍)[102]하여 공(功)을 세우게 하였다.

이해 겨울에 공(功)이 있어 사유(赦宥)[103]를 입었다.

—

무자년(戊子年)[104] 윤6월(閏六月)에 집으로 돌아왔다.

때에, 조정이 불차탁용(不次擢用)[105]할 만한 무변(武弁)[106]을 천거하니, 공이 둘째에 든다. 그러나 아직 서명(叙命)이 나리지

---

101 죄인이 범죄 사실을 진술하는 것.
102 관직을 삭탈당하고 백의(白衣)로 종군(從軍)하는 것.
103 〔교주: 죄를 용서해 줌.〕
104 선조 21년. 서기 1588년. 공의 나이 44세.
105 계급을 불구하고 인재를 발탁하여 관직을 제수하는 것.
106 〔교주: 무관(武官).〕

2부 － 단재와 구보의 이순신

않아 관직은 제수되지 않았다.

―

기축년(己丑年)[107] 봄에 전라 순찰사(全羅巡察使) 이광(李洸)이
공으로 군관을 삼고, 이어 탄식하여 말하되,

　"그대 재주를 가지고 몸을 굽혀 이에 이르니, 참으로 애석한
일이로고."
인하여 공을 위해 아뢰고, 본도겸조방장(本道兼助防將)[108]을 삼
았다.

　공이 나아가 순천(順天)에 이르매, 부사(府使) 권준(權俊)
이 술자리에서 공을 향하여,

　"이 고을이 심히 좋은데, 그대가 내 대신 하여 보겠오."
하며, 자못 자랑하고 거만 떠는 빛이 보인다.

　공은 다만 웃을 뿐이었다.

―

11월에 무신겸선전관(武臣兼宣傳官)[109]으로 상경(上京)하였다.

　12월에 정읍 현감(井邑縣監)[110]을 제수받았다.

107　선조 22년. 서기 1589년. 공의 나이 45세.
108　〔교주: 조방장은 주장(主將)을 돕는 막하(幕下) 장수를 이름이니, 본도(전라도) 순찰
사의 조방장을 겸하였다는 것.〕
109　무신으로 선전관을 겸한 것. 그냥 무겸(武兼)이라고도 한다. 선전관은 선
전관직의 한 벼슬로 정3품부터 종9품까지 있다.
110　정읍: 전라도 전주진(全州鎭)의 속현(屬縣). 현감: 종6품의 수령.

일찍이 겸관(兼官)[111]으로 태인현(泰仁縣)[112]에 이르니, 때에 태인에는 오랜 동안 원이 없어, 부서(簿書)[113]가 산같이 쌓여 있다.

공이 곧 거침없이 판결을 내려, 잠깐 사이에 끝을 내니, 백성들로서 둘러앉아서 듣고, 곁에 서서 보다가, 탄복 아니하는 자가 없다. 마침내, 어사(御史)[114]에게 정문(呈文)[115]하여 공을 태인 현감으로 청하는 자까지 있었다.

—

때에, 조대중(曺[116]大中)이란 사람이 도사(都事)였다. 일찍이 글을 보내어 공의 안부를 물은 일이 있다. 공은 그가 본도(本道) 도사인 연고로 하여 답장을 아니할 수 없어 글을 닦아 보냈더니, 그 뒤에, 대중이 역옥(逆獄)[117]에 걸리어, 그 집의 서적(書籍)이 흠빡 수검(搜檢)[118]을 당하고 말았다.

공이 마침 차원(差員)[119]으로 상경하였다가, 길에서 금오랑

111　〔교주: 한 고을 수령의 자리가 비었을 때 이웃 고을 수령이 임시로 겸하여 그 사무를 맡아봄.〕
112　전라도 전주진의 속현.
113　부첩(簿牒). 고을의 문부(文簿)와 서류(書類).
114　암행어사(暗行御史). 또 수의(繡衣)라고도 일컫는다. 왕의 친서를 직접 배수(拜受)하고 비밀히 지방으로 나려가, 지방관의 치적동정(治績動靜)을 염찰(廉察)하는 당하관(堂下官).
115　〔교주: 하급 관아에서 동일한 계통의 상급 관아로 올리는 공문.〕
116　〔교주: 원문엔 曹이나 정확히는 曺다.〕
117　반역(叛逆) 옥사(獄事). 대역(大逆) 사건.
118　수색하고 검사하는 것.
119　차사원(差使員). 중요한 일이 있어 임시로 보내는 관원.

(金吾郞)[120]을 만나니, 그는 본래 공과 아는 사이라, 공을 보고 이르는 말이,

"공의 서찰도 수검 당한 속에 들었습디다. 내, 공을 위하여 뽑아 내올까 하는데 어떠하겠소."

공은 말하였다.

"전일에 도사가 내게 글월을 보냈기로, 내 또한 답장을 한 것이니, 다만 서로 안부를 물었을 따름이오. 더욱이 이미 수검한 속에 들어 있는 것을 사사로이 뽑아낸다면, 이는 온당치 않은 일이오."

그로서 얼마 안 있어, 나라에서 공에게 만포(滿浦) 첨사[121]를 제수하니, 때의 공론(公論)이, 위에서 공의 문필을 보고 사랑한 까닭이라 하였다.

—

공이 차사원[122]으로 서울에 들어가니, 마침 우상(右相)[123] 정언신이 옥중에 갇혀 있다. 공은 옥문 밖에서 그에게 문안을 드렸다.

때에 금오랑이 서로 당상(堂上)에 모여, 술 마시며 즐거이 논다.

---

120 의금부(義禁府)의 관원(官員).
121 만포: 평안도 강계도호부(江界都護府)의 속진(屬鎭). 부(府) 서편(西便) 128리에 있다. 첨사: 첨절제사(僉節制使). 절도사(節度使) 관하(管下)의 종3품 무관(武官).
122 주119 '차원'을 보라.
123 우의정(右議政).

공은 그들에게 말하였다.

"죄가 있고, 죄가 없고는 논할 바이 아니오, 하여간 일국의 대신이 지금 옥중에 계신데, 여러분이 당상에서 이렇듯 즐거이 노신다는 것은, 미안한 일이 아니겠소."

금오랑은 낯빛을 고치고 죄를 사례(謝禮)하였다.

—

공의 두 형이 일찍이 세상을 떠나고, 그 자녀가 모두 나이 어려, 대부인(大夫人)[124]의 손에 자란다. 공이 정읍 현감이 되자, 중씨(仲氏)의 자녀들은 공의 대부인을 따라 정읍으로 나려갔다.

누가 있다 남솔(濫率)[125]이라 비난한다.

공은 눈물을 머금고 말하였다.

"내 차라리 남솔로 하여 죄를 얻을지언정, 차마 이 의지(依支) 없는 것들을 버릴 수가 없소그려."

듣는 자가 모두 의(義)로이 여겼다.

---

124 〔교주: 남의 어머니를 높여 부르는 말.〕

125 처자 이외의 가족, 친척을 임지로 데리고 가는 것. 『속대전』(續大典) 이전(吏典) 잡령(雜令)에 "守令之濫率家眷者, 潛奸邑婢者, 並摘發罷黜"〔교주: 수령으로서 가권을 남솔하는 자, 읍의 계집종을 몰래 간하는 자, 모두 적발하여 파출한다〕이라 있다.

2부 ─ 단재와 구보의 이순신

—

경인년(庚寅年)[126] 7월에 고사리(高沙里)[127] 첨사를 제수하였다. 그러나 대간(臺諫)[128]이 수령천동(守令遷動)[129]으로 말을 삼아, 정읍에 잉임(仍任)[130]하였다.

8월에 당상(堂上)[131]으로 올리고 만포 첨사를 제수하니, 대간이 또 취승(驟陞)[132]이라 하여, 고쳐 잉임하였다.

—

신묘년(辛卯年)[133] 2월에 진도 군수(珍島郡守)[134]로 이차(移差)[135]하였다.

미처 부임하기 전에 가리포(加里浦)[136] 첨사를 제수한다.

---

126 선조 23년. 서기 1590년. 공의 나이 46세.

127 고산리보(高山里堡). 강계도호부 서편 125리. 첨사영(僉使營)과 군창(軍倉)이 있다.

128 사간원(司諫院)·사헌부(司憲府) 벼슬의 총칭.

129 『속대전』 이전 고과(考課)에 "堂下守令三十朔, 堂上守令二十朔, 邊地守令周年後, 始得遷轉他職"[교주: 당하 수령은 30개월, 당상 수령은 20개월, 변경 수령은 1년 후에야 비로소 다른 직으로 옮길 수 있다)이라 있다. 공은 전년 12월에 정읍 현감에 임명되고 불과 8삭(朔)에 고사리 첨사를 배(拜)하였으므로 말하는 것이다.

130 임기가 만료된 관원을 그대로 임명하는 것.

131 당상관(堂上官). 곧, 문관(文官)은 정3품 통정대부(通政大夫) 이상, 무관(武官)은 절충장군(折衝將軍) 이상을 당상관이라 한다.

132 계제(階梯)를 밟지 않고 벼슬이 갑자기 뛰어오르는 것.

133 선조 24년. 서기 1591년. 공의 나이 47세.

134 진도: 전라도 장흥진(長興鎭)에 속한 섬. 군수: 종4품의 수령.

135 이직(移職).

136 가리포진(加里浦鎭). 전라도 해남현(海南縣) 완도(莞島)에 있다.

또 미처 부임하기 전에, 그달 열사흗날, 전라좌도 수사(全羅左道水使)를 제수하여, 공은 정읍에서 바로 부임하였다.

—

공이 처음에 수사(水使)를 제수 받았을 때, 공의 우인(友人)이 한 꿈을 꾸니, 큰 나무가, 높기는 하늘을 찌를 듯하고 가지는 사면으로 뻗쳤는데, 그 위에 올라서 몸을 의탁하고 있는 사람이 대체 몇 천만 명인지를 모르겠다. 그러자 그 나무가 뿌리째 뽑히어 쓰러지려 하더니, 한 사람이 몸으로써 이를 붙들어 세운다. 보니, 바로 공이었더라 한다.

후세 사람이, 이를 문천상(文天祥)[137]의 경천지몽(擎天之夢)[138]에다 비긴다.

—

공이 수영(水營)[139]에 있어, 왜구(倭寇)가 반드시 올 것을 알고, 본영(本營)과 속진(屬鎭)의 전구(戰具)를 모조리 수비(修備)하며, 철쇄(鐵鎖)[140]를 만들어 앞바다를 가루 막았다.

또 전선(戰船)을 창작(創作)하니, 크기가 판옥(板屋)[141]만 한

---

137 1236~1282. 자 이선(履善). 호 문산(文山). 길주인(吉州人: 강서성江西省 길안현吉安縣). 남송(南宋) 충신.

138 하늘을 버티는 꿈.

139 수군절도사영(水軍節度使營). 이곳에서는 전라좌수영(全羅左水營)을 이름.

140 〔교주: 쇠고리를 여러 개 죽 걸어 이은 줄.〕

데, 위를 널(板)로 덮고, 널 위에는 십자형(十字形)의 좁은 길이 있어 사람이 올라 다니게 하되, 그 밖에는 모두 칼과 송곳을 박아 한 군데라 발붙일 곳이 없게 하였으며, 앞은 용두(龍頭)를 만들어 입이 총구멍이 되고, 뒤는 귀미(龜尾)인데 꼬리 아래 총구멍이 있고, 또 좌우에 각각 총구멍 여섯이 있으니, 대개, 그 모양이 거북이 형상과 같으므로 이름을 귀선(龜船)이라 한다.

뒤에, 싸움 싸우기에 미쳐, 거적으로 송곳과 칼을 덮고 선봉이 되니, 적이 배로 올라와 무찌르려 한즉슨 칼과 송곳에 죽고, 와서 에워싸려 한즉슨 전후좌우로서 일시에 총알이 나와, 적의 배가 비록 바다를 덮고 구름같이 모인다 하더라도, 이 배가 출입 횡행하는 데는, 감히 대적할 자(者)이 없다.

이러므로 하여, 전후(前後) 대소전(大小戰)에, 이 배를 가져 항상 이긴 것이다.

—

조정이 신립(申砬)¹⁴²의 계사(啓辭)¹⁴³로 인하여, 주사(舟師)¹⁴⁴를 파(罷)하고 오로지 육전(陸戰)에다 뜻을 두려 한다.

공은 곧 장계(狀啓)하여, 해구(海寇)를 막는 데는 주사만 한 것이 없으니, 수전(水戰)과 육전의 어느 것이나 폐할 수 없다 하

---

141 판옥선(板屋船). 곧 전선(戰船).
142 자는 입지(立之). 평산인(平山人). 선조조 명장. 증영의정(贈領議政). 시충장(諡忠壯).
143 논죄(論罪) 등에 관하여 왕에게 상주(上奏)하는 글.
144 수군(水軍).

였다.

조정이 그 말을 옳이 여기다.

—

임진년(壬辰年)[145] 4월 16일에, 왜적이 부산을 함몰(陷沒)하였다 듣자, 공은 급히 장수들을 불렀다.

모든 장수가 본영에 모여, 나아가 싸울 일을 의논할새, 모두가, 본도(本道: 전라좌도全羅左道) 수군은 마땅히 본도나 지킬 것이오, 나가서 영남의 적군을 치는 것은 아마도 우리 소임이 아니리라 하는데, 홀로 군관 송희립(宋希立)이 말한다.

"대적(大賊)이 지경(地境)을 눌러, 그 형세가 멀리 경사(京師)[146]를 찌르려 하는데, 앉아서 외로운 성을 지켜, 홀로 보전한달 이치가 없는 법이외다. 나아가 싸우느니만 같지 못하니, 다행히 이기면 왜적의 기세를 꺾을 것이오, 불행히 싸우다 죽더라도, 또한 인신(人臣)된 의리에 부끄러울 것이 없으리다."

녹도(鹿島)[147] 만호 정운(鄭運)이 또한 말한다.

"신하로서 평일에 은혜를 받고 녹(祿)을 먹으며, 이때에 죽지 않고 감히 앉아서 보고만 있으리까."

공은 크게 기뻐하여, 소리를 가다듬어 호령하였다.

"왜적의 기세가 한창 떨치어, 국가가 한껏 위급한 이때, 어

---

145 선조 25년. 서기 1592년. 공의 나이 48세.
146 〔교주: 서울.〕
147 전라도 순천도호부(順天都護府)에 속한 섬.

찌 타도(他道) 장수라 칭탁(稱托)하고, 물러나 내 지경(地境)만 지키고 있을 것이랴. 내가 시험 삼아 묻기는, 한번 너희들의 뜻을 보기 위함일다. 오늘날 일은, 다만 나가 싸워서 죽는 것뿐이니, 감히 나가지 못하겠다 말하는 자는 마땅히 참(斬)하리라."

일군(一軍)이 모두 떨고, 이 뒤로, 죽기로써 맹서하여 나가 싸우는 자가 많았다.

—

5월 초1일에, 원근(遠近) 제장(諸將)이 모두 수영(水營) 앞바다에 모였다.

전선(戰船)이 24척.

여도(呂島)[148] 수군 황옥천(黃玉千)이 도망하여 피하려 한다. 목을 베어 군중(軍中)에 돌렸다.

—

초4일에, 공은 모든 장수를 이끌고, 나아가 당포(唐浦)[149]에 이르러 사람을 보내서 경상우수사(慶尙右水使) 원균(元均)의 있는 곳을 알아보게 하였다.

때에, 원균의 전선 73척이 모두 왜적에게 패하고, 홀로 옥포(玉浦)[150] 만호 이운룡(李雲龍)과 영등(永登)[151] 만호 우치적(禹

---

148 여도영(呂島營). 전라도 흥양현(興陽縣).
149 당포영(唐浦營). 경상도 고성현(固城縣) 남(南) 67리. 현 통영군(統營郡) 산양면(山陽面) 당포(唐浦).
150 옥포영(玉浦營). 경상도 거제현(巨濟縣) 동(東) 19리. 현 거제도(巨濟

致績)이 타고 있는 배, 각 한 척이 남았을 뿐이오, 원균은 한 척 작은 배에 몸을 실고 걸망포(傑望浦)[152]에 있었다.

공은 원균이 영남 수로(水路)에 익은 것을 생각하여, 청하여 다 전선 한 척을 주고, 함께 일을 하기로 언약하였다.

—

초7일에 옥포에 다다렀다.

왜선(倭船) 30여 척이 해구(海口)에 늘어서 있음을 보고, 공은 곧 기를 휘두르며 군사를 나아갔다. 모든 장수가 서로 앞을 다투어 내달아, 왜선을 모조리 잡아 없이 하였다.

뒤에, 이 전공(戰功)으로 하여 가선(嘉善)[153]으로 승직(陞職)하였다.

—

초8일에, 고성(固城) 땅 월명포(月明浦)[154]에 이르러 결진(結陣)하고 군사를 쉬었다.

島) 이운면(二運面) 옥포리(玉浦里).

151 영등포영(永登浦營). 경상도 거제현 북(北) 49리. 현 거제도 장목면(長木面) 구영리(舊永里).

152 미상.〔교주: 걸망포(乞望浦). 통영시 산양읍 신전리에 속한 포구)『옥포파왜병장』(玉浦破倭兵狀)에 보면, 이때 원균은 당포영 경내 한산도(閑山島)로부터 왔다 하였다.

153 가선대부(嘉善大夫). 종2품의 종친(宗親)·의빈(儀賓)·문무관(文武官) 품계(品階).

154 미상.〔교주: 현 통영시 산양면 수월리.〕

전라 도사(全羅都事) 최철견(崔鐵堅)의 보도로, 대가(大駕)가 서수(西狩)[155]함을 알고, 공은 서향(西向)하여 통곡한 다음, 군사를 거두어 본영으로 돌아갔다.

—

29일에, 공이 꿈을 꾸니, 백발 노인이 와서, 공을 발로 차며,

"일어나거라, 일어나. 왜적이 왔다."

한다.

공은 일어나, 즉시 장수들을 거느리고 나아갔다.

노량(露梁)[156]에 이르르니, 왜적(倭賊)이 과연 나오다가, 공을 보고 뱃머리를 돌리어 달아난다. 뒤쫓아 사천(泗川)[157]에 이르러 열세 척을 불 질러 무찌르니, 왜적이 화살에 맞고, 물에 빠져 죽는 자가 100여 명이다.

이날, 공도 총에 맞으니, 총알이 왼편 어깨를 꿰뚫고 등에 이르러, 피가 발뒤꿈치까지 흐른다. 그러나 공은 오히려 손에 궁시(弓矢)를 놓지 않고, 날이 맞도록[158] 싸움을 지휘하였다.

싸움이 끝난 뒤, 칼끝으로 살을 어이고 총알을 끄내니, 깊이 박히어 두어 치나 들어가 있다. 군중(軍中)이 비로소 알고 놀라하기를 마지않았으나, 공은 홀로 담소자약(談笑自若)한다.

---

155 선조의 서도(西道) 파천(播遷)을 말함.
156 경상도 남해현(南海縣) 노량(露梁). 현 남해군(南海郡) 설천면(雪川面) 노량리(露梁里).
157 경상도 진주진(晋州鎭)의 속현.
158 〔교주: 원문엔 '맞도록'이나 '끝나도록'의 뜻이므로 '맞도록'으로 수정함.〕

공은 매양 싸울 때면 장수들과 약속하되,

"머리 하나 벨 동안에 왜적 여럿을 쏘아 죽일 수 있는 것이니, 수급(首級)이 많지 않을 것은 조금도 근심하지 말고, 그저 쏘아 맞추기를 먼저 하여라. 잘 싸우고 못 싸우는 것은 내가 눈으로 보는 바다."

하여, 이로부터 전후 싸움에, 오직 쏘아 죽이기만 무수히 하고 수급으로 공을 삼는 것은 높이 치지 않았다.

—

6월 초1일에 사량(蛇梁)[159] 뒷바다로 나아가 진(陣) 쳤다.

초2일 아침에, 당포 앞에 이르러 적선(賊船) 20여 척과 만났다.

그중, 한 척 대선(大船) 위에, 고(高)가 2장(丈)은 되엄즉한 층루(層樓)가 있는데, 사면(四面)에 홍라장(紅羅帳)[160]을 드리우고, 누각(樓閣) 위에가 왜장(倭將)이 금관(金冠) 쓰고, 금의(錦衣) 입고, 오뚝하니 앉아서 싸움을 지휘한다.

우리 군사는 편전(片箭)을 어지러이 쏘아, 맞추었다. 왜장이 누(樓) 아래로 떨어진다. 왜적의 무리로서, 화살에 맞아 쓰러지는 자가 그 수효를 모르겠다. 마침내 모조리 죽여 버렸다.

이날 이 배에서, 쇄금단선(灑金團扇)[161] 한 자루를 얻으니,

159　고성현(固城縣) 남해중(南海中). 현 통영군 원량면(遠梁面). 〔교주: 사량은 통영 앞바다의 섬〕
160　〔교주: 붉은 비단 휘장.〕
161　금(金)을 올린 부채. 충무공의 『당포파왜병장』(唐浦破倭兵狀)에, "同日

바른편에는 '우시축전수'(羽柴築前守)¹⁶²라 씨어 있고, 왼편에는 '구정유구수'(龜井劉矩守)¹⁶³라 씨어 있으며, 한가운데다는 '유월팔일수길서'(六月八日秀吉書)라 하였다.

싸움을 마치고 나니, 해가 한낮이 다 되었다.

군사들이 가쁜 숨을 겨우 돌리려 할 때다. 문득 보(報)하되 왜적이 이르렀다 한다. 공이 집짓 못 들은 체하였더니, 다시 급히 보(報)하되, 왜적이 무수히 이르렀다 한다.

공은 노하였다.

"왜적이 왔으면, 싸우면 그만 아니냐."

때에, 장수와 군사가, 모두 곤하게 싸워 기운이 다한 터이라, 자못 황겁(慌惻)하여 하는 빛들이 있다.

공은 아침에 빼앗은바 왜장이 타고 있던 누선(樓船)을 앞바다로 끌어 내어다가, 적과 상거(相距)가 1리쯤 되는 곳에서 태

唐浦倭戰時, 虞候李夢龜, 倭將船搜得金團扇一柄, 送于臣處, 而同扇一面中央書曰, 六月八日秀吉著名 右邊書羽柴築前守五字, 左邊書龜井流求守殿六字, 藏于漆匣, 必是平秀吉之於築前守處, 以爲符信之物〔교주: 동일 당포에서 왜와 싸울 때, 우후 이몽귀가 왜장의 배에서 금을 올린 둥근 부채 한 자루를 수득하여 신에게 보냈는데, 그 부채 한 면 중앙에 써 가로되 '6월 8일 수길'이라 서명하고 오른쪽에는 '우시축전수'(하시바 치쿠젠노카미) 다섯 자를 쓰고 왼쪽에는 '구정유구수전'(카메이 류큐노카미 토노) 여섯 자를 써 칠갑에 갈무리한바, 필시 평수길이 축전 태수 있는 곳에 신표로 삼은 것이다〕이라 있다. 이는 곧 풍신수길(豊臣秀吉)이 장수 구정자구(龜井玆矩)에게 내린 부채로, 우시축전수란 수길(秀吉) 자신이다. 〔교주: 우시축전수는 수길이 아니라 수길의 조카 하시바 히데카츠(羽柴秀勝)로 오늘의 후쿠오카현 서부를 일컫는 치쿠젠(築前)의 태수다. 이 부채는 수길이 카메이가 아니라 하시바에게 내린 부채다.〕

162 〔교주:하시바 치쿠젠 태수.〕

163 〔교주:카메이 류큐 태수.〕

워 버리게 하였다. 불이 선창(船艙) 안으로 당기자, 그 안에 쌓여 있던 화약이 일시에 폭발하여, 우레 같은 소리가 허공을 뒤흔들고, 시뻘건 불꽃이 하늘을 물들인다. 왜적(倭賊)은 이것을 보고 의기가 질려, 나오지 못하고 그대로 물러갔다.

이날 밤, 군사들이 까닭 없이 놀라 들레기를 마지않는다. 공은 그대로 누어 조금도 동(動)하지 않다가, 한참 만에 사람을 시켜서, 요령(搖鈴)을 울리어 진정(鎭定)하게 하였다.

6월 초4일에, 나아가 당포 앞바다에 둔(屯)쳤다.

전라우수사(全羅右水使) 이억기(李億祺)가 전선 25척을 거느리어, 돛 달고 나팔 불며 이른다. 모든 배의 장수와 군사들이, 연일 싸워 곤(困)한 때라, 원병(援兵)이 이른 것을 보고 모두 기운들이 났다.

공은 이억기를 보고 말하였다.

"왜적의 형세가 커서, 국가의 위급함이 조석에 있는데, 영감(令監)[164]의 오심이 어이 이리 늦으시오."

—

초5일에, 공은 이억기와 함께 이른 새벽에 나아가, 고성(固城) 땅 당항포(唐項浦)[165]에 이르러 왜적과 서로 만났다.

대선(大船) 한 척이 있어, 3층 누각(樓閣)에, 밖에는 흑초장(黑綃帳)[166]을 느리우고, 앞에는 청개(靑盖)[167]를 세웠는데 그 안

164 정3품·종2품 이하 관원에 대한 존칭.
165 현 고성군(固城郡) 회화면(會華面) 당항리(堂項里).

에 적장(賊將)이 앉아 있다. 활로 쏘아 죽이고, 중선(中船) 12척 과 소선(小船) 20척을 일시에 쳐서 깨뜨리었다. 참(斬)이 7급 (級). 사살(射殺)은 무수.

나머지 왜적들은 모두 배를 버리고 뭍으로 달아났다. 군사 성세(聲勢)가 크게 떨친다.

이번 전공(戰功)으로 하여 자헌(資憲)[168]으로 승직(陞職)하 였다.

—

초7일 아침에 영등포에 이르렀다.

왜적이 율포(栗浦)[169]에 있다가 우리 군사를 바라보고 남쪽 바다로 달아난다. 공은 모든 배에 영(令)을 내려, 쫓아가 잡게 하였다.

사도(蛇渡)[170] 첨사 김완(金浣)과 우후(虞候)[171] 이몽귀(李夢 龜)와 녹도 만호 정운이 각각 배 한 척씩을 전포(全捕)하고, 왜 적의 머리 도합 36급을 베었다.

---

166 〔교주: 검은 비단 휘장.〕
167 〔교주: 양산 모양으로 햇볕을 가리도록 고안된 의장(儀仗)으로 푸른색 비단 덮개를 씌웠다.〕
168 자헌대부(資憲大夫). 정2품 문무관(文武官)의 품계.
169 〔교주: 거제시 장목면 율천리 밤개.〕
170 사도진(蛇渡鎭). 전라도 흥양현(興陽縣) 동(東) 43리. 좌도수군첨절제 사영(左道水軍僉節制使營)이 있다.
171 병사영(兵使營)·수사영(水使營)의 한 벼슬. 병마우후(兵馬虞候)는 종3 품. 수군우후(水軍虞候)는 정4품.

초9일, 공과 이억기와 원균은, 모든 전선을 거느리고 두루 천성(天城)·가덕(加德) 등지(等地)를 돌며 수검(搜檢)하였다.

　　왜적이 멀리 도망하여 그림자도 못 보겠다.

　　그대로 돌아왔다.

—

14일에 공은 본영에서 장계 두 통을 초(草)하되,

　　"신이 이제 전선 수만 척을 거느리고, 비장군(飛將軍)[172] 모(某)로 선봉을 삼아, 바로 일본국을 찌르려, 모월 모일에 발행(發行)하나이다. 운운(云云)."

하여, 군관을 시켜서 한 통을 경성 노상(路上)에 버리어 왜적으로 하여금 보게 하였다.

—

7월 초8일, 왜적이 양산(梁山)[173]으로부터 장차 호남(湖南)[174]으로 향하려 한다 듣고, 공은 이억기·원균의 무리와 더불어, 각기 전선을 거느리고 나아갔다.

　　고성 땅 견내량(見乃梁)[175]에 이르니, 왜적의 선봉 30여 척이 과연 오고, 그 뒤로 무수한 선척(船隻)이 바다를 까맣게 덮었다.

172　명장(名將).
173　경상도 경주진(慶州鎭)에 속한 군명(郡名).
174　전라도.
175　거제현 서(西) 30리. 현 거제도 사등면(沙等面) 덕호리(德湖里).

공은,

"이곳이 바다가 좁고 뱃길이 얕아서, 족히 용무(用武)할 곳이 아니니, 큰 바다로 꾀어내어다 깨뜨리리라."

하고, 장수들에게 영(令)을 내려, 거짓 패하여 달아났다. 왜적이 승승장구(乘勝長驅)하여 뒤를 쫓는다.

이윽고 한산도(閑山島) 앞에 이르매, 해면(海面)이 심(甚)히 광활하고, 왜선도 모두 모여들었다.

공은 기를 두르고 북을 치며, 배를 돌이키어 싸우기를 재촉하였다.

모든 전선이 돛을 높이 달고, 바로 앞으로 내달았다. 화포(火砲)와 화살이 우레처럼 나아가며 연기와 불꽃이 하늘을 덮는다. 잠시 동안에 붉은 피가 바다를 물들였다.

왜적의 73척 배가 노(櫓) 한 개도 돌아간 것이 없다.

사람들이 일러 '한산의 승리'라 한다.

이 싸움에, 왜적에게 사로잡혔던 사람이 돌아와 고하되,

"용인(龍仁)이 함몰된 뒤에, 적장으로서 경중(京中)에 있는 자들이 조선에는 사람이 없다 하면서도 오직 수군만은 어렵게 말하니, 평수가(平秀家)[176]라 하는 자가 있다가 팔을 내어 두르며, '내가 맡으리다' 하고 큰소리를 하여, 왜적들이 수가(秀家)로 수군 대장을 삼았지요. 한산(閑山)의 왜적이 바로 그였습니다."

---

176 왜장 우희다수가(宇喜多秀家 : 우키다 히데이에) 비전강산성주(備前岡山城主 : 히젠 오카야마 성주).

한다.

그 뒤, 웅천(熊川)¹⁷⁷ 사람 제말(諸末)이란 자가 말하되, 일찍이 사로잡혀 일본국에 가서 서기(書記)로 있는 중에, 대마도(對馬島)에서 보내온 일본 국서를 보니, 일본이 조선 수군과 서로 싸워, 패하여 죽은 자가 9천여 인(人)…… 운운하였더라 한다.

이번 전공으로 하여, 공은 정헌(正憲)¹⁷⁸으로 승직(陞職)하였다.

—

초9일, 한 떼 왜선이 안골포(安骨浦)¹⁷⁹에 주둔한다 듣고, 공은 이억기·원균의 무리로 더불어 군사를 거느리고 일제(一齊)히 나아갔다.

왜적이 배를 철판(鐵板)으로 싸고 젖은 솜으로 덮었는데, 우리 수군을 보자 한번 죽기로 싸워 보려, 혹 총을 들고 언덕에 오르며, 혹 배에 남아서 힘껏 항거한다.

우리 군사는 기운을 뽐내어 몰아쳤다. 왜적이 마침내 배겨나지 못하여, 언덕에 있는 자는 달아나고, 배에 있는 자는 죽었다.

왜선 42척을 불살랐다.

---

177 〔교주: 경상남도 진해 지역의 옛 현(縣).〕
178 정헌대부(正憲大夫). 정2품의 종친(宗親)·의빈(儀賓)·문무관(文武官) 품계.
179 경상도 웅천현(熊川縣) 동(東) 20리. 현 창원군(昌原郡) 웅동면(熊東面) 안골리(安骨里).

9월 초1일에, 공은 이억기와 원균과, 조방장 정걸(丁傑)의 무리
로 더불어 상의하되,

　"부산(釜山)이 왜적의 근본이 되어 있으니, 그 소혈(巢穴)
을 엎어 놓아야 왜적의 간담을 가히 서늘케 하리다."
하고, 드디어 함께 나아가 부산에 이르렀다.

　그러나 왜적은 여러 번 패한 끝이라, 우리 위세를 두려워하
여 감히 나오지 못하고, 다만 높은 데 올라 총을 쏠 뿐이다.

　빈 배 100여 척을 쳐서 깨뜨렸다.

　이 싸움에 녹도 만호 정운이 총에 맞아 죽었다. 공은 애통하
여 하기를 마지않고 친히 글을 지어 제(祭)지냈다.

　공이 별(別)로이 정미(精米) 500석을 저축하여, 한 곳에다
봉(封)하여 두었다.

　누가 묻는다.

　"어디 쓰실 것이오니까."

　공은 말하였다.

　"주상(主上)께서 용만(龍灣)[180]에 나가 계신데, 기성(箕
城)[181]에 있는 왜적이 만약 다시 서쪽을 친다 하면, 거가(車駕)는
장차 바다를 건너시게 될 것이니, 나의 소임으로서 마땅히 용주
(龍舟)[182]를 지고 바다에 떠, 어가(御駕)를 모셔야 하오. 하늘이

180　의주(義州).
181　평양(平壤).
182　〔교주: 임금이 타는 배.〕

아직 당(唐)¹⁸³을 망하지 않으신다면 회복하기를 도모할 것이오, 설사 불행한 지경에 이르더라도 군신이 함께 우리나라 땅에서 죽을 수 있으면 좋소. 그러나 내 살아 있는 동안은, 왜적이 제 감히 와서 범하지는 못하리다."

—

계사년(癸巳年)¹⁸⁴ 2월 초8일에, 공은 이억기와 더불어 왜적 칠 계책을 상의하고 배를 내어 부산으로 나아갔다.

웅천의 왜적이 부산의 수로(水路)를 막아, 험한 데 의지하여 배를 감추고, 또 많이 소혈을 만들어 놓았다.

공은 혹은 매복하고 밖으로 꾀이며, 혹은 나며 들며 싸움을 돋우었다. 그러나 왜적은 우리 군사의 위세를 두려워하고 겁내어 바다로 나오지 않고, 오직 경질선(輕疾船)을 내어 포구에서 아른거리다가는 다시 소혈로 돌아 들어가며, 다만 기치(旗幟)를 동서 산기슭에 많이 꽂아 놓고, 높은 데 올라서 총을 쏘아, 바로 교만한 양(樣)을 보인다.

우리 군사는 강개(慷慨)함을 이기지 못하여, 좌우가 일제(一齊)히 내달았다. 포탄과 화살이 번갈아 나가 형세가 바로 바람과 우레 같으니, 이러기를 날이 맞도록 하매, 쓰러져 죽는 자가 그 얼마임을 모르겠다.

좌별도장(左別都將) 이설(李渫)과 좌돌격장(左突擊將) 이언

---

183   명(明)나라를 말함.
184   선조 26년. 서기 1593년. 공의 나이 49세.

량(李彦良)이 왜적 수백여 명이 타고 있는 배를 끝까지 쫓았다. 그중의 금주(金冑) 홍갑(紅甲)을 입은 적장(賊將)이 큰 소리로 외치며 배를 재촉하여 달아나려 한다.

우리 군사는 피령전(皮翎箭)[185]을 쏘아 왜적의 괴수를 바닷속에 거꾸러뜨리고, 나머지 도적들도 모두 쏘아 죽였다.

—

22일에, 공은 이억기와 및 여러 장수들로 더불어 상의하되,

"왜적이 우리의 병위(兵威)를 두려워하여 여러 날을 나오지 않으니, 이래서는 싸워도 모조리 없애지 못할 것이라. 만약 수륙 양면으로 함께 친다면 가히 적의 기세를 꺾을 수 있을까 하오."

하고, 즉시 삼도(三道) 수군에 영(令)을 내려 각기 경완선(輕完船) 5척으로 왜선이 열박(列泊)한 곳을 무찌르게 하고, 또 의승병(義僧兵)과 삼도의 효용(驍勇)한 사부(射夫)들이 타고 있는 배 10여 척에 영을 내려, 동으로는 배를 안골포에 대고, 서로는 제포(薺浦)[186]에 대어, 뭍에 올라 결진(結陣)하게 하였다.

왜적이 수륙(水陸) 교공(交攻)을 두려워하여, 동서로 분주

---

185 대우전(大羽箭), 곧 '동개살'을 이름인가. 미상. 〔교주: 화살의 전신(箭身)은 총 길이 6척 3촌, 둘레 지름 1촌 7푼, 무게 3근 8냥에 이른다. 전신 위와 아래에는 모두 철로 장식하였다. 가죽 날개(皮翎) 3개를 전신에 세모진 모양으로 꽂아 가죽 테 3개로 나누어 고정하며 화살 끝에는 길이 4촌인 철촉을 끼운다. 황자총통에 장전하여 발사하면 발사 거리는 1,100보에 이른다.〕

186 경상도 웅천현(熊川縣)의 진관(鎭管). 현 웅천면(熊川面) 제덕리(薺德里).

(奔走)하며 나와 응전한다. 수륙의 장사(將士)는 좌우로 내달아 싸워서, 만나는 쪽쪽 쳐 깨뜨렸다. 뭇 왜적들이 발을 구르며 목을 놓아 운다.

때에 이응개(李應漑)와 이경집(李慶集)의 무리가 이기는 판에 앞을 다투어 적선을 쳐 깨뜨리고, 돌아오는 길에 두 배가 서로 부딪쳐, 마침내 엎어지고 말았다.

공은 곧 장계하였다.

"신이 재주 없는 몸으로 참람히 중한 소임을 맡사와, 밤낮으로 근심하고 두려워하며 티끌만한 공이라도 이루어 갚기를 생각하옵더니, 상년(上年)[187] 여름과 가을에 흉적(凶賊)이 창궐하여 수륙으로 침노할제, 다행히 천우(天佑)를 힘입어, 여러 번 싸움에 이겼나이다. 수하(手下) 군사들이, 번번이 이기는 통에 교만한 생각이 날로 더하여, 앞을 다투어 내달아 싸우며, 오직 남에게 뒤떨어질까 저어하기로, 신이 적을 업신여기면 반드시 패하는 이치로써 재삼(再三) 신칙(申飭)하였사오나 오히려 경계함이 부족하와, 마침내 한 척 통선(統船)으로 경복(傾覆)[188]하여 많이 죽는 자가 있기에 이르게 하였으니, 이는 신의 용병함이 좋지 못하고, 지휘함이 그릇되기 때문이라, 황공하옵기 그지없사와 이에 석고대죄(席藁待罪)[189]하나이다."

---

187 〔교주: 이 해의 바로 앞의 해.〕
188 〔교주: 기울어져 엎어짐.〕
189 거적 위에 엎드리어 죄를 기다리는 것.

—

7월 15일에, 공은 본영이 호남에가 치우쳐 있어 공제(控制)[190]하기가 어려우므로, 드디어 한산도로 이진(移陣)하기를 청하매, 조정이 이를 허락한다.

한산도는 거제도 남쪽 30리에 있으니, 산이 물굽이를 둘러싸, 안에는 배를 감출 만하고, 밖에서는 안을 엿보지 못하며, 또 왜선이 호남을 범하려 하면 반드시 이 길을 지나야 하는 고로, 공이 매양 형승지지(形勝之地)[191]라 하더니, 이에 이르러 와서 진(陣) 치게 된 것이다.

뒤에 명나라 장수 장홍유(張鴻儒)가 산에 올라 한참을 둘러보고 이르기를,

"참말 진(陣)터로구나."

하였다.

—

8월에, 조정이, 삼도(三道) 수사가 서로 통섭(統攝)하지 못하므로 반드시 주장(主將)이 있어야 가(可)하리라 하고 공으로 본직(本職: 전라좌수사)에다 삼도수군통제사(三道水軍統制使)를 겸하게 하였다.

원균이, 제가 선진(先進)으로서 도리어 공에게 절제받게 된 것을 부끄러워하니, 공은 매양 그를 너그러이 대하여 주었다.

---

190 〔교주: 억눌러 꼼짝 못하게 함.〕
191 〔교주: 지세나 풍경이 뛰어난 땅.〕

—

공이 진중(陣中)에 있어, 매양 군량(軍糧)으로 근심을 삼아, 백성을 모아서 둔전(屯田)을 짓게 하고, 사람을 시켜 고기를 잡게 하며, 소금을 굽고 질그릇을 만드는 것에 이르기까지 아니하는 것이 없었고, 배로 실어 내어다 파니, 몇 달이 지나지 않아 곡식 수만 석을 쌓게 되었다.

—

공은 진중에서 일찍이 여색(女色)을 가까이한 일이 없다.

밤에 잘 때에도 띠를 끄르지 않고, 겨우 1~2경(更) 눈을 붙이고는, 문득 사람을 불러 일을 의논하여 날이 밝기에 이른다. 또 자시는 것이라고는 조석(朝夕)에 오륙 홉(五六合)뿐이라, 보는 자가 깊이 공의 식소사번(食少事煩)[192]함을 근심하였다.

—

공은 정신이 남보다 갑절이어서, 때로 객(客)과 더불어 야반(夜半)까지 취토록 마시고도, 닭이 울 무렵에는 반드시 등촉(燈燭)을 밝히고 일어 앉아, 혹은 문서(文書)를 보며 혹은 주책(籌策)[193]을 강(講)[194]한다.

---

192 〔교주: 먹는 것은 적은데 할 일은 많음.〕
193 〔교주: 이익과 손해를 헤아려 생각한 꾀.〕
194 〔교주: 강구(講究)함. 좋은 대책과 방법을 궁리함.〕

—

갑오년(甲午年)[195] 정월 11일에, 공은 순풍에 배를 내어 모부인
을 우소(寓所)[196]로 가 뵈웠다.

　이튿날 하직을 고하니, 모부인은,

　"네 어서 진중으로 돌아가, 크게 국욕(國辱)을 덜어라."
하고 재삼(再三) 타이르며, 조금도 이별을 아끼는 뜻이 없었다.

—

3월에 담 도사(譚都事)[197]라는 자가 강화(講和)하는 일로 하여
명나라로부터 웅천 적진(賊陣)에 이르러 공에게 패문(牌文)[198]
을 보내어 말하되,

　"일본 장수들이 모두 갑옷을 말고 군사를 쉬려 하니, 너는
마땅히 속히 본처지방(本處地方)으로 돌아가고, 행여나 일본 영
채(營寨) 가까이 가서 흔단(釁端)[199]을 일으키는 일이 없도록 하
여라."
한다.

　공은 이에 대답하여 글을 보내되,

195　선조 27년. 서기 1594년. 공의 나이 50세.
196　우거(寓居)하는 곳. 때에. 공의 모부인은 고음천(古音川)에 와서 묵고 계
셨다 한다.
197　명나라 도사(都事) 담종인(譚宗仁).
198　〔교주: 중국에서 조선으로 칙사를 파견할 때에 관련 사항을 기록하여 보내던 통지
문.〕
199　〔교주: 싸움의 단초.〕

"영남 연해(沿海)가 말끔 우리 국토인데, 나더러 일본 영채에 가까이 가지 말라는 것은 어찌하는 말이며, 또 나더러 속히 본처지방으로 돌아가라 하니, 소위 본처지방이란 어디를 가르치는 말인고. 왜적이 무신(無信)하니 강화하겠다는 것은 거짓이라. 나는 조선 신자(臣子)로서, 의리가 이 도적과 더불어 한 하늘을 이지 못할 것으로 말하노라."

하였다.

때에, 공이 염병(染病)[200]에 걸려 증세가 심히 위중하건만, 오히려 하루도 눕지 않고 일 보기를 전같이 한다.

자제들이, 일을 쉬고 조섭하기를 청였으나, 공은,

"왜적과 서로 대하여 승패가 호흡에 걸려 있는 터이니, 장수된 자는, 죽지 않았으면 눕지 못하는 법이니라."

하고, 병을 무릅쓰고 일을 보기 열이틀이었다.

—

계사(癸巳) 갑오년간(甲午年間)에 여역(癘疫)[201]이 창궐하여, 진중의 군민(軍民)으로 죽는 자가 끊이지를 않는다.

공은 차사원(差使員)을 정하여 시체를 거두어서 장사 지내주고, 글을 지어 제지냈다.

---

200 장질부사(腸窒扶斯).
201 온역(溫疫). 열성전염병(熱性傳染病).

하루는 또 글을 지어 여역에 죽은 사람들을 제지내려 할새, 그날 새벽에 꿈을 꾸니, 사람 한 떼가 앞으로 와서 원통함을 호소한다.

공이 어찌 온 까닭을 물으니 대답하되,

"오늘 제사에 전망(戰亡)한 자와 병사(病死)한 자가 모두 먹을 것을 얻었으되, 홀로 저희들은 참여하지 못합니다그려."
한다.

"너희들은 무슨 귀신이냐."

공이 물으니,

"물에 빠져 죽은 귀신이외다."
한다.

공이 일어나 제문을 들고 보니, 과연 실려 있지 않다. 명하여 함께 제지내 주었다.

―

공이 군중(軍中)의 전구(戰具)로는 총통(銃筒)보다 더한 것이 없으므로, 반드시 동(銅)과 철(鐵)을 써야 하겠는데 그 준비가 없다.

드디어 널리 민간에서 모아들이니, 한때 얻은 것이 실로 8만여 근(斤)이 된다. 이것을 부어서 총통을 만들어 각선(各船)에 나누어 주니, 이루 다 쓸 수가 없을 만치 넉넉하였다.

―

공이 일찍이 달밤에 시를 읊으니, 하였으되,

수국추광모　水國秋光暮
경한안진고　驚寒雁陣高
우심전전야　憂心轉輾夜
잔월조궁도　殘月照弓刀

(수국에 가을빛이 저무는데,
추위에 놀라, 기러기 떼 높이 떴다.
시름으로 잠 못 이루는 밤,
쪼각달이 활과 칼을 비치네.)

또 노래 한 수를 지으니 가사(歌詞)가 심히 격렬하다.

한산섬 달 밝은 밤에 수루(戍樓)[202]에 혼자 앉아,
큰 칼 옆에 차고 긴 파람 하는 차에,
어디서 일성호가(一聲胡笳)[203]는 남의 애를 끊나니.

—

원균이, 공의 지위가 저보다 위에 있는 것을 원망하여, 이는 공이 저를 모함하기 때문이라 하고, 매양 사람을 대하면 반드시 눈물 흘려 말하며, 혹은 싸움에 임하여 또한 호령을 지키지 않기에 이르니, 공은 왜적과 대루(對壘)하여 반드시 대사(大事)를 그르

202 〔교주: 적군의 동정을 살피려고 성 위에 만든 누각.〕
203 〔교주: 한 곡조의 피리 소리.〕

치리라 근심하였다.

　을미년(乙未年)²⁰⁴ 2월에, 공은 장계하여 자기의 관직을 갈아 달라 청하였다. 그러나 조정에서는 대장을 함부로 갈 수 없다 하여, 드디어 원균을 충청 병사(忠淸兵使)로 이직시켰다.

—

배설(裵楔)이 원균을 대신하여 수사(水使)가 되었다.

　설은 천성이 오만하여, 일찍이 남에게 굽힌 적이 없는 사람이다. 그러나 진중에 와서 공의 처사(處事)하는 것을 보기에 미쳐, 나와서 사람에게 말하기를,

　"내가 호걸을 이 섬 가운데서 보게 될 줄은 몰랐소."

하였다.

—

8월에 완평(完平) 이 상공(李相公)²⁰⁵이 도체찰사(都體察使)²⁰⁶가 되어 양남(兩南)²⁰⁷으로 나려오니, 부찰(副察)²⁰⁸과 종사관(從事官)²⁰⁹의 무리가 뒤를 따른다.

204　선조 28년. 서기 1595년. 공의 나이 51세.
205　이원익(李元翼). 자는 공려(公勵). 호는 오리(梧里). 봉완평부원군(封完平府院君). 광해조(光海朝) 관지영의정(官至領議政).
206　의정(議政)이 겸임하던 겸직.
207　경상도와 전라도.
208　부체찰사(副體察使).
209　봉명사신(奉命使臣)의 속원(屬員). 〔교주: 여기에서는 조선 시대에, 각 군영의 주장(主將)을 보좌하던 종6품 벼슬.〕

상공(相公)이 호남에 이르자, 수군의 정장(呈狀)²¹⁰하는 자가 무수하다. 그러나 상공은 짐짓 판결을 내리지 않고, 모두 말아서 축(軸)을 만들게 한 다음, 가지고 진주(晋州)로 갔다.

그곳에서 공을 불러다 일을 의논하며, 이어서 관원으로 하여금 수군의 정장(呈狀)을 가져다 공 앞에 쌓아 놓게 하니, 대체 몇 백 장임을 모르겠다.

그러나 공은 바른손에 붓을 잡고, 왼손으로 조이를 당기어, 판결 내리기를 흐르는 물같이 하여, 잠깐 사이에 끝을 내어 버렸다.

상공과 부찰이 집어 들고 보니, 모두가 다 사리에 맞는다. 상공이 놀라서,

"우리는 도저히 이렇게 못하겠는데, 영감은 어이 능하기가 이 같소."

하고 물으니, 공은,

"이것이 모두 주사(舟師)에 관한 일이라, 귀와 눈에 익어서 그러하오이다."

하고 대답하였다.

—

상공이 부찰과 종사의 무리들로 더불어 함께 공의 배를 타고, 한산도 진중으로 들어가서 두루 진형(陣形)을 살피고, 종용(從容)히 유숙(留宿)한 다음에 장차 돌아가려 하니, 공은 그에게 청하여,

---

210   소장(訴狀)을 올리는 것.

"군사들 생각에, 상공께서 필시 호상(犒賞)²¹¹이 있으시리라 믿는 터에, 이제 그 일이 없으시고 보면, 아마도 저들의 낙망함이 클까 보이다."

상공이 말한다.

"딴은 그러하오그려. 그러나 다만 내가 당초에 아무 마련이 없이 왔으니 어찌하면 좋겠소."

공이 말하였다.

"소인이 상공을 위하여 이미 준비하여 놓은 터이니, 상공께서 만약 허락만 하신다면, 마땅히 상공의 분부시라 하고 호궤(犒饋)²¹²하겠소이다."

상공이 크게 기꺼워, 드디어 호군(犒軍)²¹³을 성대히 하니, 군중이 모두 기뻐 뛰었다.

공이 이미 전몰(戰沒)하자, 상공은 당시의 일을 이야기하고, 인하여 탄식하며, 이 통제(李統制)는 크게 재국(才局)이 있었더니라 하였다.

『오리집』(梧里集)을 살피매, 인묘조(仁廟朝)²¹⁴에 이 상공(李相公)이 입시(入侍)하여 아뢰되, 신이 체찰사로 영남에 있을 때, 순찰하여 한산에 이르러, 이모(李某)의 영루(營壘)로 가서 그 구획(區畵)을 보오매 극히 규모가 있더이다. 신이 돌아오려 할 때, 이모가 가만히 신에게 말하되 대신이 이곳에 오셨으니 불

211　군사들에게 주식(酒食)을 주고 상(賞)을 베풀어 위로하는 것.
212　〔교주: 군사들에게 음식을 베풀어 위로함.〕
213　〔교주: 호궤.〕
214　〔교주: 조선의 제16대 왕 인조(仁祖, 재위 1623~1649).〕

가불 상의(上意)[215]를 선유(宣諭)[216]하고, 또한 상격(賞激)을 베풀어야 하시리다 하여, 신이 그 말을 듣고 크게 깨달아, 즉시 군중에 영을 내려 일변(一邊) 무예를 시험하고 일변 상을 베풀어, 소를 30여 두(頭)나 잡아서 사졸(士卒)들을 호궤하였나이다 하니, 상(上)이 말씀하되, 이모는 참으로 장군이요, 그 심지가 또한 가상하다 하였다.

—

원균이 충청도에 있어, 전혀 공을 비방하는 것으로 일을 삼으니, 참소하는 말이 날로 조정에 들어간다. 그러나 공은 조금도 변명하려 하지 않고, 또 입을 봉하여 원균의 단처(短處)를 말하지 않았다.

　이로하여 당시의 여론(輿論)이, 많이들 원균의 편을 들고, 공을 탈(頉) 잡으려 하였다.

—

병신년(丙申年)[217] 겨울에, 왜장 평행장(平行長)[218]이 거제에 진(陣) 치고 있어, 공의 위명(威名)을 기탄(忌憚)하여 백 가지 계책을 다 생각하다가, 그 수하의 요시라(要時羅)라 하는 자를 시

215　〔교주: 임금의 뜻.〕
216　〔교주: 임금의 훈유(訓諭: 가르쳐 타이르는 말)를 백성에게 널리 알리던 일.〕
217　선조 29년. 서기 1596년. 공의 나이 52세.
218　왜장 소서행장(小西行長: 고니시 유키나가). 비후(肥後: 히고) 우토(宇土) 성주(城主).

켜 반간(反間)²¹⁹을 행하게 하였다.

요시라가 경상좌병사(慶尙左兵使) 김응서(金應瑞)를 통하여 도원수(都元帥) 권율(權慄)²²⁰에게 고(告)하되,

"평행장이 청정(淸正)²²¹과 원혐(怨嫌)이 있어 기필코 죽이려 하는 터인데, 청정이 지금은 일본에 있으나 오래지 않아 다시 올 것이라, 우리가 그 오는 때를 적실히 알아서, 청정의 탄 배를 물색하여 일러 드릴 것이니, 조선은 통제사를 시켜 수군을 거느리고 나가 바다에서 그를 맞게 하시오. 조선 수군이 백 번 이긴 위엄을 가지고 그를 사로잡아 목 베기가 어렵지 않은 일이니, 이리하면 조선의 원수를 가히 갚을 것이오, 행장의 마음이 또한 쾌하오리다."

하고, 인하여 거짓 충신(忠信)한 뜻을 표하고 은근히 권하기를 마지않는다.

조정은 듣고, 이제는 청정의 머리를 얻었다 하여, 공으로 하여금 꼭 요시라의 계책대로 쫓아 행하라 하고, 기실 왜적의 술책에 빠진 줄은 아지 못하였다.

---

219 이간(離間).

220 자는 언신(彦愼). 호는 만취당(晚翠堂). 안동인(安東人). 선조조(宣祖朝) 배도원수(拜都元帥). 증영의정(贈領議政). 추봉영가부원군(追封永嘉府院君). 시충장(諡忠莊).

221 왜장 가등청정(加藤淸正: 가토 키요마사). 비후肥後(히고) 웅본熊本(구마모토) 성주城主.

정유년(丁酉年)²²² 정월 21일에, 권 원수(權元帥)가 한산도 진중으로 와서 공을 보고,

　"왜장 청정이 수이 다시 오리라 하니, 수군은 마땅히 요시라의 약속을 쫓아 행여나 기회를 잃지 않도록 하오."
하였다.

　이때, 조정이 바야흐로 원균을 믿어, 공을 비방하여 마지않는다. 이 까닭으로 하여, 공은 비록 마음으로는 요시라에게 속는 줄 알면서도, 감히 먼저 그 말을 물리치지 못한 것이다.

　원수가 뭍으로 돌아간 지 겨우 하루에, 웅천에서 보(報)하되, 지난 정월 15일에 청정이 장문포(長門浦)²²³에 배를 대었다 한다. 조정은 청정이 건너왔다 듣고, 공이 사로잡지 못하였음을 책하였다.

　대론(臺論)²²⁴이 크게 일어나, 왜적 놓아 보낸 것으로 죄주기를 청한다. 마침내 잡아다 국문(鞫問)²²⁵하라는 분부가 내렸다.

　때에, 공은 수군을 영솔(領率)하고 가덕(加德)²²⁶ 바다에 갔다가 나명(拿命)²²⁷이 있음을 듣고 본진으로 돌아와, 진중 소유(所有)를 회계하여 원균에게 부치니, 군량미가 9,940석으로, 밖

222　선조 30년. 서기 1597년. 공의 나이 53세.
223　〔교주: 거제시 장목면 장목항.〕
224　대계(臺啓). 사간원·사헌부의 계사(啓辭: 임금에게 올리는 글).
225　중죄인을 국청(鞫廳)에서 심문하는 것.
226　경상도 웅천현 남해중(南海中)에 있는 섬.
227　잡아 오라는 왕명.

　　　　　　　　2부 ― 단재와 구보의 이순신

에 있는 곡식은 들지 않았고, 화약이 4천 근이오, 총통이 각선(各船)에 분재(分載)한 것을 제(除)하고 또 300병(柄)이며, 다른 것도 다 이같이 하였다.

—

완평 이 상공이 도체찰사(都體察使)로 영남에 있다가 공의 나명을 듣고 곧 장계하여,

"왜적이 꺼리는 바는 오직 수군이오니, 이모(李某)를 갈지 마시고, 원균을 보내지 마소서."
하였다.

그러나 조정이 듣지 않는다. 상공은 탄식하며, 국사를 다시 도모하지 못하겠다 하였다.

—

2월 26일에, 길에 올랐다.

연로(沿路)의 백성들이 남녀 노유(男女老幼)가 없이 모여들어 공을 둘러싸고,

"사또는 어디를 가십니까. 저희가 이제는 다들 죽었습니다."
하고, 가슴을 치며 통곡하였다.

—

3월 초4일 저녁에 원문(圓門)²²⁸으로 들어갔다.

---

228 원비(圓扉). 옥(獄)을 말함.

누가 말하기를,

"위에서 진노하심이 크고, 조정의 공론이 또한 무거워, 장차 어떤 변이 있을지 모르겠으니, 이 노릇을 어찌 하오."

한다.

공은 조용히 말하였다.

"죽고 사는 것이 명(命)이 있으니, 죽게 되면 죽을 뿐이오."

—

때에, 위에서 어사를 보내어, 한산도로 나려가서 염문(廉問)[229] 케 하니, 어사가 공을 모함하려 하여 돌아와 계(啓)하되,

"들으매 왜장 청정이 건너오다가 섬에 걸리어[230] 이레를 꼼짝 못하였건만, 이모가 쳐서 잡지를 않았다 하나이다."

하였다.

이날 경림군(慶林君)[231] 김명원(金命元)이 경연(經筵)[232]에 입시(入侍)하였다가,

"왜적이 배 부리는 데 익은 터에, 이레나 섬에 걸려 있었다는 말은 곧이들리지 않소이다."

하니, 위에서는,

"내 생각에도 그러하오."

229 은밀한 가운데 진상을 염탐(廉探)하는 것.
230 〔교주: 섬이라기보다는 여(물속에 잠긴 바위)가 맞을 듯하다.〕
231 김명원(金命元). 자 응순(應順). 호 주은(酒隱). 경주인(慶州人). 갑오생(甲午生). 임인졸(壬寅卒). 관지좌상(官至左相). 시충익(諡忠翼).
232 왕 앞에서 경서를 강론하는 자리.

하였다.

그 뒤에 원균이 패하고, 공이 다시 통제사가 되어 큰 공을 세우자, 향자(向者)에 어사이었던 자가 옥당(玉堂)[233]에 입직(入直)[234]하니 동료가 묻는다.

"이레나 섬에 걸렸다는 말은 대체 어디서 들었소. 나도 그때 호남을 돌았소마는, 그 말은 전혀 듣지를 못하였소."

그자는 부끄러워하는 빛이 있었다.

—

12일에 공장(供狀).[235]

처음에 공이 나명(拿命)을 받았을 때, 수군 제장(諸將)의 친속(親屬)으로 서울에 있는 자들은, 공이 혹시나 죄를 수하 장수들에게 돌릴까 염려하여, 송구하고 불안하여 하기를 마지않았다.

그러나 공은 대옥(對獄)[236]하기에 미쳐, 다만 일의 수말(首末)만 차서(次序) 정정(整整)하게[237] 진술하고, 조곰도 남을 끌어넣는 수작(酬酌)이 없다.

누구나 모두 탄복하여, 공의 얼굴을 한번 보고 싶다 원하는 사람까지 있었다.

233 홍문관(弘文舘)의 별명(別名).
234 번(番)드는 것. 숙직(宿直)하는 것.
235 공초(供招)한 문서(文書).
236 심문을 받는 것.
237 〔교주: 처음부터 끝까지 순서대로 정연히.〕

—

공이 옥에 있을 때, 우수사(右水使) 이억기(李億祺)가 사람을 시켜 글을 받들고 가서 공에게 문후하는데, 울며 보내는 말이,

"수군이 멀지 않아 반드시 패할 것이니, 우리는 어디서 죽을지를 모르겠다."

하는 것이었다.

—

때에, 북도(北道)의 토병(土兵)[238] 몇 명이 과거 보러 서울로 올라왔다가, 공이 옥에 갇혔다는 말을 듣고 마음에 강개하여, 공을 사(赦)하시고 북병사(北兵使)[239]를 제수(除授)하소서 하고, 상소(上疏)하려 하였다.

4월 초1일에, 사(赦)가 내렸다. 원수(元帥)[240] 막하(幕下)에서 백의(白衣)로 공(功)을 세우라는 것이다.

11일에, 공은 모부인상(母夫人喪)을 당하였다. 압령(押領)[241]하는 관원에게 간청하여 성복(成服)하고 길을 떠나며, 공은,

"나라에 충성을 다하였으되 죄가 이르고, 어버이에게 효도를 하고자 하되, 어버이 또한 가시는고나."

하고 통곡하였다.

---

238 그 지방에 사는 군사.
239 북병영(北兵營: 함경도 경성鏡城)에 주재하는 병마절도사.
240 도원수(都元帥) 권율(權慄).
241 죄인을 호송하는 것.

2부 ― 단재와 구보의 이순신

—

7월 16일에 원균이 과연 패하여, 이억기가 죽고 삼도 수군이 왜적에게 전멸을 당하였다.

공은 때에 초계(草溪)에 있었다. 원수(元帥)는 그로 하여금 진주로 달려가서 흩어진 군사를 수습하게 하였다.

—

8월 초3일에 한산의 패보(敗報)가 이르니, 조야(朝野)가 크게 경동(驚動)한다.

위에서 비국(備局)²⁴²의 모든 신하를 인견(引見)하여 물었다. 모두 황공하여 아뢸 바를 모를 때 경림군 김명원과 병조판서 이항복(李恒福)²⁴³이 종용(從容)히 계(啓)하여,

"이는 원균의 죄로소이다. 오직 이모(李某)를 기용하여 통제사를 제수하셔야만 하오리다."

한다.

위에서 그 말을 쫓아 공으로 다시 통제사를 삼았다.

장수와 군사들이 듣고, 차차 모여든다. 공은 곧 군관 아홉 명과 아병(牙兵)²⁴⁴ 여섯 명을 거느리고 진주로부터 말을 달리어 옥과(玉果)²⁴⁵에 이르렀다.

---

242 비변사(備邊司). 군국사무(軍國事務)를 총리(總理)하는 마을.
243 자는 자상(子常). 호는 백사(白沙). 경주인(慶州人). 선조조 영상(領相). 봉오성부원군(封鰲城府院君). 시문충(諡文忠).
244 병졸.
245 전라도 남원진(南原鎭)에 속한 현명(縣名).

피난하는 백성들이 길이 미어지게 오다가 공을 바라보자, 청장년들은 제일(齊一)이[246] 저의 처자를 돌아보고,

"우리 사또님이 오시니, 이젠 죽지 않았다. 천천히 찾아와. 나는 사또님 모시고 먼저 갈 테니……"

이러는 사람이 자꾸 나서서, 공이 순천(順天)에 이르렀을 때는 정병(精兵) 60여 인을 얻었다. 텅 빈 순천성(順天城)으로 들어가서, 각각 병갑(兵甲)[247]을 가지고 갔다.

보성(寶城)[248]에 이르렀을 때에는 120인이다.

—

18일에, 회령포(會寧浦)[249]에 다다렀다.

전선이 다만 열 척이다.

공은 전라우수사 김억추(金億秋)를 불러 병선을 수습하게 하고, 장수들에게 분부하여 귀함(龜艦) 모양을 꾸미어 군세(軍勢)를 돕게 하였다.

약속하여,

"우리가 한가지로 왕명을 받들어 의리가 마땅히 함께 죽어야 옳은 터에, 일이 이미 이에 이르렀으니, 어찌 한번 죽어 국가에 보답하기를 아낄까 보냐. 다만 한번 죽음이 있을 뿐이로다."
하니, 장수들이 누구라 감동 않는 이가 없다.

---

246 〔교주: 하나같이.〕
247 병장기와 갑주(甲冑).
248 전라도 순천진(順天鎭)에 속한 군명(郡名).
249 회령포영(會寧浦營). 전라도 장흥도호부(長興都護府) 남(南) 72리.

24일에, 나아가 난포(蘭浦)[250] 앞에 이르렀다.

28일에, 왜선 여덟 척이 와서 우리 배를 엄습(掩襲)하려 하다가, 공이 나팔을 불고 기를 두르매, 곧 도망하였다.

29일에, 진도(珍島) 벽파진(碧波津)[251]으로 나아가 진(陣)쳤다.

영남우수사(嶺南右水使) 배설(裵楔)이 군사를 버리고 도망하였다.

—

9월 초7일에 적선 열세 척이 우리 진으로 향하여 왔다. 공이 마주 나가서 치매, 왜적은 물러갔다.

이날 밤 2경(二更)[252]에 왜적이 다시 와서 대포를 놓아 우리 군사를 경동(驚動)시키려 한다. 공은 또한 마주 대포를 놓게 하였다. 왜적은 경동시키지 못할 것을 알고, 다시 물러가 버렸다.

이는, 대개, 왜적이 밤에 우리를 놀래 주어, 한산도에서 재미를 보기 때문이라 한다.

—

때에, 조정은 수군이 심히 외로워 왜적을 막지 못하리라 하여, 공에게 육지에 올라 싸우기를 명하였다.

---

250 경상도 남해현 동(東) 20리.
251 전라도 해남현 남(南) 30리. 진도군계(珍島郡界).
252 지금의 오후 10시경.

공은 장계하여,

"임진으로부터 5~6년 동안, 왜적이 제 감히 바로 양호(兩湖)[253]를 찌르지 못하기는 수군이 그 길을 막기 때문이오이다. 지금 신에게 아직도 전선 열두 척이 있으니, 죽을힘을 내어 막아 싸운다면 오히려 할 도리가 있아오리다마는, 이제 만약 수군을 전폐(全廢)하여 버린즉슨, 이는 곧 왜적이 다행히 여기는 바로, 저희가 호우(湖右)[254]로 하여 한수(漢水)[255]에 이를 것이라, 이는 신의 두려워하는 바로소이다. 전선이 비록 적사오나, 신이 죽지 않사오면 왜적이 감히 우리를 얕보지 못하오리다."

하였다.

―

16일 이른 아침에, 적선이 바다를 덮고 명량(鳴梁)[256]으로 하여 우리 진(陣)을 바라고 들어온다. 공은 장수를 거느리고 나아가 막았다.

왜적이 열 겹으로 우리를 에우고, 군사를 나누어 번갈아 들며 싸운다. 공은 돛을 내리어 배를 한 곳에 세웠다.

왜적이 대장의 배임을 알고, 드디어 333척으로 에워싸니, 그 형세가 심히 급하다. 수하의 장수들은 공이 이번만은 면하기

---

253 충청도와 전라도.
254 충청우도(忠淸右道).
255 한강(漢江).
256 진도군(珍島郡) 동(東) 30리 도구(渡口)에 벽파정(碧波亭)이란 정자가 있고, 그 뒤가 바로 명량이다.

어려우리라 하여 각기(各其) 1리 가량이나 물러갔다.

공은 하나를 목 베어 효수(梟首)[257]하고, 나아가 싸우기를 재촉하였다.

첨사 김응함(金應諴)이 배를 돌리어 들어오고, 거제 현령 안위(安衛)가 또한 이른다.

공은 뱃머리에 나서서 큰 소리로 안위를 불렀다.

"네 군법(軍法)에 죽고 싶으냐."

다시 한 번,

"안위야. 네 진실로 군법에 죽고 싶으냐. 네 물러나면 가히 살듯 싶으냐."

안위는 황망히,

"제 어이 감히 죽지 않소오리까."

하고, 앞으로 달아 나가 싸웠다.

왜선 세 척이 안위의 배로 바짝 달라붙어 거의 함몰할 지경이다. 공은 배를 돌리어 그를 구하였다. 안위가 또한 죽기로 싸워, 적선 두 척을 무찌르니, 왜적의 기세가 조금 꺾인다. 잠깐 사이에 적선 30척이 연달아 깨어지고, 죽은 자는 그 수효를 아지 못하겠다.

왜적은 더 지탱하지 못하여, 에움을 풀고 달아났다.

공이 한산도에 있을 때, 왜인 준사(俊沙)라 하는 자가 안골포(安骨浦) 적진(賊陣)에서 죄를 얻어, 와서 항복하고 우리 진중에 머물러 있더니, 이날 공이 탄 배 위에 있다가, 바다에 뜬 왜적

---

257 목을 베어 무리를 경계(警戒)하는 것.

의 시체 가운데 무늬 놓은 붉은 비단옷 입은 자가 있는 것을 보고,

"저것이 안골포 왜장 마다시(馬多時)요."

하고 손가락질한다.

공이 갈고리로 뱃머리에다 끌어 올리게 하고 보니, 그저 죽지 않았다.

준사가 기뻐 날뛰며,

"바로 마다시에요."

한다.

공은 명하여 목을 베었다.

—

이날, 피난하는 무리들이 높은 산봉오리에 올라서 보고, 적선의 들어오는 것이 300까지는 세겠으나 나머지는 얼마나 되는지 모르게, 그 큰 바다가 꽉 차서 물이 보이지 않는데, 우리 배는 단지 10여 척뿐이라 도무지 상대가 아니다.

더구나 장수들은 새로이 패한 끝이라, 갑자기 대적(大賊)을 만나, 마음이 놀라고 혼이 떠서 모두 도망할 생각만 하는데, 공은 홀로 죽기로 뜻을 결(決)하고, 중류(中流)에다 닻을 내려놓아, 왜적의 에우는 바가 되었다.

마치 구름이 덮고 안개가 낀 듯한 가운데, 다만 보이느니 시퍼런 칼날이 공중에 번득이고, 대포 소리가 우레처럼 바다를 진동할 따름이다.

피난한 사람들은 서로 붙들고,

"우리가 오기는 오직 통제사 어른을 믿기 때문인데, 이제 이리 되었으니, 우리는 장차 어디로 간단 말인고."

하고 통곡하였다.

그리자 문득 보니, 적선이 뒤로 물러나며 공의 탄 배가 무사히 우뚝하니 서 있다.

왜적은 다시 군사를 나누어 번갈아 들며 싸우기를 날이 맞도록 하다가, 크게 패하여 달아났다.

이 뒤로, 남도 백성들의 공을 의지하는 정이 더욱 두터웠다.

—

때에, 공은 군명(君命)을 탕패(蕩敗)²⁵⁸한 뒤에 받아, 피폐하고 분산(分散)한 것을 수습하려니, 양식이나 병장기나 모두 아무 마련이 없다. 때가 또 늦은 가을이라 바다 위 날씨가 심히 차다.

공이 이를 근심하더니, 문득 보매, 피난선으로 와서 대는 자가 몇 백 척임을 모르겠다.

공은 영(令)을 내려 물었다.

"대적(大賊)이 바다를 뒤엎는데, 너희들은 이곳에서 무엇을 하려느냐."

백성들이 대답한다.

"저희들은 오직 사또님 한 분을 우러러 여기 있는 것입니다."

공은 다시 영을 내렸다.

---

258 〔교주: 탕진. 칠천량 패전으로 함선, 수군, 군량, 무기 등 모든 것을 잃음.〕

"너희가 능히 내 영을 좇는다면, 내 살길을 지시하겠다마는, 그렇지 않으면 어찌 할 도리가 없느니라."

모두들 말한다.

"감히 분부대로 거행 않소오리까."

공은 영을 내렸다.

"장수와 군사들이 굶주리고 헐벗어, 이대로는 모두 죽을밖에 없으니, 무슨 수로 왜적 막기를 바라겠느냐. 너희들이 만약 여벌 옷과 양식을 내어 내 군사를 구하여 준다면, 왜적을 칠 수가 있으니 너희도 죽기를 면할 것이니라."

모든 무리가 다들 영대로 거행한다.

이리하여 양미(糧米)를 얻어 모든 배에 나누어 주고, 또 군사들이 옷 없는 자가 없이 되니, 이러므로 싸워서 이길 수 있었던 것이다.

—

이보다 앞서, 공은 피난 온 사람들에게 배를 옮기어 왜적을 피하라고 영을 내렸다. 그러나 그들은 모두 공을 버려두고 가려 안 하였다.

그래, 명량 싸움에, 공은 그 배들을 멀리 바다 위에 늘어 세워 후원(後援)이 있는 듯이 보이게 하고, 공은 앞으로 나가 힘을 다하여 싸우니, 이 까닭으로 왜적은 크게 패하고, 우리 수군이 아직도 성(盛)하다 하여 감히 다시 범하지 못하였다.

이날 저녁에 진(陣)을 당사도(唐笥島)[259]로 옮기었다. 피난민들이 모두 와서 치하를 드린다.

첩서(捷書)[260]가 이르자, 위에서는 크게 기뻐하여 곧 신하들에게 명하여,

"이 장계를 양 경리(楊經理)[261]에게 보이라."

하였다.

경리(經理)는 남별궁(南別宮)[262]에 있다가 자문(咨文)[263]을 국왕에게 올리어,

"근래에 이런 승전이 없소이다. 내 괘홍(掛紅)[264]하고 싶으나 멀어서 못하기로, 이제 홍단(紅緞)과 은자(銀子) 약간을 보내오니, 모름지기 이 뜻으로 포상하소서."

하였다.

상이 하서(下書)하여 가상(嘉尙)타 하고, 공을 숭정(崇政)[265]

---

259 전라도 영광군(靈光郡) 서해(西海) 중에 있다. 현 무안군(務安郡) 암태면(巖泰面).

260 〔교주: 승전보.〕

261 명장(明將) 양호(楊鎬). 경리(經理)는 직명(職名).

262 『증보문헌비고』(增補文獻備考) 여지고(輿地考) 궁실지부(宮室之部)에 "南別宮在南部會賢坊 接待中國使臣之所"〔교주: 남별궁은 남부 회현방에 있는데, 중국 사신을 접대하는 곳이다〕운운(云云)이라 있다.

263 우리나라에서 중국과 왕복하던 문서.

264 공훈(功勳) 높은 장수의 몸에 홍단(紅緞)을 걸치어 그 공로를 표창하는 것.

265 숭정대부(崇政大夫). 종1품 종친(宗親)·의빈(儀賓)·문무관(文武官)의 품계.

으로 승직(陞職)시켰다. 그러나 대간(臺諫)이, 공의 작위가 이미 높아, 일이 끝난 때 그 공을 갚을 도리가 없다고 아뢰므로, 그만두고, 다만 수하의 장수들만 벼슬을 높였다.

—

10월 14일에 공은 우수영(右水營)에서 아들 면(葂)의 부음(訃音)을 들었다.

면은 공의 막내아들이다. 담략(膽略)이 있고 기사(騎射)를 잘하므로, 공이 자기를 닮았다 하여 사랑하던 터이다.

이해 9월에 저의 모친과 아산(牙山) 본제(本第)[266]에 있다가, 왜적이 들어와 민가를 분탕(焚蕩)[267]한다 듣고, 말을 달리어 나가 싸우던 중에 칼을 맞고 길에서 죽은 것이다.

공은 부음을 듣고 애통한 나머지에 혼절하였다. 이때로부터 정신이 날로 쇠하여 갔다.

그 뒤, 공이 고금도(古今島)[268]에 진 치고 있을 때다. 낮에 잠깐 졸려니까 면이 슬피 울며 앞으로 와서,

"저 죽인 왜적을 아버님은 부디 죽여 줍시오."

한다.

"네 살아 장사(壯士)였던 아이가, 죽어서는 왜적을 못 죽인단 말이냐."

---

266 〔교주: 본가.〕
267 집에 불 지르고 노략질하는 것.
268 전라도 강진현(康津縣) 남해중(南海中)에 있는 섬. 주(周: 둘레) 105리.

공이 물으니,

"제가 왜적 손에 죽었으므로, 두려워 감히 못 죽이겠습니다."

한다.

공은 일어나 좌우를 보고,

"내 꿈이 이러하니 어인 까닭일꼬."

스스로 슬픔을 이기지 못하니까, 인하여 팔을 괴고 눈을 감으니 몽롱한 가운데 면(葂)이 또 울며 고하되,

"아버지가 자식 원수 갚는 것이 유명(幽明)²⁶⁹이 다를 리 없건만, 원수를 한 진(陣)에 용납하시고, 제 말씀을 허술히 아시어 죽이지 않으시네."

하고 통곡하며 사라진다.

공이 크게 놀라 좌우에 물으니, 새로 잡은 왜적 하나이 있어 선중(船中)에 가두어 두었다 한다. 공이 작적(作賊)²⁷⁰한 수말(首末)을 물어보니, 과연 면(葂)을 죽인 자로, 의심할 여지가 없다.

명하여 목 베어 죽였다.

—

12월 초5일에, 공은 나주(羅州) 보화도(寶花島)에서 위로부터 교지(敎旨)²⁷¹를 받았다.

---

269 내세(來世)와 현세(現世).
270 〔교주: 노략질함.〕
271 교서(敎書). 왕이 내리는 유고(諭告).

"경(卿)²⁷²이 아직도 종권(從權)²⁷³하지 않는다 들었노라. 사정은 비록 절박하나, 국사(國事)가 바야흐로 다난(多難)한 이때가 아니냐. 고인(古人)도 이르기를, 전진(戰陣)에서 용기 없음이 효가 아니라 하였으니, 전진의 용기는, 소(素)²⁷⁴를 행하여 기력이 곤비(困憊)한 자의 능히 할 바가 아니라, 예(禮)에도 경권(經權)²⁷⁵이 있어, 굳이 상제(常制)²⁷⁶를 지킬 것이 아니니, 그 나의 뜻을 받아 속히 종권(從權)하도록 하라."

이와 함께 권물(權物)²⁷⁷도 내렸다.

공은, 더욱 비통하여 하기를 마지않았다.

—

무술년(戊戌年)²⁷⁸ 2월 17일에, 공은 진(陣)을 고금도(古今島)로 옮기었다.

고금도는 강진(康津)²⁷⁹ 남쪽 30여 리에 있으니 산이 첩첩히 둘리어 형세가 기이하고, 곁에 농장(農場)이 있어 가장 편하다. 공은 백성을 모아 농사를 짓게 하였다. 군사 양식이 이로써 족

---

272 왕이 2품 이상 관원에게 대하는 대칭대명사.

273 때와 경우에 따라 변통하는 것.

274 채식(菜食). 고기와 생선을 먹지 않는 것.

275 경(經): 일정불변(一定不變)의 대법(大法). 권(權): 임기응변(臨機應變)의 처치(處置).

276 일정한 제도. 법도.

277 상제가 먹지 못할 어육(魚肉) 등물(等物).

278 선조 31년. 서기 1598년. 공의 나이 54세.

279 전라도 장흥진(長興鎭)에 속한 현명(縣名).

2부 ― 단재와 구보의 이순신

하다.

때에 군세(軍勢)가 이미 성(盛)하여, 남도 백성으로 공을 의지하여 사는 자가 또한 수만 호(戶)에 이른다. 병위(兵威)의 장(壯)하기가 전일(前日) 한산진(閑山陣)에 비하여 10배이었다.

—

7월 16일에, 명나라 수군도독(水軍都督) 진린(陳璘)이 수병(水兵) 5천을 거느리고 왔다.

공은 진린의 군사가 이른다고 듣자, 주육(酒肉)을 풍성히 마련하며 또 군의(軍儀)를 갖추고, 멀리 나가 영접하여 크게 잔치하였다. 장수 이하로 양(量)껏 취하지 않은 자가 없다.

군사들은 서로 전하여 말하되,

"과연 좋은 장수로군."

진린의 위인이 심히 사납고 오만하다. 위에서 근심하여 공에게 교지를 내리고, 후대(厚待)하여 도독을 노엽게 말라 하였다.

도독의 군사가 처음 이르자 약탈을 일삼으니, 우리 군사와 백성들이 모두 괴로워한다.

하루는 공이 군중에 영을 내려, 민가를 대소(大小)가 없이 일시에 헐어 버리게 하고, 공도 또한, 의복과 금침을 배로 날라가게 하였다.

도독은 처처에 집들이 헐리는 것을 보고 괴상히 생각하여, 가복(家僕)을 보내서 공에게 물었다.

공이 대답한다.

"소국(小國) 국민이 천장(天將)²⁸⁰이 오신다 듣고 부모처럼 우러렀더니, 이제 천병(天兵)[281]이 오직 행패 부리고 노략질하기로만 일을 삼기로, 백성이 견디다 못하여 각기 피하여 달아나려 하는구료. 내 대장이 되어 홀로 머물러 있을 수 없으므로, 또한 바다에 떠서 다른 곳으로 가려 하오.”

가복이 돌아가 고하자, 도독은 크게 놀랐다. 그는 허겁지겁 달려와서 공의 손을 잡고 만류하며, 또 가복의 무리를 시켜 공의 의금(衣衾)을 도루 날러 오게 하고 간절히 빌어 마지않는다.

공은 말하였다.

“대인(大人)이 만약 내 말씀을 들으신다면 있겠소이다.”

도독이 말한다.

“어찌 듣지 않을 리가 있으리까.”

공은 말하였다.

“천병이 우리를 배신(陪臣)[282]이라 하여 조금도 기탄함이 없으니, 만약 편의를 쫓아 꾸짖어 금하는 것을 허락하신다면, 어떻게 서로 의지하여 지낼 수 있으리다마는…….”

도독은,

“그러시오.”

하고 응낙하였다.

이 뒤로 도독의 군사로 죄를 범하는 자가 있으면 공이 법대로 다스리니, 명나라 군사들이 공 두려워하기를 저희 도독을 대

280　명나라 장수를 일컬음.
281　명나라 군사를 일컬음.
282　신하의 신하. 제후를 천자의 신하라 보고. 천자에 대하여 제후의 신하를 배신이라 함.

하기보다 더한다.

이로하여 군중(軍中)은 편안함을 얻었다.

—

18일에, 적선 100여 척이 와서 녹도를 범한다 듣고, 공과 도독은 각각 전선을 영솔(領率)하고 나갔다.

금당도(金堂島)²⁸³에 이르르니, 겨우 적선 두 척이 있다가 우리를 보고 도망하여 버린다. 공과 도독이 밤을 지내고 돌아오는데, 공은 녹도 만호 송여종(宋汝悰)을 남겨 두어, 배 여덟 척을 가지고 절이도(折爾島)²⁸⁴에 매복하게 하였다. 도독도 또한 배 30척을 머물러 두어 대변(待變)²⁸⁵케 한다.

—

24일에, 공이 도독을 위하여 운주당(運籌堂)에 술자리를 베풀고 바야흐로 즐길 때, 도독 휘하의 천총(千摠)²⁸⁶이 절이도로부터 와서 고하되, 새벽에 왜적을 만나 조선 수군이 모조리 잡고, 명나라 군사는 풍세(風勢)가 불순하므로 인하여, 나가 싸우지 않았다 한다.

도독은 대로하여 밖으로 끌어내라 꾸짖고, 잔을 던지며 상(床)을 엎치어, 노기가 등등하다.

---

283 전라도 장흥도호부(長興都護府)에 딸린 섬.
284 전라도 흥양현(興陽縣) 남(南) 30리에 있는 섬.
285 비상사태의 발생을 예측하여 대기하는 것.
286 관직명. 미상. 〔교주: 천총은 명나라 때 군사 계급이다.〕

공은 그 뜻을 알고 노여움을 풀어 주었다.

"노야(老爺)가 천조(天朝)[287] 대장으로 오셔서 왜적을 치시니, 진중의 전첩(戰捷)[288]은 곧 노야의 전첩이외다. 내, 수급을 모두 노야에게 드릴 것이니, 노야가 여기 오신 지 얼마 아니 되어, 천조에 공을 아뢰시면, 어이 좋지 않겠소이까."

도독은 크게 기뻐, 공의 손을 잡고,

"이 사람이 중조(中朝)[289]에 있을 때부터 공의 성화(聲華)[290]를 들었더니, 이제 보매 과연 허전(虛傳)이 아니오그려."

하고, 종일을 취하도록 마시고 배불리 먹었다.

이날, 송여종이 잡아다 바친 왜선 여섯 척과 왜적의 머리 69급을 도독에게 보내고 그대로 장계하니, 위에서는 공이 천장에게 생광(生光) 있게 하였음을 가상히 여기어 유고(諭告)[291]를 내렸다.

—

도독이 진중에 오래 있어 공의 호령과 절제를 익히 보고, 또 저의 배가 비록 수효는 많으나 왜적을 막지 못할 줄 요량(料量)하는 까닭에, 매양 싸울 때면, 우리 판옥선(板屋船)을 타고 공에게 절제받기를 원하며, 모든 군호(軍號)[292]와 지휘를 다 공에게 사

---

287 명나라를 일컬음.
288 〔교주: 전승(戰勝).〕
289 명나라.
290 〔교주: 명성.〕
291 포고하는 것.

양하였다.

그는 공을 반드시 '이야'(李爺)라 부르며,

"공은 도저히 적은 나라의 인물이 아니오."

하고, 또 명나라에 들어와서 벼슬하라고, 권하기를 몇 번이나 하였다.

—

9월 15일에, 왜적이 장차 철귀(撤歸)하려 한다 듣고, 공과 도독은 수군을 거느리고 나갔다.

19일에 좌수영 앞에 당도하고, 20일에는 순천 예교(曳橋) 앞으로 나가 진(陣) 쳤다. 그곳은 바로 왜장 평행장(平行長)의 진 앞이다.

왜적이 장도(獐島)²⁹³에다 군량을 쌓아 놓았다. 군사를 보내서 빼앗어 오고, 나머지는 모조리 불을 질러 태웠다.

—

21일에, 공은 해남(海南)²⁹⁴ 현감 유형(柳珩)의 무리를 보내서, 나아가 적진을 무찌르게 하였다. 왜적 여덟 명을 죽이고, 조수 (潮水)가 빠지자 돌아왔다.

이날, 명나라 육군 제독(提督) 유정(劉綎)이 묘병(苗兵)²⁹⁵

292 〔교주: 군중에서 쓰는 암호.〕
293 전라도 낙안군(樂安郡)에 딸린 섬.
294 전라도 장흥진(長興鎭)에 속한 현명.
295 중국 남방의 만족(蠻族)에서 뽑은 군사. 〔교주: 만족(蠻族)이란 표현은 부적절

1만 5천을 거느리고 예교 북쪽에 와서 진을 쳤다.

—

24일에, 왜장 평의지(平義智)[296]가 정병(精兵) 100여 인을 거느리고 남해(南海)[297]로부터 예교에 이르렀다는 소문이 들린다. 이는 대개 평행장과 철귀할 일을 의논하기 위함이라 한다.

—

11월 초2일에 육군과 협격(挾擊)하기를 약속하고 공과 도독이 수군을 거느리고 나가서 싸워, 미처 승패를 결(決)하지 못할 때, 사도(蛇渡) 첨사 황세득(黃世得)이 총에 맞아 죽었다. 세득은 공의 처종형(妻從兄)이다. 장수들이 들어가 조상하니, 공은,

　"세득이 왕사(王事)에 죽었으니 그 죽음이 영화로웁다 하겠소."

하였다.

　유(劉) 제독이 나아와 싸우려 안 하므로, 도독은 분하여 노하기를 마지않았다.

—

초3일에, 공과 도독이 군사를 보내어 크게 싸우다가 조수가 물

함. 소수민족인 묘족(苗族)의 병사.〕
296　왜장 종의지(宗義智: 소 요시토시). 대마부중(對馬府中) 성주(城主).
297　경상도 진주진(晋州鎭)에 속한 현명.

러남을 보고, 공은 도독에게 잠시 배를 물리라 권하였다. 그러나 도독이 듣지 않아, 사선(沙船) 열아홉 척이 과연 여울에 얹히어, 왜적의 에운 바 되었다.

공은 그대로 보고 있을 수 없다 하여, 배 일곱 척을 내어 전구(戰具)와 무사를 많이 싣고 장수를 가리어 보내며,

"왜적이 배가 걸린 것을 보면, 반드시 기회를 타 함께 취하려 할 것이니, 너희들은 다만 힘써 싸워 스스로 온전하기를 꾀하고, 조수가 밀려들거든 곧 돌아오너라."

하고 경계하였다.

일곱 척 전선이 한결같이 공의 영대로 하여, 드디어 모다 온전히 돌아왔으나, 사선은 모조리 초멸(剿滅)을 당하고 말았다.

—

초6일에, 사로잡혀 갔던 변경남(邊敬男)이란 자가 왜적의 진중으로부터 도망하여 와서 말하되, 지난 8월에 일본에서 돌아왔는데, 왜적의 추장 평수길(平秀吉)[298]이가 이미 죽고, 모든 두목들이 서로 서기를 다투어 아직 결정 보지 못하였으므로, 왜적들이 급히 서둘러 철귀하려 하는 것이라 한다.

14일에, 평행장이, 속히 돌아가고 싶으나 수군이 길을 막고 있는 것이 근심이라 도독에게 뇌물을 많이 쓰고, 진(陣)을 물려 달라 청한다. 도독은 그 청을 들어 주려 하였다.

이날, 땅거미 질 무렵에 왜장이 군사 일곱 명을 데리고 배 타

---

298 일본의 관백(關白) 풍신수길(豐臣秀吉: 도요토미 히데요시).

고 가만히 도독부로 들어가, 돝과 술을 바치고 돌아갔다.

———

15일에, 왜의 사자가 다시 도독부로 왔다.

16일에, 도독이 그 수하 장수 진문동(陳文同)을 적진으로 보내더니, 조곰 있다 왜적 오도주(五島主)라는 자가 배 세 척에다 마필(馬匹)과 창검(槍劍) 등물(等物)을 실어, 도독에게 바치고 돌아간다. 이로부터 왜사(倭使)로서 도독부에 드나드는 자가 끊이지 않았다.

도독이 공으로 하여금 강화(講和)를 허(許)하게 하려 한다.

공은 말하였다.

"대장은 강화를 주장할 것이 아니오, 수적(讎賊)[299]은 놓아 보낼 것이 아니외다."

도독은 얼굴을 붉혔다.

왜의 사자가 또 온다. 도독은 말하였다.

"내 너희를 위하여 통제사에게 말씀하였다가 거절을 당하였다. 이제는 다시 말을 못하겠다."

행장이 사람을 시켜, 총검(銃劍) 등물(等物)을 가지고 공에게 와서 은근한 뜻을 보이게 한다.

공은 이를 물리치고 말하였다.

"임진년 이래로 왜적을 무수히 잡아, 얻은 바 총검이 산 같다. 원수의 사자가 여기는 무엇 하러 왔느냐?"

———

299 〔교주: 원수의 도적.〕

왜적은 말도 못하고 물러갔다.

———

평행장이 사람을 공에게 보내어,

"조선 수군은 명나라 수군과 진을 달리 하여야 옳을 터인데, 한곳에 있는 것은 어인 까닭이오."

묻는다.

공은 말하였다.

"우리 땅에 진 치는 것이 내 임의로 하는 일이지, 왜적들의 알 바이 아니니라."

도독이 왜적의 뇌물을 많이 받고, 그 돌아갈 길을 열어 주려 하여 공에게 말한다.

"나는 아직 행장은 버려두고, 먼저 남해(南海)에 있는 왜적을 칠까 하오."

공은 말하였다.

"남해에 있는 것은 모두 사로잡힌 우리나라 사람이지 왜적이 아니오."

그러나 도독은,

"이미 왜적에게 붙었으니 역시 왜적이지오. 이제 가서 치면, 힘 안 들이고 많이 죽일 수 있으리다."

한다.

공은 말하였다.

"황상(皇上)[300]이 왜적을 치라 명하시기는 우리나라의 인명을 구하시기 위함이오. 이제 구하여 데려오지는 않고, 도리어 주

류(誅戮)을 가(加)한다 하면, 이는 아마도 황상의 본의(本意)가
아니시리다.”

도독은 노하였다.

“황상께서 내게 장검(長劒)을 내리셨느니라.”

공은 말하였다.

“한번 죽기가 무에 아깝겠소. 나는 대장이 되어, 결단코 왜
적을 버려두고 우리 백성을 죽일 수는 없소이다.”

서로 다투기를 오랜 동안이나 하였다.

—

17일 저녁 때, 행장은 불을 들어 남해(南海)에 있는 왜적과 응하
니, 이는 행장이 구원을 청함이라, 이로하여 곤양(昆陽)·사천(泗
川)의 왜적이 노량(露梁)으로 와서 응한 것이라 한다.

공은 장수들에게 영(令)을 내려 병비(兵備)를 엄히 하여 대
변(待變)케 하였다.

—

18일 유시(酉時)[301]에 적선(賊船)이 남해에서 무수히 나와 엄목
포(嚴木浦)[302]에 닻을 내렸다. 또 노량에 와서 배를 댄 것도 그
수효를 모르겠다.

---

300 명나라 황제를 일컬음.
301 오후 5시부터 7시까지의 시각.
302 미상(未詳).

공은 도독과 약속하고 이날 밤 2경에 함께 떠나서, 4경[303]에 노량에 이르러 적선 500여 척과 만나, 날이 밝을 녘까지 크게 싸웠다.

—

이날 밤 3경,[304] 공은 배 위에서 손 씻고 꿇어앉아 하늘에 빌되,

"이 원수를 만약 없앨 수 있다면, 죽어도 곧 한이 없겠나이다."

하였다.

그리자 홀연 큰 별이 바닷속으로 떨어진다. 보는 자가 기이하게 생각하였다.

—

19일 여명, 공은 바야흐로 싸움을 지휘하다가 문득 날아드는 총알에 맞았다.

공은,

"싸움이 한창 급하다. 행여나 내가 죽었다고 말을 말어라."

이르기를 마치자, 세상을 떠났다.

때에, 공의 장자 회(薈)와 형의 아들 완(莞)이 활을 잡고 곁에 있다가, 큰 소리도 못 내고 서로 돌아보며,

"이 어인 일이오. 망극하오그려."

---

303   지금의 오전 2시경.
304   지금의 오후 12시경.

"그러나, 만약 발상(發喪)하였다가는 왼 군중(軍中)이 경동(驚動)할 것이니, 왜적이 또 그 틈을 타려 할 것이라……."

"그리 되면 시구(尸柩)[305]도 또한 온전히 모시고 돌아가지 못할 것이오."

"그저 참고 싸움이 끝나기만 기다릴 밖에."

곧 시체를 안아 방으로 모시니, 다만 공의 종 금이(金伊)와 회·완 세 사람이 이 일을 알 뿐이오, 공이 친신(親信)하는 송희립(宋希立)의 무리도 또한 아지 못한다.

두 사람은 다시 기를 휘둘러 싸움 지휘하기를 전이나 한가지로 하였다.

왜적이 도독의 배를 에워싸, 형세가 자못 급하다. 우리 장수들은 공의 배가 싸움을 재촉하는 것을 보고, 다투어 앞으로 나가, 도독의 배를 구하여 내었다.

싸움이 끝났다.

도독은 급히 배를 옮기어 가까이 오며,

"이 통제(李統制). 빨리 오시오. 빨리 오시오."

하고 외쳤다.

완이 뱃머리에 서서 울며 말한다.

"숙부께서는 돌아가셨소이다."

도독은 배 위에서 뒹굴기를 세 번이나 하며 크게 통곡하였다.

"장군은 돌아가신 뒤에도 나를 구해 주셨고나."

다시 가슴을 치며 울기를 마지않으니, 수하 군사들도 또한

305 〔교주: 시신을 모신 관.〕

2부 ― 단재와 구보의 이순신

모두 고기를 내어던지고 먹지 않았다.

—

영구(靈柩)는 고금도(古今島)를 떠나 아산으로 돌아갔다.

역로(歷路)의 백성들이 노유(老幼)와 남녀를 물론하고, 통곡하며 뒤를 따른다. 선비들도 술을 올리고 제문을 지어 곡하되, 마치 친척의 죽음을 서러하듯 하였다.

—

도독과 수하 장수가 모두 만장(挽章)[306]을 지어 애도하였다.

군사를 거두어 돌아가는 길에, 도독은 신창현(新昌縣)[307]에 들어서며, 제지내러 오는 뜻을 선통(先通)하였다.

그러나 마침 형군문차관(邢軍門差官)[308]이 왕경(王京)[309]으로 올라가기를 재촉하므로, 도독은 다만 백금(白金) 수백 량(兩)을 보내고, 아산현(牙山縣)에 이르러 상제들을 불러 보았다.

회가 나오다 길에서 만나 말께 나려서 절하고 뵈니, 도독이 또한 말에서 나려와 손잡고 통곡하며,

"네 지금 무슨 벼슬에 있느냐."

하고 묻는다.

회는 대답하였다.

306 만장(輓章). 죽은 사람을 애도하는 시문(詩文).
307 충청도 홍주진(洪州鎭)에 속한 현명. 북으로 아산현계(牙山縣界)는 14리.
308 〔교주: 명나라 지휘관 형개(邢玠) 군문(부대)의 차관(파견관).〕
309 서울을 말함.

"선친 장례도 미처 치르지 못하였으니, 벼슬을 얻어 할 때가
아니외다."

　　도독은,

"우리 중국에서는 비록 초상 때라 하더라도 상공(賞功)의
법도는 폐하지 않는 터인데, 너희 나라는 완만(緩慢)하고나. 내
국왕께 말씀을 올려 주마."
하였다.

—

위에서는 예관(禮官)을 보내어 사제(賜祭)[310]하고, 의정부 우의
정을 추증(追贈)[311]하였다.

—

이듬해 기해년(己亥年)[312] 2월 11일에, 아산 금성산(錦城山) 아
래 유좌(酉坐)[313]하여 모시니, 덕연군 산소에서 서쪽으로 1리 남
짓 떨어진 곳이오, 그 뒤 16년이 지나 갑인(甲寅)[314]에 나산(羅
山)에다 임좌(壬坐)[315]하여 옮겨 모시니, 덕연군 산소에서 북쪽
으로 1리다.

310　왕이 신하에게 제를 내리는 것.
311　종2품 이상 관원에게. 그 죽은 뒤 관위(官位)를 내리는 것.
312　선조 32년. 서기 1599년. 공의 사후 1년.
313　유좌(酉坐) 묘향(卯向). 서쪽에 앉아 동쪽을 향한 것.
314　광해군 6년. 서기 1614년. 공의 사후 16년.
315　임좌(壬坐) 병향(丙向). 서북쪽에 앉아 동남쪽을 향한 것.

　　　　　　　　　　　　　　2부 — 단재와 구보의 이순신

─

공의 수하 군사들이 공을 위하여 사당 세우기를 청한다.

조정이 이를 허락하여 좌수영 북편(北便)에다 창건하고, '충민'(忠愍)이라 사액(賜額)³¹⁶하고, 춘추(春秋)로 두 번 제지내며 이억기를 배향(配享)³¹⁷하였다.

호남의 군민이 추모하기를 마지아니하여, 다투어 재물을 내어 석비(石碑)를 만들고, 방백(方伯)³¹⁸에게 글을 청하였다.

관찰사가 진안 현감(鎭安縣監) 심인조(沈仁祚)를 보내어 '이장군타루비'(李將軍墮淚碑)라 써서 동령현(東嶺峴)에다 세우니 곧 좌수영 왕래하는 길몫이다.

─

호남 사승(寺僧)이 공을 위하여 재(齋)를 올리되, 절 치고 아니 올리는 곳이 없다.

자운(慈雲)이라는 중은, 공을 진중(陣中)으로 따르며, 항상 승군(僧軍)에 장수 되어 공을 많이 세웠더니, 공이 돌아간 뒤에 쌀 600석으로 노량에다 크게 수륙재(水陸齋)³¹⁹를 베풀고, 또 성전(盛奠)³²⁰으로 충민사(忠愍祠)에 제(祭)지냈다.

316 사원(祠院)에 이름을 사송(賜送: 임금이 신하에게 물건을 내려보냄)하는 것.
317 훈공(勳功) 있는 이를 부제(祔祭: 삼년상 뒤에 신주에 지내는 제사)하는 것.
318 관찰사를 이름.
319 불가에서 수륙의 귀신들을 먹이는 재(齋).

옥형(玉洞)이란 자도 또한 중으로 공을 위하여 군량을 대어 매우 신임을 받더니 이에 이르러 스스로 생각하매 공의 은혜를 갚을 길이 없다.

이에, 와서 충민사를 지키며, 날마다 물 뿌리고 뜰을 쓸어, 죽을 때까지 떠나려 안 하였다.

—

함열(咸悅)[321] 사람 박기서(朴起瑞)는 저의 양친이 모두 왜적의 손에 죽었건만, 제가 절름발이라 능히 종군(從軍)하여 원수 갚지 못함을 한하더니, 공이 번번이 이겼다는 소문을 듣고, 마음에 항상 감축하여 하였다.

그리자 공의 부음을 들었다. 그는 복(服) 입고 삼년상(三年喪)을 치르며 연상(練祥)[322]에 다 와서 제(祭)지냈다.

—

영남 해변에 사는 백성들이 사사로이 착량(鑿梁)[323]에다 초묘(草廟)[324]를 짓고, 출입에 반드시 제지내니, 대개 착량은 한산도에서 가까운 곳이다.

320 〔교주: 성대한 제사.〕
321 전라도 전주진(全州鎭)에 속한 현명.
322 소상(小祥)과 대상(大祥).
323 현 통영군(統營郡) 산양면(山陽面) 당동리(堂洞里).
324 이엉으로 지붕을 이은 묘사(廟祠).

—

이운룡(李雲龍)이 통제사가 되자, 백성들의 마음을 따라 거제에다 크게 사당을 짓고, 무릇 전선(戰船)이 나갈 때마다 반드시 고(告)하였다.

—

갑진년(甲辰年)[325] 10월에 논공(論功)하매, 공으로 으뜸을 삼았다.

효충장의적의협력선무공신(效忠仗義迪毅恊力宣武功臣), 대광보국숭록대부(大匡輔國崇祿大夫), 의정부좌의정겸영경연사(議政府左議政兼領經筵事), 덕풍부원군(德豐府院君)을 추증(追贈)하고, 고비(考妣)[326] 이상(以上)을 추은(推恩)[327]하며, 정문(旌門)을 세워 그 공(功)을 표창하였다.

인묘조(仁廟朝) 계미년(癸未年)[328]에 '충무'(忠武)의 시호(諡號)[329]를 더하다.

325 선조 37년. 서기 1604년. 공의 사후 6년.
326 돌아간 부모.
327 시종(侍從)·병사(兵使)·수사(水使)의 부친으로 70세 이상 된 사람에게 가자(加資)하는 것.
328 인조(仁祖) 21년. 서기 1643년. 공의 사후 45년.
329 죽은 이의 생전 행적을 칭송하여 추증하는 이름.

부인(夫人) 상주(尙州) 방씨(方氏)로 정경부인(貞敬夫人)[330]을 봉(封)하니, 방씨는 보성 군수(寶城郡守) 방진(方震)의 딸이오, 영동 현감(永同縣監) 방중규(方中規)의 손녀요, 평창 군수(平昌郡守) 방수홍(方守弘)의 증손이오, 장사랑(將仕郞) 홍윤필(洪胤弼)의 외손이다.

3남 1녀를 낳으니, 맏아들은 회(薈)로 벼슬이 현감이요, 둘째는 예(荂)로 벼슬이 정랑(正郞)이요, 막내는 면(葂)으로 이미 죽었으며, 딸은 선비 홍비(洪棐)에게로 시집갔다.

첩의 몸에서 낳은 아들이 둘이니 훈(薰)과 신(藎)이요, 또 딸이 형제다.

손자 형제는 지백(之白)과 지절(之晢)이요, 손녀는 하나로 윤헌징(尹獻徵)에게 시집갔으며, 외손은 홍우태(洪宇泰)·홍우기(洪宇紀)·홍우형(洪宇逈)·홍진하(洪振夏)의 네 명, 또 외손녀 하나이 있다.

---

330 정1품·종1품 종친급문무관(宗親及文武官)의 안해의 품계.

찾아보기